Nelles Verlag

Foto: Thoniq (mauritius images)

Malediven

Autoren:
Christian Mietz,
Claus-Peter Stoll

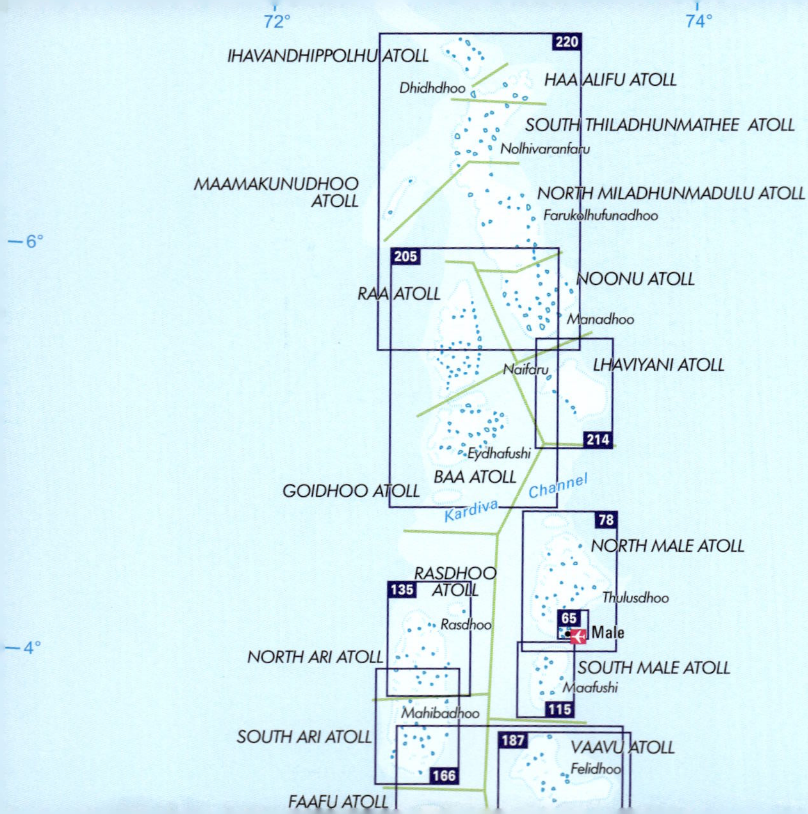
72°
74°
76°
6°
4°
220
IHAVANDHIPPOLHU ATOLL
Dhidhdhoo
HAA ALIFU ATOLL
SOUTH THILADHUNMATHEE ATOLL
Nolhivaranfaru
MAAMAKUNUDHOO ATOLL
NORTH MILADHUNMADULU ATOLL
Farukolhufunadhoo
205
NOONU ATOLL
RAA ATOLL
Manadhoo
Naifaru
LHAVIYANI ATOLL
214
Eydhafushi
BAA ATOLL
GOIDHOO ATOLL
Kardiva Channel
78
NORTH MALE ATOLL
RASDHOO ATOLL
135
Thulusdhoo
65
Rasdhoo
Male
NORTH ARI ATOLL
SOUTH MALE ATOLL
Maafushi
115
Mahibadhoo
SOUTH ARI ATOLL
187
VAAVU ATOLL
Felidhoo
166
FAAFU ATOLL

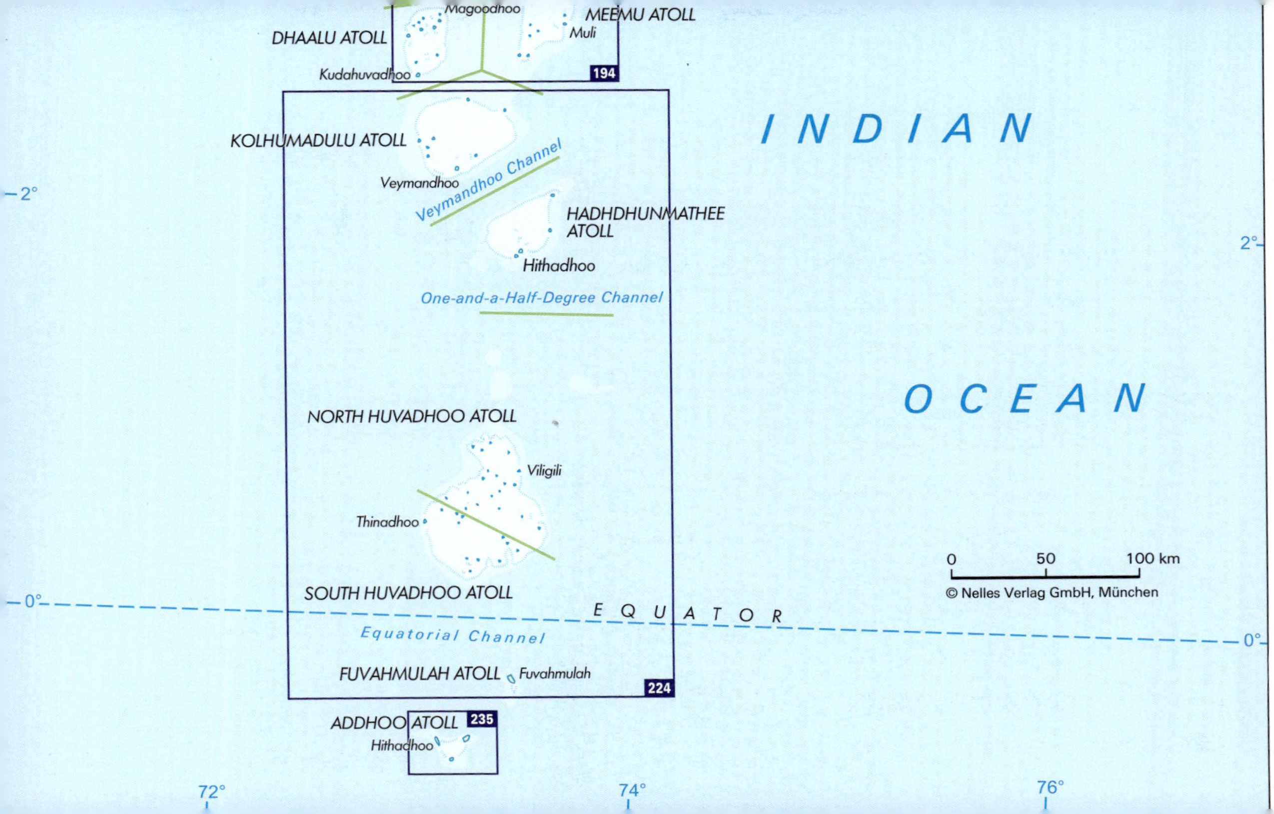

DHAALU ATOLL
Magoodhoo
MEEMU ATOLL
Muli
Kudahuvadhoo
194
KOLHUMADULU ATOLL
Veymandhoo
Veymandhoo Channel
HADHDHUNMATHEE
ATOLL
Hithadhoo
One-and-a-Half-Degree Channel
INDIAN
OCEAN
NORTH HUVADHOO ATOLL
Viligili
Thinadhoo
SOUTH HUVADHOO ATOLL
EQUATOR
Equatorial Channel
FUVAHMULAH ATOLL
Fuvahmulah
224
ADDHOO ATOLL
235
Hithadhoo
2°
0°
72°
74°
76°
0
50
100 km
© Nelles Verlag GmbH, München

Liebe Leserin, lieber Leser,

AKTUALITÄT wird in der Nelles-Reihe groß geschrieben. Unsere Korrespondenten dokumentieren laufend die Veränderungen der weltweiten Reiseszene, und unsere Kartografen berichtigen ständig die auf den Text abgestimmten Karten.
Wir freuen uns über jeden Korrekturhinweis! Unsere Adresse: Nelles Verlag, Machtlfinger Str. 26 Rgb., D-81379 München, Tel. +49 (0)89 3571940, Fax +49 (0)89 35719430, E-Mail: Info@Nelles.com, Internet: www.Nelles.com
Haftungsbeschränkung: Trotz sorgfältiger Bearbeitung können fehlerhafte Angaben nicht ausgeschlossen werden, der Verlag lehnt jegliche Produkthaftung ab. Alle Angaben ohne Gewähr. Firmen, Produkte und Objekte sind subjektiv ausgewählt und bewertet.

LEGENDE

Öffentliches bzw. bedeutendes Gebäude	*Dhiggiri* im Text genannte Insel	Verwaltungsgrenze
Hotel, Resort	Internationaler Flughafen	Hauptstraße
Restaurant	Flughafen	Nebenstraße
Einkaufszentrum	Strand	Fähre
Markt	Tauchplatz	Touristeninformation
Hospital	Riff	
Postamt	Lagune	
Moschee		

IMPRESSUM

MALEDIVEN
© Nelles® Verlag GmbH
81379 München

Druck: Bayerlein, Germany
Einband durch DBGM geschützt

- F1019 -

Paradiesische Strände, blaue Lagunen und artenreiche Korallenriffe machen die Malediven zu einem Traumurlaubsziel

Josef Beck

Christian Mietz

Faszinerende Riffe – ein Paradies für Taucher und Schnorchler

Holger Erbst

Die bunte Unterwasserwelt aus Seescheiden, Schwämmen und Steinkorallen bezaubert Taucher aus aller Welt

Foto: Udo Kefrig

TAUCHEN IN KORALLENGÄRTEN

Die Malediven zählen zu den besten Tauchrevieren weltweit. Bei den Besuchern aus Europa steht der Atollstaat schon seit der touristischen Eröffnung der ersten Inseln (1972) auf der Beliebtheitsskala ganz oben. Jeder, der die Malediven einmal unter Wasser erlebt hat, schwärmt noch lange von den Schönheiten der vielfältigen Korallenlandschaften. Auch nach mehr als 40 Jahren Tauchtourismus hält der Besucherstrom unvermindert an. Es werden sogar hohe Zuwachsraten mit einer erstaunlich großen Wiederholerquote registriert.

Das Tauchen in den Malediven ist mit dem Blick in ein Aquarium vergleichbar. Der Artenreichtum an Korallen und tropischen Meeresfischen ist unüberschaubar. Überall wimmelt es von bunten Fischlein, und mit etwas Glück ziehen hin und wieder auch größere Exemplare vorbei. Gleichermaßen eindrucksvoll zeigt sich die schier unendlich erscheinende Farben- und Formenvielfalt der Korallenwelt. Die Korallen regen sich zwar wenig, sind aber, kaum zu glauben, tierische Lebewesen.

Wer die Malediven besucht, darf auf keinen Fall versäumen, einen Blick unter die Wasseroberfläche zu werfen, und sei es nur mit Maske, Schnorchel und Flossen (ABC-Ausrüstung) ausgestattet.

Voraussetzungen und Organisation

Um auf den Malediven zu tauchen, benötigt man ein international gültiges Zertifikat eines anerkannten Tauchverbandes. Zu diesen gehören die Tauchsportverbände der jeweiligen Länder sowie die internationalen Verbände wie PADI, NAUI, DIWA, SSI und CMAS. In Deutschland sind VDST, Baracuda, VIT und VDTL die führenden anerkannten Tauchsportverbände. Die Bescheinigung, meist eine kleine Plastikkarte, ist dem Basisleiter der Tauchschule zu Beginn des Urlaubs einmal vorzulegen. In Verbindung mit dem Zertifikat gibt das Logbuch Auskunft über die Taucherfahrung. Wer noch nicht tauchen kann, hat auf jeder Touristeninsel die Möglichkeit, die ersten „Schritte" unter Wasser zu erlernen und ein Zertifikat zu erwerben. Zum Nachweis der körperlichen Gesundheit muss man eine Tauchtauglichkeitsbescheinigung vorlegen, die Tauchmediziner im Heimatland ausstellen.

Links: Tauchgang am Halaveli-Wrack.

In der Regel dauern die Tauchkurse mindestens vier Tage und schließen mit den Prüfungen zum Open Water Diver oder zum Sporttauchschein ab. Danach können die Abstiege in eine neue, faszinierende und schweigende Welt beginnen. Die obersten Gebote beim Tauchen sind: „Tauche immer auf der sicheren Seite" und „Tauche nie allein". Damit die ersten Tauchgänge sicher verlaufen, setzen viele Tauchschulen auf den Malediven mindestens 30 Tauchgänge in Begleitung des Tauchlehrers voraus. Danach besitzt ein Taucher gewisse Routine und kann ohne ausgebildeten Guide, nur mit seinem Tauchpartner, die Unterwasserwelt erforschen.

Fast alle Malediventauchschulen bieten täglich zwei Tauchausfahrten an, manchmal auch noch einen zusätzlichen Nachttauchgang. In der Regel findet der erste Tauchgang vormittags und ein weiterer nachmittags statt. Eigens dafür vorgesehene, traditionelle „Tauch-Dhonis" bringen die Taucher zu den schönsten umliegenden Korallenriffen. Auf einigen Inseln, wie auf Ellaidhoo im Ari-Atoll, gibt es umgebaute Dhonis, die mit einem verstärkten Motor mehr als doppelt so schnell fahren können wie die herkömmlichen Dhonis. Nur selten sind die Boote länger als eine Stunde unterwegs, oftmals erreichen sie die Tauchplätze schon nach fünf Minuten.

Ausrüstung und Sicherheit

Auf allen Tauchbasen können Besucher Schnorchel- und Tauchausrüstung

Foto: Uli Erfurth

ausleihen. Zum Schnorcheln (*snorkeling*) benötigt man eine sogenannte ABC-Ausrüstung. Dazu zählen Tauchermaske, Schnorchel und Flossen. Diese drei Gegenstände gelten auch beim Tauchsport als Grundwerkzeug und sollten prinzipiell überall, wo man im Wasser nicht mehr stehen kann, getragen werden. Im Meer ist ein Mensch ohne Schwimmflossen stark gefährdet, selbst ein Taucher schafft es nicht, gegen eine Strömung von mehr als 1,5 Knoten anzuschwimmen. Strömungen sind auf den Malediven an der Tagesordnung, und nicht selten erreichen sie eine Geschwindigkeit von drei Knoten und mehr. Bei Schnorchelexkursionen beeinträchtigen Strömungen das Schnorchelvergnügen nur wenig. Werden sie zu stark, lässt man sich einfach in Strömungsrichtung am Riff entlang treiben, und das Dhoni „fischt" die Schnorchler später wieder auf. Wichtig ist dabei nur die genaue vorherige Absprache und dass das Riff sowie das zuständige Dhoni nicht außer Sichtweite geraten. Bei Schnorchelexkursionen am Hausriff bedarf es größerer Vorsicht, denn ein unbeabsichtigtes Abtreiben kann dort fatale Folgen haben. Es sollte immer mit einer Person, die auf der Insel bleibt, abgesprochen werden, wo und wie lange man schnorcheln will. Auch für diese Ausflüge gilt die Grundregel: „Schnorchle nie allein!"

Zum Tauchen (*scuba diving*) sind neben der Schnorchelausrüstung weitere Gegenstände erforderlich, einige sind auf den Malediven sogar gesetzlich vorgeschrieben. So muss jeder Taucher eine Tarierweste oder eine Tarierjacke tragen. Sind Weste oder Jacke aufgeblasen, kann man bequem und kraftsparend auf dem Wasser treiben. Weiterhin muss der Lungenautomat oder Atemregler, der das Atmen aus der Pressluftflasche ermöglicht, eine zusätzliche 2. Stufe, Oktopus, besitzen, um bei einem Notfall den Tauchpartner unter Wasser mit Luft versorgen zu können. Zu den

Oben: Ein T-Shirt schützt vor Sonnenbrand beim Schnorcheln. Rechts: Vor jedem Tauchgang die Ausrüstung überprüfen!

Foto: Josef Beck

weiteren Ausrüstungsgegenständen, die ein Taucher mitführen muss, zählen eine Taucheruhr, ein Finimeter, das den verbleibenden Restdruck in der Tauchflasche anzeigt. Tauchcomputer sind heute auf allen Basen Pflicht, wer keinen eigenen hat, kann sich vor Ort einen ausleihen. Ob Taucher einen Tauchanzug tragen oder nicht, hängt im wesentlichen vom Kälteempfinden jedes einzelnen ab. Die Wassertemperaturen liegen auf den Malediven zwischen 28 °C und 30 °C. Deshalb dienen Tauchanzüge eher zum Schutz vor Nesseltierchen oder vor Verletzungen an den teilweise scharfkantigen Korallen.

Gut ausgerüstet und vorbereitet steht den unvergleichlichen, wunderschönen Tauchabenteuern im Reich der Atolle nichts mehr im Wege. Bevor die täglichen Tauchausfahrten jedoch beginnen, überzeugen sich gewissenhaft arbeitende Tauchschulen bei einem Check- oder Gewöhnungstauchgang noch einmal kurz von den Tauchfertigkeiten ihrer Schüler (Beherrschung der Grundübungen).

Die schönsten Plätze der Malediven

Wie viele Riffe es auf den Malediven insgesamt gibt, wird wohl bis in die ferne Zukunft ein ungelüftetes Geheimnis bleiben. Selbst die neuesten Seekarten geben keinen exakten Aufschluss über eine genaue Anzahl. Man kann eigentlich überall ins Wasser springen – und die Unterwasserwelt präsentiert sich eindrucksvoll in ihrer ganzen Pracht. Um jede Hotelinsel liegen ungefähr 30 bis 40 bevorzugt angelaufene Tauchplätze. Neben dem Hausriff, das sich rings um jede Insel zieht, gibt es noch weitere verschiedene Rifftypen. Ein *giri* ist ein Riff, das nahe der Insel bis knapp unter die Wasseroberfläche ragt, während ein *thila*, das ebenfalls nicht aus dem Wasser schaut, sich inselunabhängig irgendwo innerhalb des Atolls befindet, oft an strömungsexponierten Stellen. Deshalb sind viele *thilas* besonders beliebt bei Tauchern, weil sie strömungsbedingt atemberaubend schönen Korallenbewuchs aufweisen. Ein *faru* beschreibt ein langes Riff entlang einer Lagune. Ein Kanal, der zwischen zwei Riffen liegt, nennt sich *kandu*. Diese Kanäle führen meist zum Außenriff, dem *maa kandu*. Für viele Taucher sind Tauchgänge am Außenriff oder in den Kanälen besondere Attraktionen. Am Außenriff ziehen häufig Großfische vorbei, und ein Blick ins Freiwasser kann Überraschungen bescheren: Es wurden in der Unterwasserwelt der Malediven sogar schon Wale, z. B. Orcas, gesichtet.

In den Kanälen herrscht meist starke Strömung, denn wie in einer Düse läuft bei Flut das steigende Wasser vom Meer durch die engen Passagen ins Atollinnere und füllt es wie einen Swimmingpool auf. Wegen der größeren Strömungsgeschwindigkeit bei Ebbe und der damit verbundenen vermehrten Sedimentpartikelbeförderung verschlechtert sich in der Regel die Sicht bei ablaufendem Wasser. Die besten und einfachsten Tauchbedingungen ergeben sich in der einen Stunde um den Flutstillstand, wenn viel „sauberes" Wasser vom Meer ins Atoll gelaufen ist und keine Strömung herrscht.

In welche Richtungen es an bestimmten Tauchplätzen zu den anderen Zeiten strömt, ist nicht genau vorhersagbar. Obwohl die Hauptströmungen auf den Malediven in Ost-West-Richtung verlaufen, unterliegt jedes Riff seinen eigenen, wechselnden Gesetzmäßigkeiten. Erst wenn der Tauchplatz erreicht ist, kann die Strömung genauer bestimmt werden, und selbst dann kann sie während des Tauchganges die Richtung wechseln. Die Taucher werden jedoch meist an einem Punkt abgesetzt, von dem sie mühelos das Riff mit der Strömung erreichen und sich dann bequem mit ihr treiben lassen können (*drift dives*). Bei dieser Art von Tauchgängen macht das Schiff nicht fest, sondern lässt sich ebenfalls treiben und sammelt die Taucher später wieder ein.

Auf den Malediven werden jährlich ungefähr 2 Mio. Tauchgänge absolviert, viele davon an Tauchplätzen, die für die Gäste besonders attraktiv sind. Ein Wrack, das Tauchern auf der ganzen Welt bekannt ist, liegt im Nord-Male-Atoll südwestlich der Flughafeninsel Hulhule. Die ***Maldive Victory***, ein Frachter, der 1981 sank, liegt heute wie aufrecht eingeparkt in etwa 40 m Tiefe auf dem Meeresgrund. Der 10 m lange Mast des mittlerweile stark bewachsenen, 82 m langen Schiffs ragt bis 12 m unter die Wasseroberfläche. Die intakten Aufbauten und die Brücke laden zu erlebnisreichen Tauchgängen ein und können in durchschnittlichen Tiefen von 25 m im sicheren Bereich erkundet werden. Da das Wrack genau im Kanal zwischen Male und Hulhule liegt, strömt es an der *Maldive Victory* oft sehr stark.

Weitere herrliche Tauchplätze liegen im nahen **Vaadhoo Kandu** im nördlichen Süd-Male-Atoll. Häufig ziehen Großfische – Adlerrochen, verschiedene Haiarten oder Barrakudas – durch den 4,5 km breiten Kanal. Am Lions Head, der durch frühere Haifütterungen bekannt wurde, können noch heute Graue Riffhaie aus kurzer Distanz beobachtet werden. Sie halten sich vornehmlich im 30-m-Bereich auf. Etwas flacher, zwischen 20 und 25 m, liegen beeindruckende Überhänge und Höhlen, ähnlich wie am östlich benachbarten Old Shark Point, der ebenfalls zu den sicheren Haiplätzen der Malediven zählt. Die Steilwände des Vaadhoo Kandu faszinieren jeden Taucher. Sie bestechen mit zahlreichen wunderschönen Überhängen und Höhlen (Velassaru Caves, Vaadhoo Caves, Emboodhoo Canyon, Cathedral). Spektakuläres Steilwandtauchen bietet der nach dem Tauchpionier Hans Hass benannte Tauchplatz am Südende von Gulhi Falhu, an dem man bei klarem Wasser direkt in das tiefe Blau des Vaadhoo-Kanals schauen kann.

Etwas weiter nördlich liegt zwischen den Inseln Kurumba und Full Moon das **Banana Reef**. An der Nordostecke des Riffs eröffnet sich dem Taucher eine

Rechts: Graue Riffhaie im Vaadhoo Kandu, eine besondere Attraktion für Taucher.

Foto: Christian Mietz

eindrucksvolle Szenerie, die an ein Freilichttheater erinnert. Dort fällt das Riff mit großen Überhängen terrassenartig bis auf über 30 m ab. An den vorgelagerten Korallenblöcken stehen viele große Fischschwärme, wie die besonders schön gefärbten Wimpelfische, die dort in Schulen bis zu 1000 Tieren vorkommen. Das Banana Reef besticht zusätzlich durch traumhaften Korallenbewuchs und große Tischkorallen auf dem Riffdach in 3 bis 5 m Tiefe. Weitere beeindruckende Tauchplätze liegen am Außenriff bei Full Moon und Club Faru, wie Club Med Corner, Furnana Nord und -Süd, Chicken Island und Maagiri Caves.

Zwischen Juni und Oktober finden sich am südwestlichen Außenriffrand (besonders am Manta Point und bei den Lankan Caves) die großen Mantarochen ein, die eine Flügelspannweite von bis zu 7 m erreichen können. Sie nutzen in dieser Zeit das große Angebot an Plankton und auch die Symbiose mit den kleinen Putzerfischen, die die Rochen von Hautparasiten befreien. Das elegante Erscheinungsbild der im Wasser schwebenden Mantas ist ein einmaliges Schauspiel und zählt für viele Taucher zu den Höhepunkten ihrer Unterwasserlebnisse.

Ein weiteres spektakuläres Riff, das **Girifushi Thila** oder **HP Reef**, liegt im Himmafushi-Kanal nahe der Insel Girifushi. Das Riffdach in 10 bis 12 m Tiefe gleicht einem Teppich – es ist mit Weichkorallen in unendlicher Farbenpracht bewachsen. An der Westseite stehen vorgelagert beeindruckende Korallenblöcke, die hin und wieder von Haien und Barrakudas umschwommen werden.

Weiter nördlich zählen **Kani Corner** und **Aquarium** im Lhohifushi-Kanal und **Colosseum** im Thulusdhoo-Kanal zu den Spitzentauchplätzen nahe dem Außenriff. Auch die Touristeninsel Helengeli bietet Tauchausfahrten zu herrlichen Plätzen am Außenriff an. Diese Plätze, zum Beispiel das großartige **Helengeli Thila**, profitieren zusätzlich davon, dass sie eher abgeschieden im Norden des Nord-Male-Atolls liegen und wenig betaucht werden.

Für Wrackliebhaber ist das benachbarte **Gaafaru Falhu** ein ausgezeichnetes Tauchrevier. An der Nordseite liegen drei betauchbare Wracks auf dem Grund, die *Lady Christine*, 1974 untergegangen, die *SS Sea Gull*, 1879 versunken, und die *SS Crusader*, die 1905 am Riff zerschellte. Auch die Westseite des Nord-Male-Atolls bietet bei Hembadhoo ein eindrucksvolles Wrack. Das **Hembadhoo-Wrack** wurde 1988 versenkt und liegt in 15 bis 22 m Tiefe aufrecht am Grund. Am Außenriff treffen Taucher von Eriyadu, Makunudu, Summer Island, One & Only Reethi Rah, Taj Coral Reef Resort und Huvafenfushi auf vortreffliche Riffe.

Das östliche Süd-Male-Atoll zeichnet sich durch die flachen Kanäle aus, in denen meist bildschön bewachsene *thilas* liegen: **Emboodhoo Thila**, **Dhigu Thila** (mit Manta Point), **Kandooma Thila** und **Guraidhoo Thila**. Strömungsbedingt zeigen besonders die Riffdächer im 10-m-Bereich bunten Weichkorallenbestand. Weltbekannt ist der **Emboodhoo Express**. An diesem Riff können sich Taucher über 2 km an der Südseite des Emboodhoo-Kanals entlangtreiben lassen, ein einmaliges Erlebnis! Im Süden teilen sich die Inseln Kandooma, Biyadhoo und Villivaru, Rihiveli, Fihalhohi und Rannalhi die Tauchplätze. Die größte Auswahl von 119 (!) verschiedenen Riffen wird von Biyadhoo und Villivaru angeboten.

Weltbekannte Riffe liegen auch im westlichen Ari-Atoll, allen voran der **Fish Head** oder **Mushimasmingili Thila** und **Maaya Thila**. Dort trifft man mit ziemlicher Sicherheit auf Graue Riffhaie. Am strömungsexponierten Fish Head stehen zudem große Fischschwärme, z. B. Goldstreifenschnapper und Fledermausfische. Bei Tauchern bekannt sind auch ein standorttreuer, riesiger Napoleonfisch und ein Adlerrochen. Am Maaya Thila stehen vor den südlich vorgelagerten, imposanten Korallenblöcken große Soldatenfisch- und Barrakudaschwärme. Den größten Fischbestand finden Taucher in der Regel dort, wo die Strömung auf das Riff trifft. Dort sind auch Haibegegnungen am wahrscheinlichsten.

Vor den Inseln Ellaidhoo, Halaveli und Fesdhoo liegt jeweils ein Wrack. Das **Ellaidhoo-Wrack** kann direkt vom Steg am Hausriff aus betaucht werden (18 bis 33 m), das Halaveli-Wrack wird von vielen fast handzahmer Stachelrochen besiedelt. Das **Fesdhoo-Wrack** steht aufrecht in 29 m Tiefe auf dem sandigen Meeresgrund. Dort leben im Maschinenraum große Muränen. Zu den schönsten natürlichen Tauchplätzen in diesem Gebiet zählen weiterhin das gesamte Außenriff, **Maagaala Thila**, mit einem riesigen Anemonenfeld auf dem Riffdach und atemberaubenden Überhängen entlang der Südseite, sowie das **Kandholhudhoo Thila**. Dort ziehen zwischen dem *thila* und dem nahegelegenen *faru* häufig kleinere Mantarochen durchs Wasser.

Am **Bodu Thila** lebt eine große Population Sandaale in etwa 15 m Tiefe auf dem sandigen Untergrund. Diese spezielle Art wurde erstmalig von Hans Hass und Irenäus Eibl-Eibelsfeldt entdeckt und nach Hass benannt: *Heteroconger hassi*.

Nichts für schwache Nerven sind die Tauchgebiete vor **Rasdhoo Madivaru** im benachbarten Rasdhoo-Atoll. Dort können Taucher in den frühen Morgenstunden und am späten Nachmittag Begegnungen mit Hammerhaien, *Sphyrna leweni*, erleben. Mit etwas Glück tauchen große Schulen mit mehreren hundert Tieren aus den blauen Tiefen auf. Diese unbeschreiblichen Erlebnisse bleiben jedoch meist den Tauchern von Kuramathi und Veligandu vorbehalten, denn wenn tagsüber die Tauchdhonis aus dem Ari-Atoll herüberkommen, sind die Hammerhaie bereits wieder im offenen Meer und damit außer Sicht-

Rechts: Riesenmuränen können bis zu 2,5 m groß werden.

Foto: Heike Sartorio

weite. Die bezaubernden Rifflandschaften um Rasdhoo liegen vornehmlich am Außenriff und im Rasdhoo Kandu, setzen aber strömungsbedingt taucherische Erfahrung und ein gutes Orientierungsvermögen voraus. Ähnlich einem Labyrinth verteilen sich die bizarren Riffstrukturen über eine Fläche von mehreren hundert Metern. Oft besuchen Mantarochen, Weißspitzen-Riffhaie, Barrakudas und andere Hochseefische das spektakuläre Tauchgebiet.

Ein weiteres Highlight für anspruchsvolle, erfahrene Taucher liegt isoliert und strömungsexponiert im nördlichen Ari-Atoll: das ca. 300 m lange **Ukulhas Thila**. Es ragt mit drei großen Korallenblöcken bis 14 m unter die Wasseroberfläche empor und fällt seitlich auf mehr als 30 m ab. Das Riff wird zwischen Dezember und April von Mantarochen als „Putzstation" aufgesucht. Auch Adlerrochen schweben oft im flachen Wasser am Riff.

Weitere exzellente Tauchplätze befinden sich an der Ostseite des Atolls, allen voran das **Miyaruga Thila** südwestlich des Hoteleilandes Nika und das **Maalhos Thila** nahe der Einheimischeninsel Maalhos. Beide Riffe liegen in den Kanälen und eignen sich daher eher für fortgeschrittene Taucher. Wunderschöne Überhänge und Rifflandschaften zeichnen diese Reviere aus. Im südlichen Ari-Atoll zählen die Tauchplätze um Kuda Rah (Kudarah Thila, Brocken Rock und Dhigura Thila), um Sun Island (Maamigili Faru) und um Thudufushi (Thudufushi Thila, Panettone) zu den abwechslungsreichsten der Region.

Eigentlich ist es egal, wo man auf den Malediven ins Wasser springt. Überall gibt es zahllose seltene, bizarre und ungewöhnliche Arten marinen Lebens zu bestaunen. Möge jeder dazu beitragen, die zerbrechlichen, schützenswerten Naturschönheiten zu erhalten!

Korallenbleiche (Coral Bleeching)

Klimaveränderung und globale Erwärmung sind zwei Schlagworte unserer Zeit. Durch diese beiden wenig erfreulichen Entwicklungen sind weltweit viele Korallenriffe gefährdet. Am bedrohlichsten für die empfindlichen Gebilde sind höhere Wassertemperaturen, die seit den frühen 1980er Jahren rund um den Globus zu einem Korallen-Massensterben, der Korallenbleiche (*coral bleeching*), geführt haben. Bereits 1983 waren 90 % aller Korallen vor den Galapagosinseln betroffen, 1990 erwärmten sich die karibischen Gewässer, dort hatten riesige Riffareale massives Korallensterben zu verzeichnen. Seit 1991 litt fast jedes Riffsystem der Welt unter Korallenbleiche. Zu hohe Wassertemperaturen waren der Auslöser.

Ab April 1998 trat dann auf den Malediven weit verbreitet die Korallenbleiche auf, sie betraf 80 bis 90 % aller Korallen in Flachwasserbereichen. Grund waren hier Wasserschichten im Indischen Ozean, die sich und ihre Lage kaum veränderten. Ob die zunehmenden Wassertemperaturen der Ozeane durch den Treibhauseffekt verursacht werden, ob es die El-Niño-Kreisläufe sind oder andere Klimaveränderungen, wird kontrovers diskutiert. Tatsache ist, dass die Temperaturen der Meeresoberflächen beständig ansteigen, wie auch das verstärkte Hurrikan- und Taifun-Aufkommen 2005 belegte.

Einen schweren Hitzeschock verpasste El Niño den 240 verschiedenen Steinkorallenarten der maledivischen Riffe im April/Mai 2016: Die Wassertemperatur stieg auf fatale 33 Grad; die Folge war großflächige Korallenbleiche, insbesondre an den Innenriffen.

Die Tiere in den Weltmeeren haben sich im Lauf der Evolution an Temperaturbereiche angepasst, die für sie überlebenswichtig sind; die meisten Korallen können jedoch nur Temperatursteigerungen von 1-3 °C vertragen (25-29 °C sind das Optimum für tropische Arten). Auch Fische haben ein bestimmtes optimales Spektrum, das Temperaturschwankungen von +/- 5 °C zulässt. Es ist bekannt, welchen Einfluss steigende Wassertemperaturen auf erwachsene Populationen von ortsfesten wie mobilen Tieren haben, doch auch das Massensterben von Eiern, Larven und Plankton infolge der Temperatursteigerungen ist immens.

Was passiert bei der Korallenbleiche? Die Mehrzahl von riffbildenden Steinkorallen lebt in Symbiose mit einzelligen Algen, den sog. Zooxanthellae. Sie besiedeln das lebende Gewebe der Tiere und sind in den meisten Fällen für die Farbgebung der Korallen verantwortlich. Zooxanthellae sind Pflanzen, die kohlenstoffangereicherte organische Verbindungen aus dem Sonnenlicht sowie Kohlendioxid produzieren. Diese Stoffe geben sie an die Korallen weiter, die daraus bis zu 98 % ihrer Nährstoffe beziehen. Daher sind diese Algen Schlüssel zum Wachstum von riffbildenden Korallen. Sie bestimmen das Wachstum des Kalkskeletts, das in dieser Symbiose weit schneller vorangeht als bei Korallen ohne Zooxanthellae-Algen. Bei zu großer Wassererwärmung werden die Algen zu stark belastet und verlassen ihren Wirt. Mit dem Schwinden der Farbe scheint das Kalkskelett durch die transparente Haut der Korallen hindurch, sie erscheinen blass. Sinkt binnen kürzerer Zeit die Wassertemperatur wieder, so kehren die Algen zurück. Bleibt die Temperatur aber weiterhin erhöht, so sterben die Korallen ab. Ihr helles Kalkgerüst wird von anderen Algenformen besiedelt. Im ersten Jahr können diese toten Korallen dann hellgrün aussehen, im zweiten dunkelgrün, im dritten schwarz.

Die toten Korallen sind nun nichts anderes mehr als ein felsiges Riff aus Kalk, das einigen Fischen Schutz bietet und für Algen, Ascidien und andere Korallenformen ein Lebensraum ist. Doch die meisten der korallenabhängigen Tiere können nicht überleben, wie zum Beispiel einige Schmetterlingsfische, die sich von den Polypen ernähren. Andere

Rechts: Wissenschaftler kontrollieren das Korallenwachstum im Projekt The Green Imperative (s. auch S. 81).

Foto: Banyan Tree Hotels & Resorts

Schmarotzerarten, wie Garnelen, Krabben und Würmer, sterben ebenfalls ab, und die Artenvielfalt verringert sich.

Das Sterben der Korallenriffe und der von ihnen abhängigen Flora und Fauna wird in vielen Gebieten einen enormen Einfluss auf die zukünftige Artenvielfalt haben. Da die meisten der tropischen Lebewesen ihre Larven im Wasser verteilen, besteht eine gute Chance, dass die Riffe im Lauf der Zeit wieder von Korallen kolonisiert werden. Bleiben die Temperaturen an der Oberfläche der Meere jedoch so hoch oder steigen sie gar weiter an, dann kann sich die gesamte Zusammensetzung der Arten grundlegend ändern.

Viele der geschädigten Riffe auf den Malediven (nicht alle waren betroffen, z. B. die im südlichen Addhoo/Seenu-Atoll) haben sich wieder erholt. Trotzdem, ein Riff benötigt etwa zwanzig Jahre zur völligen Regenerierung, und es wird nie wieder das alte sein. Beobachtungen haben gezeigt, dass Riffe, die fast keine Korallen mehr hatten, an einigen Stellen nun Myriaden von Fischen beherbergen, denn das Planktonangebot ist nach wie vor immens, und viele Planktonfresser haben sich unglaublich vermehrt. Gorgonen, Fächer- und Weichkorallen, sowie andere Korallen in tieferem Wasser zeigten kaum Spuren der Bleiche, und Schwämme wie Seescheiden sind an einigen Plätzen noch immer so gesund wie zuvor.

Für Taucher und Schnorchler sind die Veränderungen eher ästhetischer Natur. Zwar sind einige Plätze im Flachwasser nicht mehr so attraktiv, was besonders Schnorchler merken, die in Strandbereichen schwimmen. Einige Meeresbewohner sind nun viel leichter zu entdecken, andere wiederum nur erschwert. Noch immer gibt es auf den Malediven jedoch genügend unberührte Riffe. Guides und Tauchlehrer kennen nach wie vor Top-Plätze, die sie gern ihren Gästen zeigen. Was immer die Zukunft auch bringen mag, Korallenbleiche hat es in den tropischen Weltmeeren im Laufe der Erdgeschichte immer wieder gegeben, und sie wird auch weiterhin auftreten.

Foto: Christian Mietz

MEERESLEBEN

Die Tauchplätze der Malediven zählen zu den artenreichsten und attraktivsten unserer Erde. Für Taucher und Schnorchler sind die unvergleichlichen Korallenlandschaften ein wahres Paradies. Ein Blick unter die Wasseroberfläche erinnert an das bunte Treiben in einem Aquarium, und die farben- und formenprächtige Vielfalt der unzähligen Riffe des Inselstaates scheint unüberschaubar.

Man schätzt, dass es weltweit etwa 20 000 verschiedene Meeresfischarten gibt, die sich im Lauf der Entwicklung aus Gründen der Arterhaltung an die unterschiedlichsten Lebensbedingungen angepasst haben. Haie, die zu den primitiven Fischarten gehören, gibt es bereits über 350 Mio. Jahre und veränderten ihre Form seit dem Devon kaum. Die haiverwandten Rochen hingegen entwickelten im Lauf der Evolution eine flache Körperform und passten sich somit als vornehmliche „Bodenbewohner" dem neuen Lebensraum an. Viele tropische Wirbellose, die als Niedere Tiere bezeichnet werden, entstanden in der frühen Erdgeschichte. Quallen, *Scyphozoa*, leben seit etwa 600 Mio. Jahren in den Meeren.

Bis auf einige Algenarten besiedeln so gut wie keine Pflanzen den Indischen Ozean. Selbst die leblos erscheinenden Steinkorallen, von denen es auf den Malediven über 200 verschiedene Arten gibt, bestehen aus kleinsten Tierkolonien, deren Kalkabscheidungen die eindrucksvollen Rifflandschaften entstehen lassen.

Tropische Meeresfische

Die Tauchgebiete der Malediven werden vornehmlich von dem bunten Gewimmel kleinerer und mittlerer Korallenfische geprägt, aber auch größere Meeresbewohner ziehen gelegentlich an den Riffen vorbei. Am häufigsten tref-

Oben: Steinkorallen bestechen durch bizarre Formenvielfalt (Diskuskoralle). Rechts: Ein Schwarm Orientalischer Süßlippen.

Foto: Christian Mietz

fen Taucher auf Graue Riffhaie, *Carcharhinus amblyrhinchos*, Weißspitzen-Riffhaie, *Triaenodon obesus*, und Ammenhaie, *Ginglynostoma cirratum*. Seltener sind Begegnungen mit Hochseehaien, wie Hochsee-Weißspitzenhai, *Carcharhinus longimanus*, oder Hammerhai, *Sphyrna spec*. Noch außergewöhnlicher ist eine Sichtung des größten Fisches der Welt, des seltenen Walhais, *Rhincodon typus*. Den bis zu 18 m großen Giganten unter Wasser zu sehen, zählt zu den eindrucksvollsten Erlebnissen in tropischen Meeren. Auch Mantas oder Teufelsrochen, *Manta birostris*, begeistern jeden Taucher, wenn sie mit eleganten Flügelschlägen durchs Wasser gleiten. Sie erreichen eine Spannweite bis zu 7 m und kommen ans Riff, um sich von den kleinen Putzerfischen, *Labroides dimidiatus*, säubern zu lassen. Die ortstreuen Putzerfische befreien andere Fische von Hautparasiten, derer sie sich nicht selbst entledigen können. Durch einem unverwechselbaren Wipptanz der Putzfische eingeladen, fallen die großen Fische in eine Art Trance und lassen die winzigen Saubermacher sogar zur Zahnpflege durch das weitaufgerissene Maul schwimmen. Die Beendigung des Putzvorganges signalisieren die „Kunden" durch ein kurzes Körperzucken, woraufhin die Putzer tunlichst aus dem Maul der Raubfische verschwinden und den nächsten Gast in die „Barbierstube" bitten. Für Taucher sind die Putzerstationen, an denen sich bis zu 250 Fische täglich einfinden, beeindruckende Beobachtungspunkte.

Zu den besonders farbenfrohen Korallenfischen zählen Falterfische, *Chaetodontidae*, Kaiserfische, *Pomacanthidae*, Süßlippen, *Plectorhynchidae*, und Maskenwimpelfische, *Zanclidae*. Ihr buntes Kleid dient einerseits der Wiedererkennung zur Arterhaltung, andererseits signalisiert es Wehrhaftigkeit beim Territorialverhalten. Da solitär oder paarweise lebende Kaiserfische ihr Revier vehement gegen gleich aussehende Artgenossen verteidigen, tragen juvenile Tiere während der Wachstumsphase ein anderes Farbkleid, um am Riff überleben zu können. Viele der verwandten

Foto: Ludwig Migl

Falterfische haben im hinteren Körperbereich einen dunklen „Augenfleck", der Angreifer bei einer eventuellen Flucht täuschen soll. Die Familie der Riffbarsche, *Pomacentridae*, unterteilt sich in über 200 Arten und ist an jedem Riff zahlreich vertreten. Zu ihr gehören die grellfarbenen Anemonenfische, *Amphiprioninae*, die symbiotisch mit Seeanemonen zusammenleben: Die quirligen, etwa 10 cm großen Anemonenfische verteidigen ihren Wirt vornehmlich gegen Kaiser- und Falterfische, für die die Tentakeln der Seeanemonen eine Delikatesse darstellen. Im Gegenzug finden sie, durch eine Hautschleimschicht geschützt, in den nesselnden Anemonen Zuflucht vor Feinden. Zwischen den Tentakeln kann man bei genauem Hinschauen häufig kleine „Untermieter", winzige Krabben oder Krebse, entdecken. Da Anemonen auch im Flachwasser siedeln, finden Schnorchler sie oft schon in den seichten Lagunen.

Interessant ist es auch, das Brutverhalten der Riffbarsche zu beobachten, wenn das Männchen den Platz zur Eiablage mit dem Körper „sauberscheuert", bevor es mit schnellen Schwimmbewegungen das Weibchen auf den Brutplatz aufmerksam macht.

Im Flachwasserbereich ziehen in den Nachmittagsstunden recht häufig größere Schwärme von Papageifischen, *Scaridae*, übers Riff, um Algen von den Korallen zu weiden. Ihren Namen erhielten sie wegen des schnabelartig geformten Gebisses. Papageifische fallen neben den leuchtenden Farben sofort durch ihre lustigen, wippenden Schwimmbewegungen mit den Brustflossen auf. Nachts hüllen sie sich in einen „Schleimschlafsack", um sich vor den Muränen, die einen sehr guten Geruchssinn haben, zu schützen. Die Schleimhülle dient am nächsten Tag als Frühstück.

Wie Papageifische bevorzugen Korallenwächter oder Büschelbarsche, *Cirrhitidae*, die seichteren Riffzonen. Sie sind

Oben: Der Anemonenfisch lebt in Symbiose mit Seeanemonen. Rechts: Napoleonfische bewohnen mehrere Jahre dasselbe Riff.

Foto: Heike Sartorio

schlechte Schwimmer und beobachten ihr Revier reglos von übersichtlichen Stellen, von denen aus sie dann blitzschnell zum Beutefang vorstoßen. Auch die reptilienartig aussehenden Eidechsenfische, *Synodontidae*, bevorzugen übersichtliche Plätze im Riff, um nach Beute Ausschau zu halten. Am weitesten verbreitet ist der Eidechsenfisch, *Synodus variegatus*, seltener sieht man den Marmoreidechsenfisch, *Saurida gracilis*.

An jedem Riff zahlreich vertreten sind Lippfische, *Labridae*, die ständig das Riff und seichte Sandflächen nach Nahrung absuchen. Sie folgen gern anderen Fischen bei der Nahrungssuche, um leicht verwertbare Reste „abzustauben". Lippfische kommen in allen Farben und Größen vor, vom 8 cm kleinen Putzerfisch, *Labroides dimidiatus*, bis hin zum beeindruckenden, 2,5 m großen Riesenlippfisch, *Cheilinus undulatus*, der Tauchern auch als „Napoleon" bekannt ist. Wie bei den Riffbarschen ist auch bei vielen Lippfischarten die Wechselgeschlechtlichkeit verbreitet.

Unüberschaubar zahlreich – und sehr schwer genau zu bestimmen – sind die Schleimfische, *Blenniidae* und *Salaridae*, mit etwa 300 Arten, sowie die etwa 2000 verschiedenen Grundelarten, *Gobiidae*. Sie zählen zu den kleineren Riffbewohnern, die durchschnittlich nur 4 bis 10 cm groß werden. Einige Grundeln, die vornehmlich deckungsarme Sandflächen besiedeln, entwickelten im Lauf der Evolutionsgeschichte recht interessante Überlebensstrategien. So leben Gattungen wie *Cryptocentrus*, *Lotilia*, *Obtortiophagus* und *Vanderhorstia* symbiotisch mit Alpha-Krebsen in kleinen Höhlen. Während die fast blinden Krebse fortwährend damit beschäftigt sind, den Eingang der Fluchthöhle von dem einschwemmenden Sand freizuschaufeln, hält die Grundel Ausschau nach Fressfeinden. Bei drohender Gefahr alarmiert sie mit der Schwanzspitze, zu der die Krebse mit ihren Fühlern Kontakt halten, zum blitzschnellen gemeinsamen Rückzug in den schützenden Unterschlupf. Erst wenn die Grundel „entwarnt" hat, nehmen die unermüdlichen Krebse ihre Schaufelarbeit wieder auf.

Zu den Schwarmfischen am Riff zählen Schnapper, *Lutjanidae*, und Füsiliere, *Caesiodidae*, die durch ihre stromlinienförmigen Körper auffallen. Schwarmbildung hat für kleine Fische eine zweifache natürliche Schutzfunktion: zum einen wirken sie auf Räuber viel größer und gefährlicher, ähnlich wie ein einziger riesiger Fisch, zum anderen können Jäger in dem Gewimmel kaum ein Einzeltier genau anvisieren, um es zu erbeuten.

Im Jugendstadium halten sich auch Doktorfische, *Acanthuridae*, schwarmweise in Riffnähe auf. Adulte Tiere leben vornehmlich in Paaren. Ihren Namen erhielten sie von den skalpellartigen Dornfortsätzen am Schwanzstiel, die, farblich hervorgehoben, Fressfeinde abschrecken sollen. Doktorfische können, wenn sie bedrängt werden, auch Tauchern messerscharfe Schnittverletzungen zufügen.

Kugelfische, *Tetraodontidae*, erlangten als japanische Delikatesse (*fugu*) weltweite Bekanntheit. Die etwa 20 cm großen, gelb oder blau gefärbten Fische ernähren sich vor allem von Schnecken und kleinen Krebsen, die sie mit ihrem kräftigen Gebiss knacken. Die verwandten Igelfische, *Diodontidae*, erkennt man an ihrem auffälligen Stachelkleid, wegen dem sie den bezeichnenden Namen erhielten. Sie können sich bei Gefahr mit Wasser vollpumpen, um als, wenngleich auch manövrierunfähige, Stachelkugel ihren Fressfeinden größer zu erscheinen.

Zu den wehrhaften Meeresbewohnern zählen alle Skorpionfischarten, *Scorpaenidae*, mit giftigen Rückenflossenstrahlen. Bei den farblich auffälligen, etwa 30 cm großen Rotfeuerfischen sind diese besonders stark ausgeprägt. Dagegen liegen Skorpion- und Steinfische, meisterlich getarnt, unauffällig und unbeweglich im Riff. Deshalb müssen Taucher immer genau hinsehen, bevor sie (wenn überhaupt!) etwas im Riff anfassen. Steinfische zählen zu den giftigsten Fischen der Welt und können auch Menschen tödliche Verletzungen zufügen! Erste-Hilfe-Maßnahmen: Wunde säubern und in 50-70 °C heißes Wasser halten, weil die Eiweißgifte nicht hitzebeständig sind. Danach müssen Sie sofort einen Arzt aufsuchen!

Rechts: Die Mördermuschel, groß, farbenprächtig und – ungefährlich!

Die aalartigen Muränen, *Muraenidae*, lugen tagsüber meist aus ihren sicheren Verstecken und sind weder giftig noch aggressiv – wenn man sie in Ruhe lässt. Sie lauern lediglich auf Zufallsbeute und gehen nachts auf die Jagd. Muränen erreichen etwa 80-100 cm Länge, zwei Arten, die Große Netzmuräne, *Gymnothorax favagineus*, und die Riesenmuräne, *Gymnothorax javanicus*, können bis zu 2,5 m groß werden.

Zackenbarsche, *Serranidae*, leben solitär in tieferen Riffbereichen (15-30 m), vorzugsweise gut getarnt unter Überhängen oder in kleinen Höhlen. Ihre Konturen lösen sich durch ihr dunkel gesprenkeltes Farbkleid im Dämmerlicht fast auf, so dass nicht nur Taucher sie schlecht erkennen können, sondern auch kleine Beutefische ahnungslos auf die gefährlichen Räuber zuschwimmen.

Niedere Tiere

Die Vielzahl tropischer Wirbelloser (Niedere Tiere) umfasst schätzungsweise über eine Million verschiedener Arten. Bei vielen Tauchern gewinnen die Wirbellosen immer mehr Beachtung, sei es wegen der ungeheuren Artenvielfalt, oder, wenngleich schon einiges bekannt ist, wegen der Tatsache, dass die wissenschaftliche Erforschung noch in den Anfängen steckt.

Bei den oft bizarr aussehenden Riffbewohnern lassen sich insbesondere im Makrobereich viele interessante und spannende Entdeckungen machen. Sogar die runden bzw. baum- oder röhrenartig strukturierten Schwämme, *Porife-*

Foto: Holger Erbst

ra, sind, man glaubt es kaum, Tiere, die Plankton aus dem Wasser filtern. Etwa 200 Quallenarten, *Scyphozoa*, besiedeln die Meere. Die meisten zu den Nesseltieren, *Cnideria*, zählenden Quallen sind so klein, dass man sie nicht sehen, sondern nur spüren kann. Größere Quallen, wie Wurzelmundquallen, halten sich überwiegend im offenen Meer auf.

Die Korallentiere, *Anthozoa*, wegen ihrer Farbenvielfalt auch „Blumentiere" genannt, unterteilen sich in sechs- und achtstrahlige Korallen, *Hexa-* und *Octocorallia*. Die über 4000 Arten sechsstrahliger Korallen verteilen sich auf Steinkorallen, *Scleractinia* oder *Madreporaria*, Zylinderrosen, *Ceriantaria*, Seeanemonen, *Actiniaria*, und Krustenanemonen, *Zoantharia*. Bei einigen Krustenanemonen lassen sich besonders nachts die Polypen sehr schön erkennen und nachzählen. Bei den achtstrahligen Korallen bezaubern besonders die farbintensiven Weichkorallen. Zu den über 2500 verschiedenen achtstrahligen Arten gehören Weich- oder Lederkorallen, *Alcyonacea*, Hornkorallen oder Gorgonien, *Gorgonacea*, Seefedern, *Pennatularea*, und eine Blaukorallenart, *Heliopora coerulea*, die der Steinkoralle ähnelt.

Plattwürmer, *Plathelminthes*, sehen Nacktschnecken, von denen es etwa 5000 Arten gibt, sehr ähnlich, es fehlt ihnen jedoch der typische Kiemenbüschel. Der ausstülpbare Mund befindet sich auf der Unterseite. Der große Stamm der Weichtiere, *Mollusca*, umfasst Schnecken, *Gastropoden*, (etwa 105 000 Arten), Käferschnecken, *Polyplacophora*, Muscheln, *Bivalvia* (etwa 20 000 Arten), und Kopffüßer oder Tintenfische, deren zoologisch richtige Bezeichnung Tintenschnecken, *Cephalopoda,* lautet (730 Arten). Kopffüßer unterteilen sich in achtarmige (Kraken) und zehnarmige (Sepien) Tintenschnecken. Der Schulp (Schale) von Sepien wird bei uns als Kalkstein an Heimvögel verfüttert. Die Kauri-Muscheln, für die die Malediven bekannt sind, sind zoologisch betrachtet Schnecken – Muscheln bestehen im Gegensatz zu Schnecken aus zwei gleichen Hälften.

Die beliebten „Krabbelmeister" der Riffe, wie Krebse, Langusten, Hummer, Krabben und Garnelen, zählen zum Stamm der Gliederfüßer, *Arthropoda*, der mit insgesamt über 1 Mio. verschiedener Arten der größte in unserem Tierreich ist. Haarsterne, *Crinoidea*, Seeigel, *Echinoidea*, und Seesterne, *Asteroidea*, bilden mit den Seegurken, *Holothuroidea*, die etwa 6000 verschiedenen Arten der Stachelhäuter, *Echinodermata*. Manteltiere, *Tunicata*, unterteilen sich in festsitzende Seescheiden und freischwimmende Salpen. In ihrer Hülle, *Tunica*, besitzen beide Arten eine Ansaug- und Ausfuhröffnung sowie ein Atmungsorgan, den Kiemenkorb, mit dem sie Plankton aus dem Wasser filtern. Interessanterweise stehen uns die sehr einfach strukturierten Manteltiere zoologisch näher, als wir vielleicht vermuten würden. Sie zählen zu den Chordatieren, die sich in drei Unterstämme, Manteltiere, Schädellose und Wirbeltiere, unterteilen. Zu den Wirbeltieren gehören die Säugetiere, *Mammalia*, und damit auch wir Menschen.

Gefährdete Fauna

Das komplexe Ökosystem der Korallenriffe reagiert sehr sensibel auf Klimaveränderungen. Bereits leichte Wassererwärmung kann zu Wachstumsbeeinträchtigungen ganzer Korallenlandschaften führen – Korallen wachsen ohnehin nur wenige Zentimeter im Jahr. Im Rahmen fortschreitender Korallenbleiche abgestorbene Korallen fallen durch weiße Färbung auf (s. S. 21). Den Rest besorgen dann der die Korallen schädigende Dornenkronenseestern, die Drupella-Schnecke und der Papageifisch. Und ausgerechnet der Zackenbarsch, deren natürlicher Feind, wird wegen der Restaurantnachfrage überfischt. Bedrohlich für den Fischbestand und indirekt die Korallen sind auch die großen Fangflotten, die Haie und Riesenlippfische für den Export fischen und damit das natürliche Gleichgewicht im Meer beeinträchtigen. Auch die Fangmethoden für den Zierfischhandel beeinflussen und schädigen die Korallenriffe nachhaltig: Um die scheuen Tiere einfangen zu können, wird großflächig Gift ins Riff gespritzt, damit die Fische hervorkommen müssen. Gegen dieses Gift können sich die festsitzenden Korallenpolypen nicht wehren und sterben ab.

Zunehmend belasten Abfälle das Meer. Der Tauchverband PADI (*Professional Association of Diving Instructors*) hat mit einem internationalen AWARE-Programm (*Aquatic World Awareness, Responsibility and Education*) zu umweltschützenden und -erhaltenden Maßnahmen aufgerufen. Im Rahmen des Internationalen Jahres der Ozeane beteiligten sich Taucher aus über 70 Ländern an Reinigungsaktionen über und unter Wasser, darunter mehr als 30 Tauchschulen der Malediven. Weiterhin werden an viel betauchten Riffen Bojen gesetzt, um das Ankern der Boote, bei dem jedesmal zerbrechliche Korallen zerstört werden, zu vermeiden.

Zudem läuft auf den Malediven eine Aktion gegen das Abschlachten der bedrohten Meeresschildkröten. Die urtümlichen Tiere, die seit 200 Mio. Jahren die Weltmeere durchschwimmen, wurden bis vor einigen Jahren lebend zerlegt, damit das wertvolle Fleisch zu Suppe und der Panzer zu Schildpatt für Touristen weiterverarbeitet werden konnte. Schildkröten reagieren empfindlich auf Temperaturschwankungen. Ist der Sand, in dem die Eiablage erfolgte, wärmer als 30 °C, schlüpfen nach etwa 50 Tagen deutlich mehr Weibchen. Liegt die Temperatur darunter, erblicken überwiegend männliche Tiere das Licht der Welt. Von 1000 jungen Schildkröten erreichen durchschnittlich nur drei das Erwachsenenstadium.

Auf den Malediven werden in einer paradiesischen Unterwasserwelt, die

Rechts: Die Tentakel von Röhrenwürmern (Spirobranchus giganteus) sind von filigraner Schönheit.

Foto: Udo Kefrig

uns tropische Naturschönheiten in unendlicher Farben- und Formenvielfalt präsentiert, jährlich ungefähr 2 Mio. Tauchgänge durchgeführt. Wir sind als Besucher dieser herrlichen, schweigenden Welt dazu verpflichtet, uns wie Gäste zu benehmen und die zerbrechlichen Wunderwerke der Natur zu schützen!

Dazu kann jeder, der in Neptuns Reich zu Besuch ist, beitragen, indem er:

- nur bei anerkannten Tauchverbänden eine Ausbildung macht, die Wert auf Tarierungsübungen legen und Verantwortungsbewusstsein gegenüber der Umwelt zeigen.
- sich optimal austariert, damit man keine Korallen abbricht. Dafür ist es hilfreich, das Bleigewicht auf das Minimum zu reduzieren.
- mit den Flossen möglichst keinen Sand aufwirbelt, der kleine Korallenpolypen bedeckt und sie erstickt.
- mit Flossen nur so weit ins Wasser geht, bis man schwimmen kann. Selbst die sandigen Flachwasserzonen werden von Tieren besiedelt, auch wenn es auf den ersten Blick vielleicht nicht so aussieht.
- keine Niederen Tiere fängt oder tötet, um sie an Fische zu verfüttern.
- Meerestiere in ihrer natürlichen Umgebung nicht beeinflusst (z. B. durch Füttern, Bedrängen, Anfassen).
- sich auch beim Fotografieren oder Filmen gut austariert über dem Riff befindet und sich weder in Korallen hineinsetzt noch zwischen ihnen Halt sucht.
- nichts aus dem Meer mitnimmt. Auch scheinbar leere Muschel- oder Schneckengehäuse dienen vielen Meeresbewohnern als Behausung.
- keine Meerestiere fängt oder harpuniert. Einfuhr und Gebrauch von Harpunen sind auf den Malediven ohnehin bei Strafe verboten!
- wenn überhaupt, nur organisch abbaubare Abfälle ins Meer wirft.
- keine Meerestiere oder aus ihnen gefertigte Produkte kauft – dies ist nach dem Washingtoner Artenschutzabkommen ohnehin strafbar. Nur die Nachfrage bestimmt über den weiteren Fang geschützter Arten.

Foto: Reinhard Dirscherl

TAUCHSAFARIS UND KREUZFAHRTEN

Einer der besten Wege, als Taucher die Inselwelt der Malediven kennen zu lernen, ist eine Tauchsafari an Bord eines Safaridhonis oder Kreuzfahrtschiffes. Die Zahl der Veranstalter, die diese exklusive Art, die Inselwelt zu bereisen, anbieten, nimmt ständig zu. Ob es der Anreiz ist, entlegene Plätze aufzusuchen, unter den Sternen zu schlafen oder Zeit auf einer unbewohnten Insel zu verbringen – die Nachfrage steigt stetig. Über aktuelle Routenpläne und Tourdaten der Safarischiffe informieren Reisebüros und Tauchreiseveranstalter.

Die meisten Safaris beginnen gleich nach der Ankunft am Flughafen Hulhule oder an Males Hafen im Südwesten der Insel und enden auch wieder am Ausgangspunkt. Der neue Hafen der Landeshauptstadt bietet einen geschützten Ankerplatz für über 100 Schiffe zur Entlastung des alten Hafens.

Viele größere Safaridhonis haben wunderbar verzierte Bugsteven und geschnitzte Heckaufbauten. Wenn die Touristen eintreffen, beginnt am Kai ein emsiges Treiben. Kompressoren, Flaschen und Gepäck werden von Pickups entladen, Treibstoff und Wasser aus Fässern auf die Schiffe gepumpt.

Die Arbeiten im Hafen werden ansonsten vornehmlich in den frühen Morgenstunden bei angenehmeren Temperaturen erledigt. Dann erfüllen ungewöhnliche Geräusche die Luft, und man kann faszinierende Dinge beobachten. Jemand bindet das Ruder eines Bootes mit einer Kokosfaserschnur fest; anderswo wird ein Motor aus einem Dhoni ausgebaut. Große Holzschiffe aus Indien werfen in der Morgensonne ihre Schatten auf kleinere Boote; Arbeiter hämmern, bohren und beizen Holz. Hölzerne Masten ragen in den Himmel, und die Ankertaue der Schiffe zeichnen ständig neue Wellenmuster auf das spiegelglatte Hafenwasser. Inmitten all dieser Aktivitäten herrscht

Oben: Von Riff zu Riff schippern – der besondere Reiz von Tauchsafaris.

eine friedliche, entspannte Atmosphäre, die typisch für die Malediven ist. Auf den Fischerdhonis spielen Männer in ihrer Freizeit Karten, während auf den Vordecks der Safariboote die Gäste Tee trinken und auf ihre Abreise warten. Mit diesen exotischen, fremdartigen und zugleich reizvollen Eindrücken beginnen fast alle Safaris, bevor die Schiffe in die faszinierende Atollwelt der Malediven aufbrechen.

Die Routen der Tauchsafaris teilen sich vornehmlich in eine Nord- und eine Südtour, die je nach Dauer – zwischen 4 und 10 Tagen – das Ari-Atoll im Westen mit dem Rasdhoo-Atoll einschließen. Obgleich die Route meist festgeschrieben ist, erklären sich die Tourguides oft bereit, die Safaris nach den Wünschen der Gäste abzuändern.

Die Nordtour führt zunächst in das Nord-Male-Atoll zu den bekanntesten Tauchplätzen im Atollinneren und am Außenriff. Dabei sind vor allem die Unterwassernaturschutzgebiete von Interesse, wie der Hans Hass Place, der Lions Head und Kuda Haa im Süden oder das HP Reef und das Banana Reef im Südosten des Atolls. Am westlichen Außenriff des Atolls begeistern atemberaubende Korallenlandschaften, wie Rasfari oder die Passagen im Kanal Makunudhoo Kandu.

Nördlich des Atolls befindet sich ein besonderer Leckerbissen für Taucher, das größte Einzelriff der Malediven, Gaafaru Falhu, mit vier bekannten Wracks. Im weiter nördlich gelegenen Lhaviyani-Atoll gibt es ebenfalls einen kleinen „Schiffsfriedhof" und einen einzigartigen Unterwasserpark am Fushifaru Thila. Wenn es die Zeit erlaubt, fahren die Safariboote bis ins nordwestliche Baa-Atoll, in dem es unzählige jungfräuliche Riffe gibt. Alternativ kann der Kurs auch ins nördliche Ari- und Rasdhoo-Atoll führen. Dort liegen die weltbekannten Riffe Maaya Thila und Fish Head, an denen Haibegegnungen garantiert sind, sowie der artenreiche Tauchplatz Orimas Thila. Hinzu kommen drei künstlich versenkte Wracks vor den Inseln Fesdu, Halaveli und Elaidhoo. Am Halaveli-Wrack können Taucher zahme Stachelrochen aus der Nähe bestaunen.

Die Südtouren schließen ebenfalls je nach Verlauf entweder zu Beginn oder zum Ende der Safari die bekanntesten Tauchplätze des südlichen Nord-Male-Atolls ein. Zusätzlich wird das wohl berühmteste Wrack der Malediven, die *Maldive Victory*, im Vaadhoo-Kanal betaucht (s. S. 18). Danach geht die Reise in das Süd-Male-Atoll, wo im Nordosten im Emboodhoo-Kanal, der wegen der starken Strömungen auch als „Emboodhoo Express" weltbekannt ist, getaucht wird. Im Südosten, nahe der Insel Guraidhoo, locken weitere traumhafte Tauchplätze, an denen die unberührten Weichkorallenlandschaften verzaubern. Nach dem Besuch dieser Highlights befahren die Schiffe unterschiedliche Strecken. Entweder nehmen sie Kurs auf das Vaavu-Atoll bis zum Riff von Vattaru Falhu und weiter zum Meemu-Atoll, wo bis jetzt nur wenige Taucher die Schönheiten der Unterwasserwelt bewundern konnten, oder die Route führt in Richtung Westen ins südliche Ari-Atoll. Hier locken im Südosten herrliche Tauchplätze bei den Dhigura Arches mit dem künstlich versenkten Wrack *Rand 11* und weitere Plätze am Kudarah Thila, am Broken Rock, bei Lucky Hell oder am Vilamendhoo Thila. Im Süden des Atolls ziehen nahe der Insel Holiday Island ganzjährig Walhaie und Mantas vorbei. Als „Manta Point" berühmt ist der Tauchplatz Madivaru im Südwesten.

Andere Tauchsafaris befahren nur das Ari-Atoll, in dem es schon allein genügend fantastische Tauchplätze für einen Törn gibt. Die Safaris können mit einem Inselaufenthalt kombiniert werden. Mittlerweile besuchen Safaris schon entlegene Plätze im Haa-Alifu-Atoll. Und auch in den anderen neu erschlossenen Atollen warten spannende Entdeckungen und Erlebnisse auf die Taucher.

Foto: Jürgen Gries

SCHIFFSBAU AUF DEN MALEDIVEN

Seit der ersten Besiedlung der Malediven lebten die Menschen dort in enger Verbundenheit mit dem Meer und mit ihren Booten. Jahrhundertelange Erfahrungen, überlieferte Traditionen und das geschickte Ausnutzen von einfachen Techniken führten schließlich zur Entwicklung eines Bootstyps, der für die Malediven heute so typisch ist: des Dhonis. Ob groß oder klein, alle Dhonis unterliegen den gleichen Konstruktionsprinzipien; es sind Boote, die beste Manövriereigenschaften zwischen den engen Riffpassagen der Atolle besitzen. Dhonis leisteten in der Vergangenheit nicht nur wertvolle Transportdienste beim Fischfang, sondern auch einen erheblichen Beitrag zur Einbindung aller maledivischen Atolle in den Staat.

Oben: Jahrhundertelang gewährleisteten Segeldhonis den Kontakt zwischen den Atollen. Rechts: Der flache Rumpf des Dhonis erleichtert das Überqueren von Korallenriffen (traditionelle Werft auf Maalhoss).

Die Boote hielten immer den Kontakt zwischen den zahlreichen Inseln und Atollen und förderten das Zusammenwachsen der Inselbewohner zu einer Gemeinschaft. Sie ermöglichten Handel und, schon seit vielen Jahrhunderten, Kontakte zu anderen Völkern und Kulturen.

Die Herkunft des Dhonis führt weit in die Geschichte zurück. Vermutlich ist es eine maledivenspezifische Fortentwicklung der arabischen Dhau, die damals von Persien und der Arabischen Halbinsel bis nach Ostafrika und Asien das Bild auf den Meeren bestimmte. Auch die Bezeichnung „Dhoni“ zeigt eine enge sprachliche Verwandtschaft zum Begriff „Dhau“. Obwohl heute einige moderne Dhonis bereits stark verändert erscheinen, bestimmen doch noch wie schon vor Hunderten von Jahren die traditionellen Bootsformen das Bild vor den Inseln oder im Hafen von Male.

Das ursprüngliche Dhoni – das *mas dhoni* – wurde von maledivischen Fischern erdacht, gebaut und weiterentwickelt. Die simpelste Dhoniform dien-

Foto: Paul Spierenburg

te ausschließlich zum Fischfang und ermöglichte ein einfaches, aber wirkungsvolles Segeln durch die Inselwelt der Malediven. Dieser Bootstyp bestand vornehmlich aus zusammengebundenen Planken; eine Baumethode, die in vergangenen Jahrhunderten nicht nur in der indischen und arabischen Region angewandt wurde. In einigen Gegenden wird sie sogar heute noch praktiziert. Später verwendete man statt Schnüren und Seilen stabilere hölzerne Dübel und Kupfernägel, um die Planken zusammenzuhalten.

Die robust gebauten, offenen Dhonis haben nur einen geringen Tiefgang, was sich auf den Malediven beim Überqueren der zahlreichen tückischen, bis an die Wasseroberfläche reichenden Korallenriffe als äußerst vorteilhaft erweist. Dhonis laufen unter Segel sechs bis sieben Knoten schnell und können somit auch große Distanzen überbrücken, wie die frühen maledivischen Handelsbeziehungen mit Indien, Ceylon, Sumatra und anderen fernen Ländern belegen. Bei rauer See und hohen Wellen haben Dhonis zusätzlich den Vorteil, dass sie sehr gut manövrierbar sind.

Für das Unterwasserschiff und speziell für die Spanten verwenden die Malediver vorzugsweise das überall verfügbare Holz der Kokospalme, weil es sich in tropischen Gewässern durch lange Haltbarkeit auszeichnet. Hinzu kommt der Vorteil, dass dieses Holz schwerer ist als andere Arten, was dem Boot eine gute Stabilität verleiht. Die Beplankung besteht meist aus dem Kernholz aus dem unteren Bereich des Stamms, das besonders hart ist. Die Schiffsbauer erkennen bereits an den äußeren Strukturen eines Kokospalmenstamms, welcher Abschnitt hart genug und damit für den Bootsbau geeignet ist. Am Oberdeck befinden sich zwei besonders leichte Balken mit großem Eigenauftrieb, um das Schiff wieder aufzurichten, sollte es einmal kentern. Das Wasser kann danach wieder ausgeschöpft werden. Der weit hochragende Vordersteven ist reine Dekoration, der obere Teil kann sogar abgenommen werden. Das schmaler werdende Heck läuft in den

Foto: Paul Spierenburg

Achtersteven aus, hält das Ruder und verleiht dem Schiff durch seine Form die hervorragenden Segeleigenschaften. Der Rumpf des Dhonis wird mit Fischöl – vorzugsweise Haifischöl – eingestrichen, um einerseits den Stapellauf zu erleichtern und andererseits das Holz zu konservieren und den Rumpf leichter durch das Wasser gleiten zu lassen. Neuerdings werden Dhonis mit dünnen Kupferplatten bestückt, die verhindern sollen, dass sich die in tropischen Gewässern häufig vorkommenden Bohrwürmer im Holz festsetzen.

Dhonis werden von Bootsbauern mit langjähriger Erfahrung, von denen es nur wenige gibt, zusammengefügt. Zur Fertigstellung benötigen sie kaum Werkzeuge und keinerlei Baupläne. Ihre Erfahrungen und Fertigkeiten, die sie nur mündlich weitergeben, werden sorgsam gehütet. Bootsbauer nennt man in der maledivischen Sprache *kissaru vadin*, was soviel wie „Tischler, die geformte Dinge bauen können" bedeutet. Die *kissaru vadin* erfreuen sich bester Bezahlung und genießen bei den Inselbewohnern ein hohes gesellschaftliches Ansehen.

Die etwa 12 bis 14 m langen und 4 m breiten Dhonis entstehen meist in einer einfachen „Werft" unter Palmendächern in Strandnähe. Vom ersten Handgriff bis zum Stapellauf, bei dem das Schiff mit vereinten Kräften über den Strand ins Lagunenwasser gezogen wird, vergehen lediglich zwei bis drei Monate. Die verwendeten Werkzeuge sind denkbar einfach. Die *kissaru vadin* brauchen Holzhämmer und Fäustel, eine Krummaxt zum Abschälen der Rinde, Hobeleisen, Meißel, Äxte und einen schnurbetriebenen Handbohrer. Die Dhonis, die der Tourist heutzutage sieht, sind aus dem ursprünglichen *mas dhoni* entwickelt und teilweise verändert worden.

Neben dem Grundtyp gibt es noch weitere Varianten des Dhonis, die sich in Größe und Besegelung unterschei-

Oben: Maledivisches Dhoni vor der Insel Baros.
Rechts: Mit Liebe zum Detail gefertigtes Erinnerungsstück.

Foto: Claus-Peter Stoll

den. Das *Baththeli*, das in der Vergangenheit ebenfalls unter Segeln lief, ist größer als das traditionelle Dhoni. Es besitzt eine kleine Hütte an Bord, und die Besegelung ist um ein zweites, zentrales Vorsegel erweitert. Zudem fehlt die klassische Heckplattform. Die *Baththelis* wurden früher als Transportschiffe zwischen den Atollen eingesetzt. Weitere Varianten sind die *Baggala* und das *Odi*. Sie sind bei gleicher Betakelung größer als das *Baththeli* und durch eine achterliche, fest installierte Hütte gekennzeichnet. Besonders vor der Motorisierung dienten *Baggalas* zum Warentransport bis zum Indischen Subkontinent. Sie wurden in vergangenen Zeiten auch als „Passagierschiffe" für Pilgerfahrten nach Mekka eingesetzt. *Odis* sind heute eine Rarität und als reine Segelschiffe leider nicht mehr zu sehen.

In den späten Sechzigerjahren setzte sich der maschinelle Antrieb der Boote mit leichten Dieselmotoren durch, eine Neuerung, die einige Konstruktionsveränderungen erforderte. Weiterhin bekamen die bis dahin offenen Dhonis als Transportmittel für Touristen und als Boot für Sporttaucher ein festes Oberdeck mit einem Sonnenschutz. Ab Mitte der achtziger Jahre begann man, nach neuen Erkenntnissen ein modifiziertes, flacheres Schiff zu bauen, das einfacher zu be- und entladen war. Anfänglich wurde der neue Bootstyp von den Maledivern nur belächelt. Heute werden immer mehr Dhonis nach den modernen Entwürfen gefertigt. Sie haben Rumpfschalen aus Kunststoff. Diese sind leichter und preiswerter zu beschaffen, und die Boote können bei weniger Treibstoffverbrauch mehr Ladung aufnehmen.

Wie schnell die moderne Technik und der Einsatz von Kunststoffrümpfen den Mantel des Vergessens über die lange gewachsene maledivische Schiffsbautradition breiten werden, wird nicht zuletzt von der touristischen Nachfrage abhängen - ein Hauch von Nostalgie umgibt schon heute jedes traditionelle *mas dhoni*, das lautlos und majestätisch durch die Wellen des maledivischen Archipels gleitet.

Foto: Duncan Willetts (Camerapix)

GEOGRAFIE UND GEOLOGIE DER MALEDIVEN

Der faszinierende Malediven-Archipel, mit seinen paradiesischen Koralleneilanden ein Traumziel für Strandliebhaber, Schnorchler, Taucher und Wassersportler, liegt südwestlich des Indischen Subkontinents im Indischen Ozean. Von der nördlichsten Malediveninsel sind es 480 km bis zur Südspitze Indiens und ostwärts 670 km bis Sri Lanka; der unter britischer Verwaltung stehende Chagos-Archipel ist von der südlichsten Malediveninsel 550 km entfernt.

Der Inselstaat erstreckt sich 830 km in Nord-Süd-Richtung, 130 km von Ost nach West und umfasst eine Fläche von rund 100 000 km^2; sein höchster Punkt misst nur 2,4 m. Das Staatsgebiet wird fast nur von Wasser bestimmt; nur ein halbes Prozent ist besiedelt, nämlich 220 Inseln mit insgesamt 298 km^2 Fläche. Damit ist das verfügbare Siedlungsgebiet, auf dem ca. 340 000 Malediver leben, nur so groß wie das der Stadt Leipzig.

Die Koordinaten der maledivischen Inselwelt liegen auf einer Breite zwischen 7° 6′ 30″ Nord und 0° 41′ 48″ Süd, also am bzw. nahe dem Äquator in den Inneren Tropen; die geografische Länge umfasst den Bereich zwischen 72° 32′ 30″ und 73° 45′ 54″ Ost.

Eine offizielle Zählung ergab 1196 Inseln, wobei eine Erhebung aus dem Meer als Insel gilt, wenn sie erkennbare Vegetationsformen aufweist, seien es Gräser, Büsche oder Palmen. Sandbänke bleiben bei einer Zählung unberücksichtigt. Da sich die Inseln saisonal, je nach Monsunrichtung, verändern, neue Sandbänke entstehen und alte verschwinden, schwanken die Angaben in der Literatur zwischen 1120 und 2000 Inseln, da jene Sandbänke häufig mitgezählt werden.

Links: Wie leuchtende Smaragde erheben sich die Inseln der Malediven aus dem Indischen Ozean.

Die im Durchschnitt nur 1,5 m aus dem Wasser ragenden Malediven sind möglicherweise durch Meeresspiegelanstieg bedroht, über dessen tatsächliches Ausmaß die Wissenschaftler jedoch streiten. Ganz gewiss sind sie ein Spielball der ozeanischen Naturgewalten, die Inseln vernichten, aber auch erschaffen: So entstanden 1955 im Shaviyani-Atoll nach einem Sturm gleich drei neue Inseln. Andererseits wäre 1960 die relativ große Insel Feydhoo Finolhu im Male-Atoll gänzlich weggespült worden, hätte man sie nicht durch Aufschüttungsmaßnahmen gerettet. Kalhuhuraa, eine Insel im Süd-Male-Atoll, auf der noch vor 100 Jahren Kokospalmen wuchsen, gibt es heute nicht mehr. Im Nord-Male-Atoll steht Viligilimathidhahuraa als Beispiel für ein Eiland, das ehemals aus zwei Inseln bestand, die durch natürliche Sandablagerungen zusammengefügt wurden. Andere wiederum teilten sich, wie die Einheimischeninsel Huraa im Nord-Male-Atoll, von der sich die heutige Hotelinsel Kuda Huraa (Four Seasons Resort at Kuda Huraa) abtrennte. Auch die Inseln Lankanfinolhu (Paradise Island) und Hudhuveli hingen früher zusammen.

Entstehungsgeschichte

Die Malediven sind eine fantastische Erscheinung. Wie wunderschöne, geheimnisvolle Juwelen erheben sie sich aus dem tiefen Blau des Indischen Ozeans. Zur Entstehung der bizarren Atollwelt gibt es zwei Theorien: das frühe, über 150 Jahre alte Darwinsche Modell und die neuere Hypothese des Forschers Hans Hass. Die Malediven sitzen auf dem Rücken eines langgezogenen Gebirges, das sich als abgekippte Randscholle südlich der Landmasse des Indischen Subkontinents über die Lakkadiven bis zum Chagos-Archipel erstreckt. Dieser Gebirgsrücken sank in der Erdgeschichte allmählich ab. Heute ragen nur noch seine Spitzen aus 3000 bis 4000 m Tiefe auf.

Foto: Silvestris Online

Von einem Gebirge vulkanischen Ursprungs ausgehend, entwickelte Darwin, der die Malediven selbst nie besucht hatte, die Theorie, dass sich mit dem langsamen Absinken des Gebirges vor vielen Millionen Jahren Korallen in den seichten und warmen Gewässern um die Berge ansiedelten. Stand ihr Wachstum in einem ausgeglichenen Verhältnis zur Senkungsrate der Vulkankegel, so bildeten sie ein sich nach außen allmählich erweiterndes Riff, während die Bergspitzen versanken. Letztlich blieb eine große Ansammlung von ausgedehnten Ringriffen übrig, die im Inneren eine flache Lagune bildeten. Darwins tektonische Senkungstheorie erhärtete sich, als 1980 seismische Messungen des ESSO-Konzerns nahe der Insel Bandos vulkanisches Gestein unter einer 2100 m dicken Kalkgesteinsschicht feststellten.

Die Theorie von Hans Hass betont einen besonderen Aspekt der maledivischen Atollbildung: Demnach wachsen Korallen dem Licht entgegen und breiten sich dabei ringförmig immer weiter seitlich aus. Mit der zunehmenden Ausdehnung verschlechtern sich die Lebensbedingungen der zentralen Korallenformationen, bis die kleinen Polypen in diesen Bereichen absterben. Bei Ebbe staut sich infolge das Wasser im Inneren des Ringes und übt auf den Untergrund einen großen Druck aus. Erosion, Strömungen und Witterungsprozesse vertiefen den Innenbereich dann in Abhängigkeit von der Geschwindigkeit des Korallenwachstums an den Riffaußenkanten. Wenn das Außenriff der Gewalt schwerer Stürme und großer Wellen nicht mehr standhalten kann und bricht, entstehen Kanäle, die das Innere des Atolls mit frischem Meerwasser und Nährstoffen versorgen. Somit kann in der Lagune neues Korallenwachstum beginnen, und es können sich weitere kleine Atollsysteme entwickeln. Mit der Theorie von Hans Hass ließe sich auch gut erklären, wie nicht nur die großen

Oben Charles Darwin und später Hans Hass entwickelten die Theorien zur Atoll-Entstehung. Rechts. Schnorcheln mit Schildkröte am Riff.

Atollringe, sondern auch die kleinen *farus* (kleine, runde Riffgebilde) entstanden sein könnten. Demnach entwickelten sich die Inseln durch das Aufspülen von Sand und Geröll innerhalb der Lagune. Es bildeten sich kleine Sandbänke, die sich immer weiter verfestigten, bis die ersten Pflanzen Wurzeln fassten.

Auf jeden Fall haben eustatische Meeresspiegelschwankungen im Zuge der Bildung bzw. des Abschmelzens von Festlandeis auf den Kontinenten während der letzten Eiszeit vor 15 000 Jahren ebenfalls zum heutigen Erscheinungsbild der Riffe beigetragen.

Atolle

Der maledivische Archipel besteht aus 26 Atollen. Minicoy (Maliku), das ehemals 27. Atoll im Norden, wurde während der Regierungszeit von Sultan Al Mukarram Mohammed Imadudeen III. (1750-1757) von Indien vereinnahmt. Verwaltungstechnisch sind die Atolle in 20 Gruppen aufgeteilt. Die administrativen Atolle erhielten neben den traditionellen, oft kompliziert auszusprechenden Namen einfachere Verwaltungsbezeichnungen. So trägt zum Beispiel das Maalhosmadulu-Atoll den Verwaltungsnamen Baa-Atoll. Weiterhin werden die Atolle mit Buchstaben aus dem lateinischen Alphabet bezeichnet, die am Bug jedes Dhoni angebracht werden müssen und sofort die Herkunft der Schiffe erkennen lassen.

Das Wort „Atoll" ist der einzige Begriff aus der maledivischen Landessprache Dhivehi, der sich im weltweiten Sprachgebrauch eingebürgert hat. Im modernen Dhivehi der Malediver steht *atholhu* jedoch nicht mehr für das geologische Riffgebilde, sondern für den Verwaltungsbezirk, der geografisch ein oder mehrere Atolle umfassen kann.

Der Begriff „Atoll" wurde in Europa erstmalig durch den Franzosen François Pyrard bekannt, der am 2. Juli 1602 mit seinem Schiff *Corbin* im Goidhoo-Atoll Schiffbruch erlitt und fünf Jahre

Foto: Willyam Bradberry (Shutterstock.com)

von den Maledivern gefangengehalten wurde, ehe er fliehen konnte. Er verfasste erste detaillierte Berichte über die Malediven, ihre Bewohner, Riten und Bräuche.

Im Malediven-Archipel gibt es die meisten Atolle unserer Erde, ihr größtes ist das vier maledivische Verwaltungseinheiten umfassende Thiladunmathee-Miladunmadulu-Atoll. Seine 167 Inseln und die Lagunen bringen es auf 3800 km^2.

Ein Atoll bezeichnet ein ring- oder kranzförmig angeordnetes Korallenriff, in dessen Zentrum sich eine Lagune befindet. Das Ganze umgibt ein umlaufender, zur Seeseite steil abfallender Riffring. Auf dem Riffsaum eines Atolls erheben sich einzelne kleine Inseln, die aus Korallensand und -schutt bestehen. Charakteristisch für die Atolle sind die Kanäle, *kandus*, die das Riff an verschiedenen Stellen durchschneiden. Sie sorgen für einen konstanten Wasseraustausch zwischen dem offenen Meer und der Atolllagune und ermöglichen somit die Nahrungszufuhr, die für das

Korallenwachstum nötig ist. Während die Lagune meist zwischen 50 und 90 m tief ist, fällt das Riff an der Atollaußenseite steil bis auf viele hundert Meter ab. In den Kanälen herrschen oft kräftige Strömungen, deren Stärke und Richtung von Mondphasen, Wind, Gezeiten und dem Relief des Meeresbodens bestimmt werden.

Zwischen den Atollen verlaufen die großen Meeresströmungen je nach Monsunwinden mit unterschiedlicher Geschwindigkeit vornehmlich in Ost-West-Richtung. Im 74 km breiten und 1829 m tiefen Äquatorialkanal, Addhoo Kandu, der das südliche Seenu-Atoll vom Huvadhoo-Atoll trennt, können die Strömungen mehr als 10 km/h betragen. Auch der etwas weiter nördlich liegende One-and-a-Half Degree Channel, Huvadhoo Kandu, ist für sehr starke Strömungen bekannt, so dass der 96 km breite Kanal nur mit größeren, seetüchtigen Booten zu überqueren ist.

Eine maledivische Besonderheit in der Welt der Atolle sind kleine, runde Riffgebilde, *farus*, die wiederum eigenständige Klein- oder Pseudoatolle darstellen. Miteinander verknüpft können sie, vergleichbar mit den Perlen einer Kette, den Außenring eines großen Atolls bilden. Auch innerhalb eines Atolls erheben sich oft *farus* aus der Lagune. Auf vielen bildeten sich im Lauf der Zeit Sandbänke, die später zu Inseln heranwuchsen. Neben den *farus*, die in der Landessprache Dhivehi auch *gaa* oder *baa* heißen, gibt es noch weitere Riffformen. Liegen in der Lagune eines *farus* mehrere Inseln, sprechen die Malediver von einem *falhu*. Ein *giri* ist ein längliches Riff, das im Gegensatz zu einem *faru* ständig aus dem Wasser ragt. Ein *thila* dagegen bezeichnet eine punktförmige Riffstruktur, dessen Riffdach sich stets einige Meter unter der Wasseroberfläche befindet. Kanäle zwischen zwei Riffen oder den Atollen tragen die Zusatzbezeichnung *kandu* oder *kandu olhi*.

Die Schreibweisen der Atoll-, Insel- und Riffbezeichnungen sind nicht einheitlich festgelegt. Selbst auf Seekarten gibt es unterschiedliche Eintragungen. Meist verwendet man die einfachste Darstellung, um komplizierte Namen leichter lesbar zu machen. So verkürzte sich Ihavandhippolhoo zu Ihavandiffulu, Felidhe wurde zu Felidu (oder Felidhoo). Manche Namen änderten sich völlig, wie der des südlichen Huvadhoo-Atolls, das nun auch Gaafu-Dhaalu-Atoll oder Suvadiva-Atoll genannt wird.

Die Inselnamen beschreiben oft die Lage oder die Eigenschaften eines Eilandes. Der Name der Insel Thundufushi am östlichen Außenrand des Ari-Atolls setzt sich aus *thundhu*, „Rand" oder „Kante", und *fushi*, „Insel", zusammen. Einige andere Namen deuten auf Ereignisse hin, die sich auf den entsprechenden Inseln zugetragen haben könnten. Der Name der Insel Dhehasanu Lonu Bui Huraa im Ari-Atoll bedeutet übersetzt soviel wie „Zwei Männer mit dem Namen Hassan trinken auf der Salzwasserinsel".

Die Inselbezeichnungen Vihamanaafushi, Lankanfinolhu oder Furanafushi dagegen sind singhalesischen Ursprungs. Der Zusatz *-fushi* deutet auf eine große Insel hin, die am Außenriff eines Atolls liegt, wie Kandoomafushi (Kandooma) oder Meerufenfushi (Meeru). Der Anhang *-finolhu* beschreibt eine Insel, die zum Zeitpunkt der Namensgebung wenig oder gar keinen Kokospalmenbestand aufwies. Die Endungen *huraa* und *dhoo* stehen als Synonyme für den Begriff „Insel", während die letzten beiden Buchstaben, *-le*, der Inselnamen Male und Hulhule eine Verkürzung des Sanskrit-Wortes *liu* sind, was ebenso „Insel" bedeutet.

Zahlreiche Ferieninseln haben in den letzten Jahren aus Gründen der touristischen Vermarktung ihre traditionellen Namen zugunsten einer werbewirksameren und eingängigeren Hotelbe-

Rechts: Seit etwa 600 Millionen Jahren wirken winzige Polypen als „Baumeister" der Korallenriffe.

Foto: Christian Mietz

zeichnung aufgegeben. So wurde z. B. Medhu Finolhu zu One & Only Reethi Rah, Vihamanaafushi zu Kurumba Maldives oder Velassaru zu Velassaru Maldives. Zudem werden Touristeninseln auch mit dem Namen des vor Ort befindlichen Hotels bezeichnet – so heißt das einstige Hembadhoo nun in allen Katalogen Taj Coral Reef Resort.

Auch Riffnamen können recht aufschlussreich sein. *Himmiyafaru* kann Fischern etwas über die Beschaffenheit eines Riffes sagen, denn *Himmi* bedeutet „Öffnung zwischen zwei Objekten" und markiert die Passage, an der das Riff durch das Wasser in zwei Teile gespalten ist. Der Name des *Koonomias faru* im Nord-Male-Atoll bedeutet „Riff des verdorbenen Fisches" und weist darauf hin, dass hier vor langer Zeit ein Wal strandete und verendete.

Korallenriffe

Korallenriffe werden von mikroskopisch kleinen Polypen gebildet, die Kalk abscheiden und auf diese Weise langsam ein Riff aufbauen. Nur wenige der zerbrechlichen Korallen wachsen bis zu 20 oder 30 cm jährlich. Die meisten Steinkorallenarten, die die Fundamente der massiven Riffe bilden, werden pro Jahr nur um Millimeter größer.

Zusätzlich verschaffen koralline Algen, die sich in geringen Tiefen, vornehmlich in den Brandungszonen, aufhalten, dem Riff eine solide Basis, indem sie Bruchstücke und abgestorbene Trümmer „zusammenzementieren".

Die Form eines Riffs wird vornehmlich von der Tiefe und der Beschaffenheit des Meeresbodens und in zweiter Linie von den Strömungsverhältnissen, der Intensität und Kraft der Wellen sowie Wettereinflüssen geprägt.

Da während der letzten Eiszeiten der Meeresspiegel deutlich sank, fielen große Gebiete riffbildender Korallen trocken. Sie verlagerten sich in andere Gebiete, um neue Kolonien zu formen. Die starker Erosion ausgesetzten trocken liegenden Riffe bildeten Höhlen, Spalten und Canyons in allen Formen und Variationen aus. Mit dem erneuten

Foto: Udo Kefrig

Anstieg des Meeresspiegels lagerten sich weitere Korallen an, und marine Lebewesen besiedelten den neu gewonnenen Lebensraum, der heute Taucher aus aller Welt anzieht und begeistert (s. S. 15).

Auf den Malediven unterscheidet man Außen- und Innenriffe: Innenriffe liegen innerhalb des Atollrings (so zum Beispiel die meisten Hausriffe), während das Außenriff das gesamte Atoll umgibt. Bei den Inseln, die unmittelbar an der Außenseite eines Atolls liegen, kann das Außenriff auch ein Teil des Hausriffs sein.

Inselformen

Die Malediveninseln lassen sich hinsichtlich der Beschaffenheit ihres Strandes, der Lagune und der sie umgebenden Riffstrukturen in drei Inselformen einteilen: den Rundform- oder Spiegeleityp, den Halbmondtyp und den lang gestreckten Handtuchtyp. Bei der Entscheidung für eine Urlaubsinsel kann die Inselform insbesondere für Wassersportler ein Auswahlkriterium sein.

Der Rundform- oder Spiegeleityp

Dieser Inseltyp befindet sich vorzugsweise an der Ostseite eines Atolls und so gut wie nie unmittelbar am Außenriff. Typisch sind die fast kreisrunde Inselform und das nahegelegene, steil abfallende Riff. Meistens haben die Inseln einen Strand, der das gesamte Eiland umgibt, sowie schöne Schnorchelgebiete an der Riffkante und atemberaubende Tauchgebiete direkt am Hausriff. Der Spiegeleityp ist besonders für Taucher geeignet, die bequeme und erlebnisreiche Tauchgänge planen.

Beispiele hierfür sind: Angsana, Bandos, Banyan Tree, Bathala, Biyadhoo, Ellaidhoo, Embudu, Fesdu (W Retreat & Spa), Hembadhoo (Taj Coral Reef Resort), Kurumba, Soneva Fushi, Twin Island, Villivaru.

Oben: Korallenriffe reichen oft bis knapp unter die Wasseroberfläche. Rechts: Inselformen – Halbmond- und Handtuchtyp.

Foto: Silvestris Online

Der Halbmondtyp

Der Halbmondtyp liegt vornehmlich inmitten von Großatollen. In der Regel basiert diese Inselform auf einem *faru* oder *falhu*. Charakteristisch für den Halbmondtyp ist eine weit ausladende Lagune auf der einen Inselseite sowie ein großer, leicht erreichbarer Hausriffbereich mit Steilwänden an der anderen. Die Insel liegt am strömungsgeschützten Ende des Riffkomplexes. Der Halbmondtyp ist ein guter Kompromiss für alle Wassersportarten: Tauchern bietet das Hausriff faszinierende Unterwassererlebnisse, Wassersportler finden in der Lagune gute Bedingungen.

Beispiele: Alimatha, Angaga, Athuruga, Baros, Bolifushi, Cocoa, Dhiggiri, Eriyadu, Fihalohi, Full Moon, Giraavaru, Halaveli, Hudhuranfushi, Huvafen Fushi, Kuda Rah, Kuredu, Laguna Maldives, Maayafushi, Machchafushi, Makunudu, Meerufenfushi, Mirihi, Nika, Rannalhi, Rangali (Conrad), Ranveli, Thulagiri, Vaadhoo, Vakaruvali, Velidhu, Vilamendhoo.

Der Handtuchtyp

Die Handtuchinseln liegen meistens auf dem breiten Sattel eines Außenriff-*faru*. Das besondere Merkmal des Handtuchtyps ist eine große, sandige Lagune: Schwimmer, Surfer und Segler haben hier geradezu ideale Bedingungen für ihr Hobby. Auf der Riffinnenseite ist das sehr breite, flache Riffdach kaum zu überwinden, so dass Taucher die Hausriffe mit dem Boot anfahren müssen.

Die nahe Lage einer Handtuchinsel zum Außenriff ist besonders für Taucher mit einiger Erfahrung interessant, denn an den strömungsexponierten Passagen des Außenriffs ziehen oft Großfische vorbei.

Beispiele: Anantara Fushi, Club Faru, Club Med Kani, Dhon Veli, Four Seasons Kuda Huraa, Fun Island, Gan Island, Holiday Island, Kandooma, Kuramathi, Lankanfinolhu, Lily Beach, Olhuveli, Kanu Huraa, One & Only Reethi Rah, Paradise Island, Rihiveli, Soneva Gili, Summer Island, Taj Exotica Resort, Veligandu, White Sands.

Foto: Duncan Willetts (Camerapix)

GESCHICHTE DER MALEDIVEN

Die offizielle Geschichtsschreibung der Malediven beginnt 1153 mit der Islamisierung. Die frühe, vorislamische Geschichte des Landes wurde fortan bewusst unterdrückt, archäologische Funde und alte Schriften vernichtet, weil die zum Islam bekehrten Herrscher die Erinnerung an frühere Religionen auslöschen wollten. Und so umranken heute vor allem Legenden die frühe Geschichte des Inselstaats.

Die erste Erwähnung der Malediven stammt von Claudius Ptolemäus (85-160 n. Chr.), einem griechischen Geografen, der schon erstaunlich genau von einem Archipel aus 1378 kleinen Inseln sprach, das westlich von Taprobane, dem heutigen Sri Lanka, liegen sollte. Im 4. Jh. berichtete Scholastikus aus Theben, der die südindische Malabarküste bereiste, von einem Reich tausend kleiner Inseln westlich von Taprobane, ebenso wie Pappus von Alexandrien, der 1370 Inseln zählte.

Vermutlich erfolgte die frühe Besiedlung der Malediven vom Indischen Subkontinent und von Sri Lanka aus. Drawiden aus dem Süden und Indoarier aus dem Nordwesten Indiens sowie Singhalesen und Tamilen aus Sri Lanka trafen zwischen 500 und 400 v. Chr. auf den Malediven ein und vermischten sich mit einer eventuell schon bestehenden kleinen Urbevölkerung. Wahrscheinlich erfolgten auch Vermischungen mit zwei weiteren ceylonesischen Volksstämmen, den Naga und Yakka, die auf Sri Lanka eine vorbuddhistische Kultur entwickelten. Darauf weisen singhalesische und tamilische Elemente in der maledivischen Dhivehi-Sprache hin. Für den singhalesischen Einfluss spricht auch der maledivische Schöpfungsmythos des „Einmann-Ungeheuers", der sehr stark an den Löwenmenschen in der singhalesischen Mythologie erinnert. Die Giraavaru behaupten noch heute, von den Tamilen abzustammen. Sie gelten als Ureinwohner der schon früh besiedelten Insel Giraavaru im Nord-Male-Atoll.

Eine Theorie, die zeitlich weiter zurückreichende Einwanderungen voraussetzt, entwickelte der norwegische Forscher Thor Heyerdahl, der 1985 von der maledivischen Regierung eingeladen wurde. Aufgrund archäologischer Funde in den südlichen Atollen vermutete er, dass die Besiedlung der Malediven bereits ab 2000 v. Chr. durch Händler aus dem Industal, Ägypter, Phönizier und später Römer erfolgte – eine umstrittene Annahme.

Nicht ohne Weiteres lassen sich die sagenhaften Redin erklären. Diese Riesen gelten in der Mythologie der Malediver als ein geheimnisvolles Seefahrervolk unbekannter Herkunft. Ihnen werden Sonnenanbetung und heidnische Bräuche nachgesagt, was sich bis heute in der maledivischen Gesellschaft im Glauben an die Geister, *jinis*, widerspiegelt. Dass die hellhäutigen, rothaarigen Redin eine frühe buddhistische Volksgruppe aus Sri Lanka waren, ist eher unwahrscheinlich. Zutreffender scheint die Annahme, dass sich die frühe Zuwanderung verschiedener Volksgruppen in mehreren Phasen vollzog. Diese Gruppen vermischten sich später mit Händlern und Seefahrern. Deshalb entstanden verschiedene ethnische Typen mit unterschiedlichsten Gesichtsformen. Das Spektrum reicht vom indischen über den arabischen, afrikanischen und asiatischen Typ, es gibt sogar arische Einschläge.

Buddhistische Spuren

Bereits in der frühen Zuwanderungsphase verschiedener Volksgruppen ab 500 v. Chr. verbreitete sich der Buddhismus auf den Malediven. Der britische Kolonialbeamte H. C. P. Bell, der mit seinem Schiff im Archipel strandete, befasste sich als Amateurforscher ab 1879 ausgiebig mit den buddhistischen

Links: Ein junges Mädchen aus Male.

Foto: Duncan Willetts (Camerapix)

Einflüssen und belegte sie durch zahlreiche archäologische Funde. Bis 1920 entdeckte er auf mehreren südlichen Inseln, wie Gaddu, Kanduhuludu und Toddu, historische Stätten in Form großer Hügel aus Korallenstein, *hawittas*. Er hielt sie für Überreste von Stupas, da sie *dagobas* ähnelten, den buddhistischen Reliquienschreinen in Sri Lanka. Bell fand in den *hawittas* buddhistische Statuen und bei Ausgrabungen in südlichen Atollen auch etwas jüngere hinduistische Skulpturen.

Arabische Besucher

Die ersten historischen Überlieferungen führen ins 9. Jh., als die Araber die Malediven für sich entdeckten. Während sie auf ihren fernöstlichen Handelsrouten bei unbeständigen und stürmischen Südwestwinden im Sommer nur die küstennahen Gewässer besegelten, konnten sie in den Monaten des konstanten Nordostmonsuns die Heimfahrt übers offene Meer antreten und passierten dabei die Malediven als Zwischenstation, um neuen Proviant aufzunehmen. Der persische Händler Sulaiman berichtete von 1900 Inseln im Herkend-Meer, die von einer Frau regiert würden und über einen unermesslichen Reichtum an Kauri-Muscheln verfügten, die zu jener Zeit bevorzugtes Zahlungsmittel waren. Trockenfisch und maledivische Kokosfaserseile waren schon bei den arabischen Seefahrern ein beliebtes Handelsgut. Vor allem aber bereicherten sich die Araber an den wertvollen Kauri-Muscheln, die vermutlich zur Namengebung der Malediven beitrugen: *dhiva kudha*, „Kauri-Inseln". Eine andere Erklärung zur Bezeichnung des Archipels führt auf die beiden Hindu-Worte *mahal* („Palast" oder „Burg") und *diva* („Insel") zurück, aus denen der spätere Begriff *Melediva* („Palastinsel") entstanden sein soll.

Um 1200 berichtete ein weiterer arabischer Reisender von mehr als 2000 „Kauri-Inseln", die zwischen dem Herkend- und dem Lar-Meer liegen sollten.

Einer Legende zufolge wurden die Malediven in vorislamischer Zeit von einem König regiert. Als Prinz Koimala Kaola mit seiner Gemahlin, einer ceylonesischen Königstochter, von Sri Lanka auf die Malediven segelte, luden ihn die Bewohner der Insel Rasgetheemu im Raa-Atoll (Nord-Maalhosmadulu-Atoll) zu sich ein und ernannten Koimala zum König der Insel. Danach siedelte der König nach Male über und ließ sich mit Einverständnis der Giraavaru, der Ureinwohner der gleichnamigen Insel, im Nord-Male-Atoll nieder. Nach einer anderen Version lud Koimala die Einwohner von Rasgetheemu und den benachbarten Inseln unter dem Vorwand eines Festessens ein und ließ sie niedermetzeln. Danach ernannte er sich selbst zum König, siedelte nach Male über

Oben und rechts: Im Nationalmuseum in Male sind Zeugnisse der vorislamischen Geschichte der Malediven zu sehen – ein Stupa-Fragment von den südlichen Atollen (oben) und steinerne Masken (rechts).

Foto: Duncan Willetts (Camerapix)

und entsandte zwei Schiffe nach Sri Lanka, um weitere „Löwenmenschen" auf die Insel zu bringen. Später regierte sein Sohn 12 Jahre, bevor er zum Islam konvertierte. Nachdem er von der Pilgerfahrt nach Mekka nicht zurückkehrte, übernahm seine Tochter als Sultanin die Macht. Der Legende nach sollen alle weiteren Sultane und Sultaninnen von dieser Dynastie abstammen.

Ein Weltreisender aus Marokko

Genauere Überlieferungen stammen von Ibn Battuta, einem marokkanischen Handelsreisenden und berühmten Reiseschriftsteller seiner Zeit. Er bereiste die Malediven und „Dihabad al Mahal", das heutige Male, erstmalig 1343: *Ich beschloss eine Reise zu den Malediven zu unternehmen, von denen ich erzählen gehört hatte ... Diese Inseln sind eines der Weltwunder.* Aus einem geplanten kurzen Zwischenstopp ergab sich ein mehrmonatiger Aufenthalt. Die Zuneigung der Sultanin Khadidja, die viel von dem gelehrten Mann hielt, brachte Ibn Battuta die Stellung des *gazi*, des höchsten Richteramtes, ein. Mit strenger Hand versuchte er, islamische Rechtsprechung durchzusetzen. Er verließ die Malediven aber wieder, nachdem er sich mit dem Sultan überworfen hatte.

Während seines Aufenthalts erklärte der maurische Gast aus Tanger seinen marokkanischen Landsmann, den Berber Jussuf al Barbari, zum islamischen Religionsbegründer der Malediven, obgleich aus der *Tharik*, der maledivischen Chronik, hervorgeht, dass schon im Jahr 1153 der Mönch Abdul Barakaath Al Barberie den regierenden König zum Islam bekehrte. Der Legende nach vertrieb der Muslim durch sein Gebet einen Dämon aus Male, worauf der buddhistische Maledivenkönig sein Versprechen einlöste und zum Islam konvertierte.

Vermutlich fälschte Ibn Battuta 200 Jahre, nachdem die Malediver den muslimischen Glauben angenommen hatten, eine Inschrift der Heiligen Moschee in Male, in der der Religionsbegründer niedergeschrieben war, zu Gunsten seines Landsmannes. Realistischer scheint jedoch, dass sich die Islamisierung des Landes nicht schlagartig, sondern durch die ständigen Kontakte mit arabischen Seefahrern über einen längeren Zeitraum hinweg vollzog.

Unter Führung des Großen Eunuchen Cheng Ho, der große Expeditionen in den Westen startete, um neue Handelsverbindungen zu finden, kamen 1405 die Chinesen an den Malediven vorbei. Insgesamt sieben Expeditionen wurden in den folgenden 20 Jahren ausgerüstet, von denen die erste und größte fast 28 000 Mann und 300 Schiffe umfasste. Die Chinesen besuchten dabei 30 Länder und kamen bis nach Persien, Mekka, Aden und dem afrikanischen Mogadischu. Die Malediven suchten sie erstmals während ihrer vierten Reise (1413-15) auf. Die Kontakte mit dem Sultan verliefen so positiv, dass man sogar einen maledivischen Gesandten nach China schickte.

Die Portugiesen kommen

Der arabische Einfluss verringerte sich mit dem Erscheinen der Portugiesen in Südostasien. Beim Ausbau ihrer Handelswege entdeckten sie die Malediven als strategisch wichtige Zwischenstation. Der portugiesische Kapitän Vincent Sodré, ein Kommandeur der Flotte Vasco da Gamas, hatte 1503 vor der südindischen Malabarküste erste Kontakte mit maledivischen Schiffen und brannte sie, da Portugal sich im Krieg mit dem Raja von Calicut befand, sogleich nieder.

Kurz darauf verboten die Portugiesen den Maledivern jeglichen Handel mit dem indischen Festland und errichteten 1517 mit Einverständnis des Sultans Kalhu Muhammad eine Handelsniederlassung auf Male, die aber mit Unterstützung von Malabar-Piraten ein Jahr später von den Maledivern niedergebrannt wurde. Die Portugiesen eroberten daraufhin Male mit einer 120 Mann starken Armada unter Führung von João Gomes Cheiradinheiro zurück und befestigten die Stadt mit einem Fort.

In ihrem Befreiungskampf gegen die Besatzer erhielten die Malediver Hilfe von Pata Marakkar, einem ehemaligen Kaufmann aus dem südindischen Cochin, der zum Piraten geworden war. Die Portugiesen störten nicht nur erheblich die Händler bei ihren Geschäften, sondern auch die Piraten auf ihren Beutezügen durch die Malediven. 1521 gelang es Pata Marakkar und seinen Gefolgsleuten, zusammen mit den Bewohnern Males die Besatzer zu besiegen. In diesem Kampf wurden alle Portugiesen getötet, und Male war wieder frei.

1550 kam es in Male zu internen Konflikten, und Sultan Hassan IX. floh nach Cochin, um Zuflucht bei den Erzrivalen, den Portugiesen, zu suchen. Er trat zum christlichen Glauben über, ließ sich vom später heiliggesprochenen Franz Xaver taufen und wurde der erste katholische Sultan der Malediven. Unter dem Vorwand, die Thronansprüche von Hassan IX. zu unterstützen, der sich nun Don Manuel nannte, entsandten die Portugiesen erneut Kriegsschiffe, um Male einzunehmen. Erst im dritten Anlauf gelang es der Kolonialmacht 1558, die Sultansinsel zu erobern.

Als Verwalter setzten die Besatzer Andreas André, einen portugiesisch-maledivischen Mischling, ein, den die Malediver als Andiri Andirin wegen seiner Grausamkeiten noch heute in schrecklicher Erinnerung haben. Er ließ zahlreiche Bewohner des Archipels ermorden, und wie die *Tharik*, das Buch der muslimischen Sultane, berichtet, *färbte sich das Meer rot vom Muslimblut, und das Volk war voller Verzweiflung.* Andiri Andirin, der bereits als Jugendlicher wegen eines Mordes von den Malediven nach Indien geflohen war, machte sich schnell selbst zum Sultan und regierte 15 Jahre lang (1558-1573) im Namen der portugiesischen Kolonialmacht das Land.

Rechts: Die Freitagsmoschee von Isdhoo im Laamu-Atoll wurde im 16. Jh. erbaut.

Foto: Duncan Willetts (Camerapix)

Unter der grausamen Herrschaft kam es zur Rebellion. Sie wurde vom späteren Volkshelden Khatib Muhammad, zweiter Sohn des Häuptlings von Uthemu, und seinen beiden Brüdern Ali und Hassan angeführt. Von Gan ausgehend, wo die Rebellen wahrscheinlich ein Fort errichteten, konnten sie in einem achtjährigen Guerillakrieg die portugiesischen Besatzer bis nach Male zurückdrängen.

Khatib Muhammad versprach malabarischen Piraten, die gerade auf einem Plünderzug durch die Malediven waren, gemeinsame Beute als Gegenleistung für eine Unterstützung bei der Einnahme von Male. 1573 griffen die zahlenmäßig weit überlegenen Aufständischen Male an und metzelten alle 300 Besatzer und den verhassten Andiri Andirin nieder. Khatib Muhammad, der den Namen Muhammad Bodu Thakurufaan erhielt, wurde zum Sultan ausgerufen und gilt als Gründer der Utheemu-Dynastie, die 127 Jahre lang das Inselreich regierte. Die Malediver verehren ihn bis heute als Nationalhelden, denn nach dem Sieg über die Portugiesen wurden die Malediven nie wieder fremdbestimmt. Die letzten beiden Versuche, Male erneut zu erobern, unternahmen die Portugiesen 1631 und 1649 erfolglos.

Eine Sklavin als Sultanin

Auch Sultan Ibrahim Iskandar I., der ab 1648 regierte, wird noch heute von den Maledivern verehrt. Er führte das erste Schulsystem und die ersten Münzen ein, ließ die Hukkuru-Moschee renovieren, erbaute prächtige Gebäude in Male und wehrte Piratenangriffe ab. 1687 vergiftete ihn seine Lieblingssklavin Mariyam. Sie führte nun als Sultanin ein frivoles, offenherziges Leben am Hofe, das viele Gläubige veranlasste, die Hauptstadt zu verlassen.

Holländer, Franzosen und Briten

Mitte des 17. Jh. bekundeten die Holländer zum Schutz der Schiffe ihrer *Vereenigde Oostindische Compagnie,* mit der die Portugiesen aus dem indonesischen Gewürzhandel verdrängt werden sollten, strategisches Interesse an den Malediven. Die Holländer intervenierten jedoch nie in innenpolitische Angelegenheiten und erhielten als Gegenleistung ab 1645 freiwillige Tributzahlungen. Diese lockeren Wirtschaftsbeziehungen dauerten etwa 150 Jahre. Die Holländer lieferten Arecanüsse, Gewürze, Waffen und Munition, im Gegenzug erhielten sie von den Maledivern die begehrten Kauri-Muscheln.

Nachdem 1754 malabarische Piraten den Sultan entführt hatten, traten die Malediver mit den in Südindien stationierten Franzosen in Kontakt, die die Malabar-Piraten in die Flucht schlugen. Zur Sicherung vor weiteren Piratenangriffen blieben die französischen Soldaten fünf Jahre in Male. Sie zogen 1759 ab, nachdem sichergestellt war, dass die Malediver sich selbst verteidigen konnten.

Als die Briten 1792 Ceylon kolonialisierten, übernahmen sie alle holländischen Rechte im Handel mit den Maledivern. In der geografischen Lage der Malediven erkannten sie den Vorteil für ihre eigene *East India Company*. Schon vor der Kolonialisierung hatten enge Handelsbeziehungen zwischen Colombo und Male bestanden, so dass der Sultan der Malediven, der sich um den Fortbestand der Wirtschaftlsbeziehungen sorgte, alles daransetzte, sich mit den neuen Herren gut zu stellen. Etwa 50 Jahre blühte der Handel zwischen den Malediven und Ceylon, v. a. mit getrocknetem Thunfisch, Schildpatt, Kokosnüssen, Baumwolle, Reis und Zucker. Nachdem indische Händler den gesamten Handel für die wichtigsten Umschlagsgüter auf den Malediven beherrschten, kam es 1887 zum Aufruhr und die Malediver brannten die Lagerhäuser der mächtigen indischen *Carimjee Jafferjee Company* nieder. Daraufhin unterschrieben Sultan Muhammad Muin-uddin II. und die Briten noch im gleichen Jahr einen Protektoratsvertrag, der die Malediven zur Tributzahlung an die englische Krone verpflichtete, ihnen jedoch innerstaatliche Unabhängigkeit bewahrte und die Sicherheit gab, von den Briten gegebenenfalls militärisch verteidigt zu werden.

Rechts: Seit den 1950er-Jahren müssen sich maledivische Frauen nicht mehr verschleiern – Frauen in einem Gesundheitszentrum im Gaafu-Alifu-Atoll.

Die britische Admiralität ließ unter Leitung von Robert Moresby die Malediven mit ihren gefährlichen Riffen genau kartieren, um die Sicherheit des Schiffsverkehrs zu verbessern.

Junge maledivische Intellektuelle, die im Ausland studiert hatten, versuchten 1932, mit englischer Hilfe, das absolutistische Sultanat in eine Wahlmonarchie zu reformieren. Sultan Mohammed Shamshuddeen III., der seine uneingeschränkte Macht gefährdet sah, lehnte zunächst ab und wurde 1934 mit englischer Hilfe auf die südliche Insel Fua Mulaku verbannt. Nachfolger wurde der reformfreudigere Sultan Hassan Nuruddin II., der bis 1945 regierte.

Im 2. Weltkrieg errichteten die Briten auf Gan im Süden der Malediven einen Stützpunkt der Marine und Luftwaffe und einen weiteren im Norden auf der Insel Kelai. Die kriegsbedingt nun unterbrochenen Handelswege forderten zwar Hungertote, aber das Inselreich wurde immerhin kein Kriegsschauplatz.

Machtkämpfe

Sultan Abdul Madschid, gewählter Nachfolger Nuruddins, lehnte die Berufung in sein Amt ab, da er den Aufenthalt im Ausland vorzog. Stellvertretend übernahm sein Neffe Muhammad Amin („Amin Didi"), die politischen Geschäfte. Als sein Onkel 1952 in Colombo starb, wurde er mit 98 % aller Stimmen zu dessen Nachfolger gewählt. Am 1.1.1953 wurde die erste Republik der Malediven proklamiert.

Amin Didi, eine schillernde Figur in der politischen Szene der Malediven,

Foto: Duncan Willetts (Camerapix)

schaffte das Sultansamt ab und wurde über die Landesgrenzen hinaus durch seine Reformen in der Schulbildung, im Gesundheitswesen sowie in der Infrastruktur des Landes bekannt. Er machte sich aber auch unbeliebt. Einerseits setzte er das Wahlrecht für Frauen durch und schaffte die Verschleierung ab, andererseits verschärfte er jedoch die maledivischen Strafgesetze, indem er das Handabhacken für Diebstahlsdelikte wieder einführte. Nachdem er den Fischexport monopolisiert und den Tabakimport verboten hatte, brachen Unruhen aus, und Amin Didi wurde während eines Auslandsaufenthaltes kurzerhand abgesetzt. Sein Versuch, noch einmal an die Macht zu kommen, scheiterte, als er am 31.12.1953 in Male eine Rede ans Volk hielt: Bei den entstehenden Tumulten wurde Amin Didi schwer verletzt und starb drei Wochen später auf Kurumba. Sein Grab ist noch heute auf der Insel zu sehen.

Mit dem Wohlwollen des Volkes kam der Sohn des letzten Sultans, Muhammad Farid Didi, an die Macht. Er schaffte kurzerhand die Verfassung und die Republik wieder ab und wurde im Jahr 1954 der 94. und letzte Sultan des Landes.

1956 wurde Gan für 100 Jahre erneut als Air Force Base an die Briten verpachtet, da die Ceylonesen nach Erlangung ihrer Unabhängigkeit den Briten alle Nutzungsrechte für den Hafen Trincomalee und den Flugplatz von Katunayake entzogen hatten. Ibrahim Nasir, der neue Ministerpräsident des Sultans, löste diesen Vertrag 1957 wieder auf. Das führte zu Unruhen in den drei südlichen Atollen, denen die britische Präsenz Arbeitsplätze sicherte und einen gewissen Wohlstand ermöglichte. 1959 trennten sich diese Atolle von den Malediven und proklamierten unter der Führung von Abdullaa Afif Didi die unabhängigen *United Suvadiva Islands*. Erst schien es, dass der Sultan mit den Briten über eine Vertragsverlängerung verhandeln wollte, doch 1962 schickte er Soldaten in den Süden, und der Präsident des neuen Staates musste auf die Seychellen flüchten.

Foto: Alamy (mauritius images / dpa picture alliance archive)

Unabhängigkeit; Putschversuche; Präsidenten des 20. /21. Jh.

Die Malediven erhielten am 26. Juli 1965 ihre Unabhängigkeit, traten der UNO bei und riefen 1968, nachdem Sultan Farid abgedankt hatte, die zweite maledivische Republik mit Ibrahim Nasir als Präsident aus. Eine neue Verfassung trat in Kraft, die, auf dem Koran basierend, dem Präsidenten mehr Macht einräumte. Ibrahim Nasir verhalf seinem Land durch Förderung des Tourismus und Fischhandels sowie höheren Gebühren für den britischen Stützpunkt Gan zu Wirtschaftswachstum. Da sich das Kapital in Male konzentrierte und man den Präsidenten schon 1972 verdächtigt hatte, Staatsgelder veruntreut zu haben, kam es 1974, auch wegen eklatanten Preisanstiegs, zum Volksaufstand. Nasir ließ in die Menge schießen.

Oben: Präsident Mohammed Nasheed (reg. 2008-2012) bei einer Unterwassersitzung 2009. Rechts: Wasserflugzeuge verkürzen die Transferzeiten zwischen dem Flughafen Hulhule und den Atollen.

Danach verschärfte er die Sicherheitsmaßnahmen, um seine Position zu festigen. Vier Jahre später setzte er sich mit einer „selbst ausgezahlten, großzügigen Lebensrente" nach Singapur ab. Den geflüchteten Präsidenten klagte man des Diebstahls und der Korruption an und verurteilte ihn in Abwesenheit zu 25 Jahren Verbannung. Zwei Jahre später versuchte Nasim, ein Neffe Nasirs, mit Hilfe britischer und schweizer Söldner gegen den neuen Präsidenten Maumoon Abdul Gayoom zu putschen. Das Kommandounternehmen scheiterte, da die Malediver von der britischen Regierung gewarnt worden waren.

1988 kam es zu einem erneuten Putschversuch ausländischer Söldner. Vermutlich zog Nasir aus seinem Exil in Singapur die Fäden. Nach einer anderen Version heuerten maledivische Geschäftsleute unter Führung von Abdullaa Luthufi, einem maledivischen Zierfischexporteur aus Colombo, 90 tamilische Söldner an, um die Macht zu übernehmen. Die Söldner hielten jedoch nur wenige Tage die Stellung in Male – 1600 indische Fallschirmjäger machten dem Ganzen ein Ende.

Maumoon Abdul Gayoom war nicht nur der dienstälteste Regierungschef Asiens, sondern zugleich Oberkommandierender der Streitkräfte, Verteidigungs- und Finanzminister sowie Gouverneur der Zentralbank. Lange erfuhr er Zuspruch aus der Bevölkerung – bis sich der Wunsch nach mehr Demokratie regte. 2003 kam es zu Demonstrationen in Male, und Gayoom verhängte den Ausnahmezustand. Nach internationalen Protesten und der Androhung von Sanktionen kündigte Gayoom freie Wahlen an. Diese gewann er, doch die Vertreter der (offiziell verbotenen) Opposition konnten rund ein Drittel der Parlamentssitze erringen.

Trotz der intriganten und verkrusteten Machtstrukturen boomte dank Tourismus die Wirtschaft mit Zuwächsen von bis zu neun Prozent pro Jahr. Die Verbesserung der sozialen Bedin-

Foto: Sven Hansche (Shutterstock.com)

gungen, ein modernes Bildungs-, Gesundheit- und Verkehrssystem sowie die Förderung der Telekommunikation brachten das Land voran. Der Aufbruch in eine modernere Gesellschaft und Auslandskontakte verstärkten fremde Einflüsse – ein Trend, der den religiösen, von Saudi-Arabien inspirierten Führern nicht in ihr Konzept eines islamischen Staats passt. Die restriktive Politik unter Präsident Gayoom führte jedoch zu Unzufriedenheit; 2008 gewann der progressive Mohammed Nasheed die Wahl. Doch die alten Kräfte im Land blieben stark: Als dieser 2012 einen korrupten Richter absetzte, musste Nasheed „abdanken" und Vizepräsident Mohammed Waheed die Spitze überlassen; 2016 ging Nasheed ins Exil. 2013 kam Abdulla Yameen von der islamisch-konservativen Partei PPM, Halbbruder des Exdiktators A. Gayoom, an die Macht.

Anfang 2018 ließ Yameen den Ausnahmezustand in Malé verhängen; das Oberste Gericht hatte einige willkürlich inhaftierte Oppositionspolitiker frei lassen wollen, was Yameen zu verhindern versuchte. Das führte zu heftigen Protesten von Demokraten.

Herausforderungen stellen Islamismus und Drogenhandel, die Reformbedürftigkeit von Polizei, Militär und Justiz sowie das Fehlen von Umweltbewusstsein und demokratischer Toleranz dar; 2016 wurde die renommierte Zeitung Haveeru verboten. Die sozialen Probleme auf der Hauptinsel befördern wegen der Perspektivlosigkeit der jungen Männer den islamischen Extremismus: Die Malediven haben im Verhältnis zur Einwohnerzahl die höchste Anzahl im Ausland kämpfender Jihadisten; die Rückkehrer sind ein Sicherheitsrisiko.

2018 forderte die EU die Respektierung der Menschenrechte und demokratischer Prinzipien; doch insbesondere die Punkte Religionsfreiheit, gleichgeschlechtliche Beziehungen und Verbot der Todesstrafe wurden vom obersten islamischen Rat rigoros abgelehnt, mit Verweis auf den Koran. Während das wahabitische Saudi-Arabien mit seinen Petrodollars starken religiös-kulturellen Einfluss auf die Malediven genommen hat, ringen Indien und China um die geostrategische Vormacht im Archipel; statt Indien hat nun die China die Brücke von Male zur Flughafeninsel errichtet, den Flughafen ausgebaut und ein Freihandelsabkommen abgeschlossen.

Falls der Meeresspiegel steigt...

Der Inselstaat zieht auf Umwelttagungen der UN die Aufmerksamkeit auf sich, denn die Erderwärmung und der damit verbundene Anstieg des Meeresspiegels könnten für die Malediven fatale Folgen haben. Stiege der Wasserpegel um einen Meter, was bis zum Jahr 2100 der Fall sein könnte, würden die Riffe die Inseln nicht mehr schützen – die Malediven verschwänden von der Weltkarte. Eine Vorwarnung war der verheerende Tsunami im Indischen Ozean am 26.12.2004, der auch auf den Malediven Menschenleben forderte und Schäden verursachte. Dass der Inselstaat vergleichsweise glimpflich davon kam, liegt daran, dass das Meer um die Inseln herum tief ist und die Wellen so keine Möglichkeit hatten, sich höher als ein bis zwei Meter aufzutürmen.

POLITISCHES SYSTEM, RELIGION UND KULTUR

Der seit 1965 unabhängige Staat der Malediven ist eine islamische Präsidialrepublik mit Parlamentssitz in Male. Von den 50 Mitgliedern des Einkammerparlaments *Majlis* werden von den Bewohnern der 20 Atolle und der Hauptstadt Male jeweils zwei direkt gewählt, acht Abgeordnete ernennt der Präsident selbst. Die Präsidentschaftswahlen finden alle fünf Jahre statt; das Volk wählt dabei mit einfacher Mehrheit einen der zwei vom Parlament aufgestellten Kandidaten zum Präsidenten. Er kann Nichtparlamentarier ins Kabinett berufen und zu Ministern ernennen. Das Kabinett besteht aus dem Oberrichter, dem Parlamentspräsidenten, dem Präsidenten des Obersten Rates für islamische Angelegenheiten, dem Generalstaatsanwalt und 18 Ministern. Der Präsident, zugleich oberster Befehlshaber des Militärs, bekleidet zusätzlich die Ministerämter für Verteidigung und nationale Sicherheit. Er führt Polizei, Armee, Küstenwache, Feuerwehr und Justiz. Gewaltenteilung und Religionsfreiheit gibt es nicht.

Rechts: Die Beschneidung der Jungen, im Islam eine religiöse Pflicht, wird in den Familien als Fest gefeiert.

Das politische System ist hierarchisch strukturiert und wird zentral von Male aus gelenkt. Die untergeordnete Verwaltungsebene gliedert sich in 20 Distrikte (Atolle), denen jeweils ein Atoll-Chef, *Atoluveri*, mit seinen Abgeordneten vorsteht. Der Atoll-Chef wird in Male ernannt und meistens auch von der Landeshauptstadt entsandt. Er leitet die politischen und wirtschaftlichen Geschicke des Atolls. Ein ihm zur Seite stehender Richter, *Ghazi*, urteilt über Bagatellfälle nach den Lehren des Korans. Größere Verstöße werden in Male vor den Atollgerichten oder dem Obersten Gerichtshof verhandelt.

Die unterste Verwaltungsebene sind die Bürgermeister der Einheimischeninseln, *Bodu Katibu*, und ihre Stellvertreter, *Kuda Katibu*. Das Terzett des Inselrates ergänzt ein *Mudimu*, der für die Moschee verantwortlich ist. Die präsidententreuen Bürgermeister werden ebenfalls in Male bestimmt. Von ihnen wird erwartet, dass sie den Präsidenten nach Ablauf der fünfjährigen Legislaturperiode bei der Wiederwahl unterstützen. Jeder *Katibu* muss Vorkommnisse auf seiner Insel dem Atoll-Chef melden, der die Berichte nach Male weiterleitet.

Gesellschaft und Islam

Die Malediven zählen neben Oman und Qatar zu den drei hundertprozentig muslimischen Ländern. Der Islam sunnitischer Prägung (zu dem sich weltweit 92% aller Muslime bekennen), ist

Foto: Duncan Willetts (Camerapix)

die Staatsreligion und der Präsident die höchste Autorität zum Schutz des Islams. Es gibt keine Toleranz gegenüber Angehörigen anderer Religionen: Zum 1. Januar 2008 wurde allen Staatsbürgern, die Christen sind, die Staatsbürgerschaft entzogen. Ausländer, die die maledivische Staatsbürgerschaft erhalten oder einen Einheimischen bzw. eine Einheimische heiraten möchten, müssen Muslime sein und mindestens fünf Jahre auf den Malediven gelebt haben.

Die Lehren des Islam prägen auf den Malediven alle gesellschaftlichen Bereiche. Obwohl die erste Verfassung von 1932 die Rechtsgewalt öffentlichen Richtern zusprach, orientiert sich die Rechtsprechung noch heute streng an den Lehren des Korans und der *Sharia*, dem islamischen Gesetzbuch. Die Strafen fallen im Vergleich zu anderen orthodox-islamischen Ländern milder aus. 2015 wurde jedoch beschlossen, künftig die Todesstrafe wieder zu vollziehen. Gewaltverbrechen sind selten, bei Streitereien werden als „Racheakt" eher Dinge aus dem Besitz des Widersachers beschädigt. Für Schwerverbrecher gibt es Gefängnisse. Die in der Verfassung verankerte Prügelstrafe findet kaum Anwendung, denn die tief in ihrer Dorfgemeinschaft verwurzelten Malediver treffen Verbannung oder empfindliche Geldstrafen wesentlich schwerer. Für Vergehen wie Ehebruch, Diebstahl oder Alkoholtrinken erwartet den Sünder meist ein Jahr Verbannung.

Die Allgegenwart des Islam drückt sich in den täglich fünfmal praktizierten Gebeten und im Bekenntnis zum absoluten Monotheismus („Es gibt keinen Gott außer Allah und Mohammed ist sein Prophet") aus. Zu den Gebetszeiten schließen die meisten Geschäfte in Male für 15 Minuten. Am Freitag, dem muslimischen Feiertag, bleiben sie häufig ganz geschlossen.

Die Malediver folgen der Schafiiten-Rechtsschule, die, nach ihrem Begründer Al Shafii benannt, die Lehren des Korans mit den Handlungen und Worten des vollkommenen Menschen und Propheten Mohammed beschreibt. Dementsprechend versuchen die Ma-

Foto: Pankaj Shah

lediver, „in Hingabe an Gott" zu leben. Dazu gehören zum Beispiel Abgaben an Arme (Almosen), die Einhaltung der religiösen Gebote des Fastenmonats Ramadan (9. Monat des islamischen Kalenders) und, wenn finanziell machbar, einmal im Leben die Pilgerfahrt (Hadsch) nach Mekka im 12. Monat des islamischen Kalenders.

Familie und soziales Umfeld

Der Islam beeinflusst das eng in die Inselgemeinschaften eingebundene Familienleben sehr stark. Die *Sharia* bestimmt die Geschlechterrollen. So sind Männer für geschäftliche, religiöse und rechtliche Dinge des Lebens zuständig; der Verantwortungsbereich der Frauen begrenzt sich auf Haus, Garten, Küche und Kindererziehung. Religiöse Ämter und Richterämter bleiben dem weiblichen Geschlecht ebenso verwehrt wie der Zutritt zur Moschee gemeinsam mit Männern – Frauen stehen separate, kleinere Räume zur Verfügung.

Die Aufgaben der Frauen sind z. B. die Fischverarbeitung, das Flechten von Bodenmatten, die Herstellung von Seilen und Tauen aus Kokosnussfasern und die Produktion von süßem Palmwein (*toddy*). Junge Mädchen helfen bereits ab dem 6. Lebensjahr im Haushalt mit, bereiten Kokosfasern zum Seilflechten vor, holen Wasser vom Dorfbrunnen, fegen das Grundstück und lernen, Essen zuzubereiten. Gleichaltrige Jungen können sich austoben, bis sie im Alter von 12 bis 14 Jahren erstmals mit zum Fischfang aufs Meer fahren.

Die Verheiratung der eigenen Tochter ohne deren Zustimmung ist erlaubt („Zwangsheirat"). Malediver könnten zwar vom koranischen Recht her schon als Jugendliche heiraten, jedoch finden die allermeisten Eheschließungen heutzutage im Alter zwischen 18 und 45 Jahren statt. Die Scheidungsrate liegt bei

Oben und rechts: Die Aufgaben von Frauen und Männern in maledivischen Familien entsprechen traditionellen Rollen – Frauen und Mädchen verrichten die Arbeiten im Haus; Jungen ab 12 und Männer fahren zum Fischfang aufs Meer.

beachtlichen 60 %). Nach islamischem Recht kann ein Mann bis zu vier Frauen ehelichen, wovon aber auf den Malediven, meist aus finanziellen Gründen, kaum Gebrauch gemacht wird. Heirat und Scheidung verlaufen denkbar einfach. Die Braut muss nicht einmal anwesend sein. Es reicht, wenn in Gegenwart eines Richters zwei Familienangehörige und zwei Zeugen die Heirat beurkunden. Die Scheidung wird mit dem einmaligen – nicht wie sonst im Islam üblichen dreimaligen – Ausspruch: „Ich verstoße dich!" und der Kenntnisnahme des Richters wirksam. Mit dem Aufbruch in die Moderne ist die Stellung der Frau in der Gesellschaft im Wandel begriffen; es gibt bereits einige Mädchenschulen, und Frauen bekleiden rd. 25 % der Stellen in öffentlichen Ämtern.

Foto: Jürgen Gries

Kulturelle Identität und Tourismus

Trotz Hotelbauboom, Einflüssen durch Tourismus und 80 000 Gastarbeitern versuchte Präsident Maumoon Abul Gayoom (reg. 1978-2008), die islamische Identität des Landes zu wahren – er hatte Islamisches Recht in Kairo studiert. Mischehen wurden kaum akzeptiert, selbst wenn Ausländer zum Islam konvertierten und die Staatsbürgerschaft annahmen. Der Kontakt fremder Kulturen mit der Bevölkerung wurde auf ein Minimum reduziert; Touristenbesuche auf Einheimischeninseln waren vorher anzukündigen und mussten bis 18 Uhr beendet sein. So existieren, politisch gewollt, Parallelwelten: die der Einheimischeninseln und die der Touristeninseln, auf denen v. a. ausgewähltes maledivisches Personal im Service arbeitet. Der Alkoholausschank ist nur ausländischem Personal gestattet.

Auch wenn der in der ersten demokratischen Wahl 2008 erfolgreiche Mohamed Nasheed bereits 2012 matt gesetzt wurde, wird sein Wirken hoffentlich Spuren hinterlassen: Ende 2009 hielt der studierter Meereskundler die erste Unterwasserkabinettsitzung der Welt ab, um auf die Folgen des Meeresspiegelanstiegs hinzuweisen. 2011 intensivierte er seine Bemühungen, aus den Malediven den ersten CO2-neutralen Staat zu machen. Der Film *The Island President* porträtiert den außergewöhnlichen Politiker, der bald darauf entmachtet und 2015 verhaftet wurde. Er ist ein mutiger Oppositionspolitiker, ging jedoch 2016 ins britische Exil. Als er 2008 angetreten war, hatte er Ausländer dazu ermuntert, Einheimischeninseln zu besuchen und in neuen Gästehäusern am Leben der Bevölkerung teilzunehmen – eine attraktive Alternative für Individualisten zu den Luxusresorts mit Wellness, Pool und Spa. Im Jahr 2009 eröffnete auf der Einheimischeninsel Guraidhoo (ca. 1500 Ew.) im Osten des Süd-Male-Atolls das erste „Guesthouse". Für manchen strenggläubigen Inselbewohner kommen solche Neuerungen vielleicht zu schnell, und so bleiben religiös bedingte Einschränkungen: Alkoholausschank wird es auf diesen Inseln nicht geben, er bleibt den Hotelinseln vorbehalten.

Am Marine Drive zeigt Male sein modernes Gesicht.

Foto: Pankaj Shah

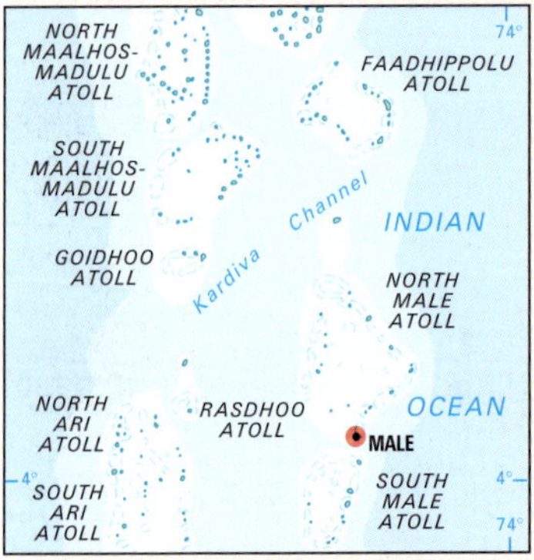

MALE

MALE

Male, die aufstrebende Inselmetropole, ist mit ihren Hochhäusern weit über das Meer hin sichtbar. Die Hauptstadt des Landes verströmt heute ein schon fast kosmopolitisches Flair und ist einer der am dichtesten bevölkerten Orte der Welt – dabei hatte Male bis vor einigen Jahren noch den Charme einer südasiatischen Kleinstadt. Um 1900 lebten erst knapp 2000 Einwohner auf Male, und vor nicht allzu langer Zeit weideten noch Haustiere auf der Insel.

Male (auch: Malé oder Male') liegt im Nord-Male-Atoll, das verwaltungstechnisch als Kaafu-Atoll bezeichnet wird. In den Anfängen der maledivischen Geschichte war Male noch nicht das Zentrum des politischen und kulturellen Geschehens des Landes. Erst seit der Islamisierung, ab 1153, entwickelte sich die Stadt allmählich zum administrativen Mittelpunkt der Malediven.

Da die frühe Besiedlung der Malediven von Sri Lanka aus erfolgte, war zunächst die Insel Rasgetheemu im nördlich gelegenen Maalhosmadulu-Atoll die Königsinsel. Auf ihr wurde der mythische ceylonesische Prinz Koimala Kaola zum ersten König der Malediven gekrönt. Auch die Insel Gaafaru nördlich des Male-Atolls, auf der früher einflussreiche Ureinwohner des Landes siedelten, besaß damals eine wichtige Funktion; Historiker nehmen an, dass sie lange die heimliche Hauptstadt des Archipels war. Dies änderte sich, als Koimala Kalo mit seinem Hofstaat nach Male zog. Der Name Male hat seinen Ursprung in dem Sanskrit-Wort *Maaliu*, „große Insel" oder „Hauptinsel". Später nannte sich Male *Mahal*, „Palastinsel". Traditionsgemäß war sie seit dem Umzug von Koimala Kalo der Sitz der Könige und Sultane.

Links: Die goldene Kuppel des Islamischen Zentrums leuchtet über der Stadt.

Im Lauf der Geschichte mauserte sich Male, das bei Nordostmonsun auf der idealen Segelschiffroute zwischen Ostasien und der westlichen Welt lag, zur beliebten Zwischenstation vieler Seefahrernationen, von denen insbesondere die Araber (seit 1153), Portugiesen (1517-1573), Holländer (1645-1792) und Briten (1887-1965) die Entwicklung des Machtzentrums des Archipels prägten.

Stadt der Zukunft?

Male ist lediglich 1,85 km breit, 1,2 km lang und von nahezu rechteckiger Form. Die kleine Hauptstadtinsel unterteilt sich in vier Stadtbezirke: Henveiru im Nordosten, Maafannu im Nordwesten, Galolhu im Zentrum und Machchangolhi im Süden. Die erste offizielle statistische Erfassung der maledivischen Bevölkerung 1921 zählte 6127

» Karte S. 64-65, Info S. 70-71

Einwohner in Male. Heute leben auf der Hauptstadtinsel und den Nachbarinseln über 150 000 Menschen: auf den 2 km^2 von Male und weiteren 4 km^2 naher Inseln, Tendenz steigend. Da die Stadt aus allen Nähten platzt, betreibt man eifrig künstliche Landgewinnung. Die Umwandlung von Villingili von einer Resort- in eine Wohninsel reichte nicht aus. Nördlich der Flughafeninsel Hulhule entstand das künstliche Satelliteneiland Hulhumale (s. S. 77), größer als die Hauptinsel selbst. Industrieanlagen wurden auf eine künstliche Insel umgesiedelt. Auch die Müllentsorgungsinsel von Male, Thilafushi, wurde aufgeschüttet. Doch diese Art der Expansion bringt auch Nachteile, denn die Strömungen um Male tendieren zur Verlagerung und fördern an anderen Inseln allmählich Erosionsprozesse.

Auf der Insel Male setzte Ende der 1980er Jahre ein phänomenaler Bauboom ein, der den Ort rasch zu einer modernen Metropole heranwachsen ließ. Der Blick auf die goldene Kuppel des Islamischen Zentrums, den man in der Vergangenheit aus fast allen Richtungen hatte, wird langsam, aber sicher durch getönte Glasfassaden neuer Hochhäuser versperrt. Ähnlich wie in anderen asiatischen Metropolen wie Singapur oder Tokio zwingt der knappe verfügbare Platz zum Bau hoher Gebäude, die hier noch bis 1990 als viel bestaunte Wunderwerke galten.

Gravierende Veränderungen brachte auch die Asphaltierung der Straßen. Etwa 6000 registrierte Autos quälen sich neben unzähligen Mopeds durch die engen Straßen; es geht fast nur im Schritttempo voran. Überall gibt es geteerte Straßen, Gehsteige und sogar Zebrastreifen. Die Zeiten, in denen Schlaglöcher den Verkehr auf der großen Hafenpromenade behinderten, gehören endgültig der Vergangenheit an. Heute findet man nur noch wenige unbefestigte Gassen in abgelegenen Wohngebieten.

Ein neuer Hafen, 1992 mit japani-

» Karte S. 64-65, Info S. 70-71

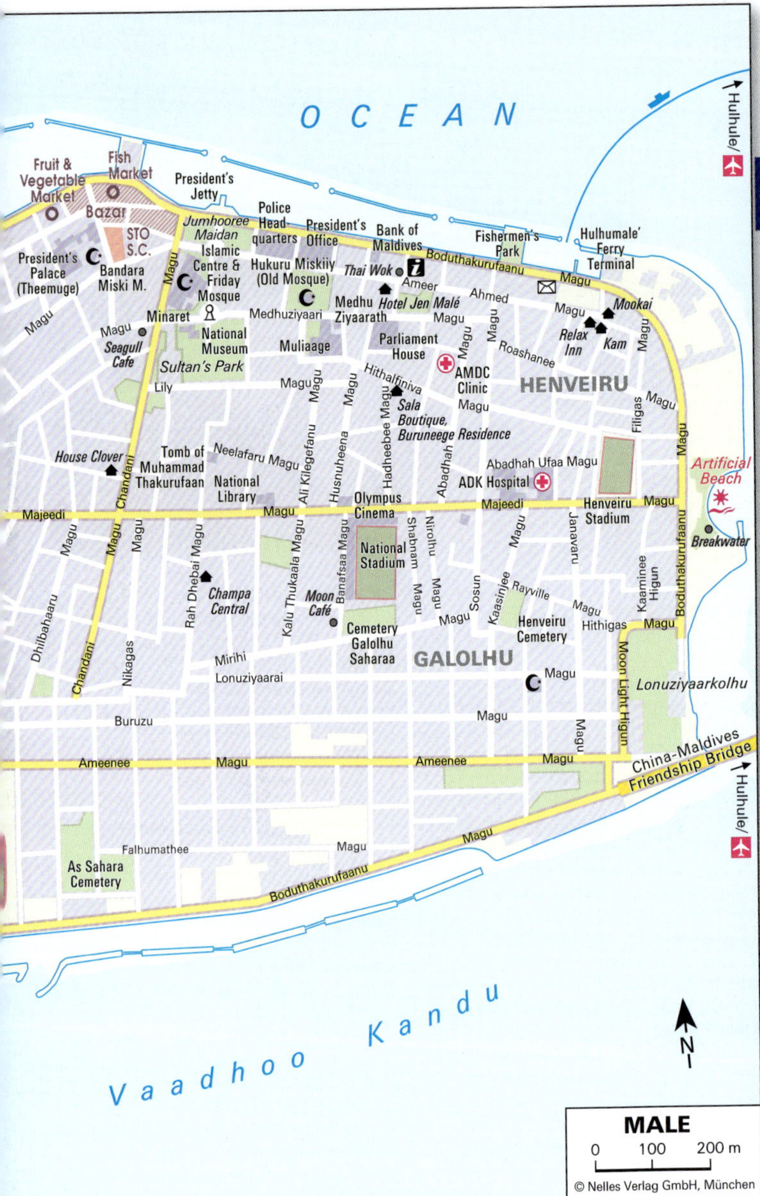
OCEAN
Vaadhoo Kandu
Fruit & Vegetable Market
Fish Market
Bazar
STO S.C.
President's Palace (Theemuge)
Bandara Miski M.
President's Jetty
Police Head-quarters
President's Office
Bank of Maldives
Jumhooree Maidan
Islamic Centre & Friday Mosque
Hukuru Miskiiy (Old Mosque)
Thai Wok
Ameer
Fishermen's Park
Hulhumale' Ferry Terminal
Boduthakurufaanu Magu
Medhu Ziyaarath
Hotel Jen Malé
Ahmed Magu
Mookai
Relax Inn
Kam
Minaret
Medhuziyaari
National Museum
Muliaage
Parliament House
AMDC Clinic
Roashanee
HENVEIRU
Seagull Cafe
Sultan's Park
Lily
Hithalfiniva
Sala Boutique, Buruneege Residence
Filigas
House Clover
Tomb of Muhammad Thakurufaan
Neelafaru Magu
National Library
Ali Kilegefanu
Husnuheena
Hadheebee Magu
Abadhah
Abadhah Ufaa Magu
ADK Hospital
Artificial Beach
Breakwater
Olympus Cinema
Majeedi Magu
Henveiru Stadium
Chandani Magu
National Stadium
Shabnam
Nirolhu
Janavaru
Rah Dhebai Magu
Champa Central
Kalu Thukaala Magu
Banafsaa Magu
Moon Café
Kaasinjee
Rayville
Sosun
Kaaminee Higun
Hithigas
Henveiru Cemetery
Cemetery Galolhu Saharaa
GALOLHU
Dhilbahaaru
Nikagas
Mirihi
Lonuziyaarai
Lonuziyaarkolhu
Moon Light Higun
Buruzu
Ameenee Magu
China-Maldives Friendship Bridge
Hulhule/
Falhumathee
As Sahara Cemetery
Magu
N
MALE
0 100 200 m

Foto: Pankaj Shah

scher Hilfe errichtet, hat viele der pittoresken Fischer- und Transportdhonis aus dem alten Hafen am Marine Drive verdrängt.

Male ist heute ein moderner, aufstrebender Regierungssitz mit zahlreichen Behörden, Ministerien und Verwaltungen und das wirtschaftliche und kulturelle Zentrum des Inselreichs – mit eigenen Fernseh- und Radiosendern, einem großen Elektrizitätswerk und modernen Satellitenanlagen zur weltweiten Kommunikation. Durch den **Internationalen Flughafen** (s. S. 75) auf der Nachbarinsel **Hulhule** ist Male rund um die Uhr mit dem Rest der Welt verbunden, und der Flughafen mit Male durch die von China finanzierte und gebaute neue **China-Maldives-Friendship-Bridge**.

Viele Malediver pendeln zwischen ihren Inseln und der Hauptstadt, um das Angebot an medizinischer Versorgung, an Handel, Banken und Dienstleistungen sowie die besser bezahlten Arbeitsplätze zu nutzen. Viele Eltern schicken gern ihre Kinder nach Male, um ihnen eine umfassendere schulische und berufliche Ausbildung zu ermöglichen, als die Heimatinseln in den abgelegenen Atollen anbieten könnten.

Oben: Mittagspause bei traditionellen Gerichten in einer Teestube im Hafenviertel Males. Rechts: Der alte Präsidentenpalast Mulee-Aage ist heute Wohnsitz des Präsidenten und Gästehaus für Staatsgäste.

Rundgang durch Male

Trotz allen Fortschritts, der zahllosen Geschäfte, der Verkehrshektik und der Unruhe, die die schnelle Entwicklung der Stadt hervorruft, gibt es insbesondere am Marine Drive am Hafen noch einige wenige Erinnerungen an das „alte Male".

Den **Fischmarkt**, auf dem ausschließlich Männer die Ware verkaufen, besucht man am besten nachmittags, wenn die Dhonis mit ihrem Tagesfang in den Hafen einlaufen. Dann herrscht quirliges Treiben am Marine Drive, man feilscht und handelt um Bonitos, Thunfische, Barrakudas, Segelfische und Haie.

» Karte S. 64-65, Info S. 70-71

Foto: Paul Spierenburg

Dicht an dicht liegen Schnapper, Brassen, Makrelen und andere, dem neugierigen Gast oft gänzlich unbekannte Fische.

Ebenfalls an alte Zeiten erinnert der **Basar**, auf dem es alles fürs tägliche Leben zu kaufen gibt. Er erstreckt sich über enge Seitengassen mit vielen winzigen Geschäften. Hier liegen die Teestuben der Malediver, die typische Hafenatmosphäre vermitteln und in denen scharfe und süße Speisen mit viel Tee und Betelnüssen serviert werden.

Auf dem **Gemüse- und Obstmarkt**, der ebenfalls am Marine Drive liegt, bieten Händler ihre exotischen Waren in großer Vielfalt feil. Hier finden ambitionierte Fotografen farbenprächtige Motive. Zusätzlich bieten die Dhonis der Fischer am alten Hafen reizvolle Fotoperspektiven, wenn der Fang des Tages oder der Nacht ausgeladen und über die Straße getragen wird, wo sich bereits die Käufer drängen.

Das moderne Male präsentiert sich als Einkaufsparadies, das fast alles aufzuweisen hat, was eine asiatische Stadt an Waren und Souvenirs anzubieten vermag. Allerdings stammen unvermutet viele Reiseandenken nicht von den Malediven, sondern aus Sri Lanka, Indien, Malaysia, Singapur, Indonesien oder Taiwan. Die Einkaufszentren locken mit einer großen Auswahl von preisgünstigen Waren. Durch den zunehmenden Besucherstrom und die besseren Verdienstmöglichkeiten in Male floriert auch die Gastronomie. Zahlreiche moderne, westlich orientierte Restaurants, Eisdielen, Cafés, Pizza- und Fast-Food-Restaurants kennzeichnen den Trend der neuen Zeit.

Sehenswürdigkeiten

Da Male sichtbar unaufhaltsam boomt, müssen leider in zunehmendem Maße kulturhistorische Einrichtungen und Gebäude ambitionierten Bebauungsplänen weichen. Trotzdem können Besucher der Stadt noch interessante Sehenswürdigkeiten des historischen Male erkunden, auch wenn diese immer weniger werden. Die Mauern des

Foto: Pankaj Shah

ehemaligen Forts aus portugiesischen Zeiten und den alten Hafenkais wurden bereits Anfang der 1960er Jahre abgerissen. Noch vorhandene alte Kanonen warf man ins Meer, sie gingen später durch Aufschüttungsmaßnahmen zur weiteren Landgewinnung unwiderruflich verloren. Nur neun Kanonen wurden im Rahmen des Hafenneubaus 1990 wiederentdeckt. Eine von ihnen steht heute am Ende des Bootsanlegers auf der Insel Bandos.

Der geschichtsträchtige einstige Sultanspalast wurde unter der Regierung von Präsident Nasir (1968-1978) erheblich zerstört. Der Rest des Bauwerks im schattigen Sultanspark diente seit 1952 als **Nationalmuseum**. Eine Reihe von Exponaten aus dem Palastleben und der Sultanszeit sind seit 2010 in dem mit chinesischer Hilfe erbauten Museumsneubau nebenan ausgestellt. In einem weiteren Museumsgebäude dem Park gegenüber sind Dokumente aus der Zeit zwischen 1600 und 1930 archiviert.

Oben: Das Minarett der Hukuru Miskiy. Rechts: Der Friedhof der Freitagsmoschee mit kunstvoll behauenen Grabsteinen.

Eine noch erhaltene historische Sehenswürdigkeit ist die von Sultan Ibrahim Iskandar I. 1656 errichtete **Freitagsmoschee**, *Hukuru Miskiy*. Das kleine gedrungene Minarett mit seinen grünen und blauen Verzierungen entstand 1675. Von der Freitagsmoschee wird angenommen, dass sie das drittälteste Gebetshaus des Landes ist. Die kunstvoll behauenen Grabsteine sowie die Verzierungen am Gebäude zeugen von der in der Vergangenheit hochentwickelten Steinmetzkunst der Malediver.

Die älteste Moschee des Landes, vermutlich 1153 zur Zeit der Islamisierung erbaut, stand früher nahe der Freitagsmoschee in einer Nebenstraße. Mauerreste des alten Gebäudes wurden wahrscheinlich in eine kleine neue Moschee integriert, die heute an dieser Stelle steht. Nahebei stehen das **Grab** und ein **Denkmal** des verehrten Nationalhelden **Muhammad Thakurufaan**, der im Jahr 1573 die Portugiesen besiegte und die katholische Fremdherrschaft beendete.

Unübersehbar ist Males Wahrzeichen, das 1984 fertig gestellte **Islamische Zentrum**, mit der fast alles überragenden, golden eloxierten Kuppel und dem schlanken Minarett. Die moderne Freitagsmoschee bietet über 5000 Gläubigen Platz. Gegenüber der Hukuru Miskiy liegt der **Heilige Schrein Medhu Ziyaarath**, hier liegt der Mönch Abdul Barakaath Al Barberie begraben, der die Maldediver zum Islam bekehrte. Besichtigungen sind außerhalb der Gebetszeiten unter Respektierung islamischer Kleidervorschriften möglich.

Empfehlenswert ist eine Außenbesichtigung des alten Präsidentenpalasts **Muliaage** (nicht öffentlich zugänglich). Das etwas kitschige anmutende Gebäude nahe dem Islamischen Zentrum ließ Sultan Mohammed Shamshuddeen III. 1913 für seinen Sohn, den Thronfolger

» Karte S. 64-65, Info S. 70-71

Foto: Paul Spierenburg

errichten. Nachdem aber der Sultan samt Familie 1936 auf eine entlegene Insel ins Exil gegangen war, nutzte die Regierung den Palast als Verwaltungsgebäude. Seit Ausrufung der Maledivischen Republik am 1.1.1953 diente der Palast als Präsidentensitz, später als Wohnhaus des Präsidenten und Gästehaus für Staatsbesucher.

Das Oberste Gericht zog statt des Regierungschefs 2008 in den stattlichen neuen Präsidentenpalast **Theemuge** im Westen des Stadtzentrums ein, da dieser dem damals neu gewählten, progressiven demokratischen Präsidenten Nasheed zu protzig war.

Restauranttips und Übernachtungsmöglichkeiten

Wer in Male übernachten muss, wird vergeblich nach einem Nachtleben Ausschau halten: Diskos und Bars gibt es nicht, Bier und Wein werden nirgendwo angeboten, auch nicht tagsüber in den nur Touristen zugänglichen Duty Free Shops. Freien Alkoholausschank gibt es lediglich auf den Touristeninseln, im neuen Airport-Hotel auf Hulhule und auf einigen lizenzierten Safaribooten.

Mittlerweile gibt es in Male eine ganze Reihe von Restaurants, in denen Touristen verkehren, so die Eisdiele **Seagull Cafe** im italienischen Stil mit einem netten, luftigen Gartenrestaurant, oder das niveauvolle **Sala Thai** im Sala Boutique Hotel in Buruneege.

Sehr angenehm am künstlichen Stadtstrand **Artificial Beach** gelegen (wo es mehrere Imbisslokale gibt) und dabei relativ preiswert ist das **Breakwater**; ein guter Platz am Meer, um z. B. Fischcurry zu probieren.

Neben kleinen Teehäusern ist das maledivisch-muslimische, preiswerte Speiselokal **Moon Café** in der Banafsa Magu, nahe dem Fußballstadion, ein beliebter Treffpunkt der Einheimischen und gut geeignet, um einmal typische Speisen wie Chili-Huhn zu probieren.

Andere Vergnügungen als lukullischen Genüssen oder einem abendlichen Spaziergang nachzugehen, wird der Gast in Male kaum finden, es sei denn, er wagt einen Besuch in einem der beiden **Kinos** der Stadt. Besonders die mittlerweile auch in Europa im TV präsenten Bollywood-Liebesschnulzen aus indischer Produktion mit viel Tanz und Musik sind ein Erlebnis, für das Sprachkenntnisse nicht nötig sind.

Übernachtungsmöglichkeiten gibt es in Male genug, doch preiswert sind sie – wie überall auf den Malediven – nicht. Empfehlenswerte Hoteladressen für Reisende mit höheren Ansprüchen sind in Male beispielsweise (neben dem **Hulhule Island Hotel** auf der Flughafeninsel) u. a. das **Jen Malé**, **Kam Hotel**, **Relax Inn** sowie das **Central Hotel**. Außerdem gibt es etwa 30 Gästehäuser und Lodges mit einfacheren Zimmern ab etwa US$ 40. Bei der Suche helfen mangels einer zentralen Zimmervermittlung gern die Taxifahrer weiter. Jeder Individualreisende sollte sich erkundigen, ob die für Ausländer obligatorische Übernachtungssteuer, *bedtax*, im Preis schon enthalten ist.

Günstiges zollfreies Einkaufen ermöglicht ausschließlich der gut sortierte **Duty Free Shop** am Airport in Hulhule. Besonders Elektronikartikel und Uhren lassen sich hier in guter Qualität und recht preiswert erstehen. Nur für den Erwerb solcher Produkte nach Male zu fahren lohnt sich aber nicht.

Beim Kauf eines Produktes sollte man unbedingt auf einer international gültigen Garantiebescheinigung bestehen, sonst ist generell abzuraten. Das gilt ganz besonders für langlebige Artikel wie Uhren, Foto- und Videokameras (achten Sie dabei auf Kompatibilität mit europäischen TV-Systemen).

i

Male

FLUGZEUG: Ankunft am **Male International Airport**, Hulhule. Dann Transfer mit Dhoni, Speedboot oder Wasserflugzeug zur gebuchten Insel. Bei Übernachtung in Male: Bis zur Eröffnung der neuen Brücke vorerst noch Bus-Dhoni (2 km), dann Taxi zum Hotel.

NATIONALER LUFTVERKEHR: **Villa Air**, **Flyme**, www.flyme.mv. **Trans Maldivian Airways**, www.transmaldivian.com.

SCHIFF: Eingangshafen ist immer Male, Anmeldung bei der Hafenbehörde, Maldives Ports Limited, Boduthakurufaanu Magu.

TAXIS: Meist ist man zu Fuß schneller. Preis vorher aushandeln.

BUSSE: Vier Linien bedienen die gesamte Stadt an 18 Haltestellen; eine Fahrt kostet 5 Rf.

$$$ **Hotel Jen Malé**, vierzehnstöckiges, 2010 eröffnetes Luxushotel der Shangri-La-Gruppe. 117 Zimmer, weite Aussicht vom Rooftop-Restaurant und Rooftop-Pool. Ameer Ahmed Magu, nahe Harbourfront, 5 Speedbootminuten vom Flughafen, www.shangri-la.com.

$$ **Kam Hotel**, 31 Superior-Zimmer (klein) mit Klimaanlage, Minibar, TV, Safe, IDD-Telefon, Dachrestaurant, Swimmingpool, H. Roanuge, Meheli Goalhi, www.kam.com.mv.

Relax Inn, 41 Zimmer, davon 2 Suiten, Klimaanlage, Minibar, TV, Restaurant, Reisevermittlung, Ameer Ahmed Magu, www.hotelrelaxinn.com.

Champa Central Hotel, mit 41 Zi./Suiten und Appartements, eines der großen Hotels in Male, moderne Ausstattung einschließlich Klimaanlage, IDD-Telefon und Satelliten-TV in den Zimmern, Internetcafé, kostenloser Transfer von/zur Fähre, G. Sanoaraage, Rahdhebai Magu, www.champacentralhotel.com.

Hulhule Island Hotel, modernes Flughafenhotel mit internationalem Flair und breitem Sportangebot, Pool, Jacuzzi, Spa, Internetcafé, Minibar, 136 Zimmer mit Klimaanlage inkl. Suiten, direkt auf der erweiterten Flugplatzinsel Hulhule im Westen

» Karte S. 64-65, Info S. 70-71

gelegen, Treffpunkt vieler Europäer und Crews diverser Airlines, Hulhule, www.hih.com.mv.
Mookai Hotel, 2001 eröffnet, größeres Hotel in Male mit 51 Zimmern bzw. Suiten einschließlich Satelliten-TV, Klimaanlage, IDD-Telefon und Minibar in den Zimmern sowie Jaccuzi, Fitnessraum, Sauna, Pool, Internetcafé vor Ort, H. Maagala, Meheli Goalhi, www.mookai.com.mv.

Maagiri Tourist Lodge, kleine Zi. m. Ventilator od. AC, Dusche, TV, Telefon, Boduthakurufaanu *Magu*.
Transit Inn, gute Zimmer mit Klimaanlage, Nirolhu Magu, Insel Hulhumale, 6 Straßenkilometer vom Flughafen.
Extra Haven, Guesthouse, 14 einfache Zimmer, Dhuburi Magu.
Buruneege Residence, Buruneege, Hithahfinivaa Magu.
Athama Palace, 15 Zimmer mit Klimaanlage, Dusche, TV, Majeedhi Magu.
Villingili View Inn, 14 Zi. mit Klimaanlage, 5 Suiten, Dusche, Telefon, Majeedhi Magu.

Seagull Cafe House, gute italienische Eisdiele und Gartenrestaurant, 2 Fareedhee Magu.
Sala Thai, etwas hochpreisiges, aber sehr gutes Thai-Restaurant, Sea Food empfehlenswert, unter deutscher Leitung, im Sala Boutique Hotel; Buruneege, Tel. +(960) 334 595, http://salafamilymaldives.com.
Breakwater, gute Lage am Strand, Snacks ,gutes Fischcurry, Burger, Nudeln, etc; Shakes und frische Fruchtsäfte; Artificial Beach, Food Court no.4, Tel. +(960) 9997774.
Thai Wok, Thai-Küche am Marine Drive; Ameeru Ahmed Magu, Henveyru.
Moon Café, Einheimischenlokal in der Banafsa Magu, nahe dem Fußballstadion, preiswerte maledivische Speisen wie Chili-Huhn etc.

Islamisches Zentrum mit Großer Moschee und Minarett, Medhuziyaaraiy Magu.
Schrein des Abdul Barakaath Al Barberie (Medhu Ziyaarath), gegenüber der Großen Moschee.
Freitagsmoschee (Hukuru Miskiy) und **Altes Minarett**. Medhuziyaaraiy Magu.
Neues Nationalmuseum, Chandanee Magu, am Sultanspark, Sa-Do 9-17 Uhr.
Sultanspark, Öffnung wie Museum, freier Zugang, Medhuziyaaraiy Magu.
Alter Präsidentenpalast (Mulee-Aage), Medhuziyaaraiy Magu.
Denkmal und Grab von Muhammad Thakurufaan, zwischen Sultanspark und Majeedhee Magu.
Fischmarkt, **Gemüsehallen**, am Hafen / Marine Drive.

BANKEN: konzentrieren sich in der, Boduthakurufaanu Magu: **Bank of Ceylon**, **Bank of Maldives. Habib Bank**, **State Bank of India**, Übersicht aller Geldinstitute s. www.mma.gov.mv

Die Geschäfte sind von 8-12 und 12.30-22 Uhr, freitags ab 14 Uhr geöffnet, einige freitags ganz geschlossen.
STO Shopping Complex, Maafanu. **Umar Shopping Arcade**, Chandi Magu, Marine Drive.
Größere Shoppingstraßen: der nördliche Teil der Chandhani Magu (ab Republic Square) sowie die Ost-West verlaufende Majeedi Magu.
BUCHHANDLUNGEN: **A1-Bookshop**, STO Trade Center, Orchid Magu. **Books N Toys**, Majeedhee Magu. **Modern Bookshop**, Janavari Magu. **Novelty Bookshop** (größter Buchladen), Fareedi Magu. **Multi Books**, Lonuziyaaraiy Magu.

KINOS: **Star Cinema**, vor allem amerikanische Action-Filme, Majeedhee Mague.
Olympus, zeigt v.a. indische Filme, Majeedhee Magu.

Notruf Ambulanz Male: 102.
KRANKENHAUS: **Indhira Gandhi Memorial Hospital** (staatlich), Tel. 333 5335.
PRIVATKLINIKEN, ÄRZTE: **ADK Hospital**, Sosun Magu; weitere s. Übersicht: www.health.gov.mv.
APOTHEKE: **GKT Pharmacy**, Sosun Magu, außerdem gibt es eine gut sortierte Apotheke am Flughafen Hulhule.

Polizei-Notruf: 119.
NÜTZLICHE ADRESSEN:
Konsulate Deutschland und Österreich s. S. 250.
Ministry of Foreign Affairs, Boduthakurufaanu Magu.
Einwanderungsbehörde, Dept. of Immigration, Ameer Ahmed Magu.

Josef Beck

Ausspannen in seichtem Lagunenwasser

Foto: Pankaj Shah

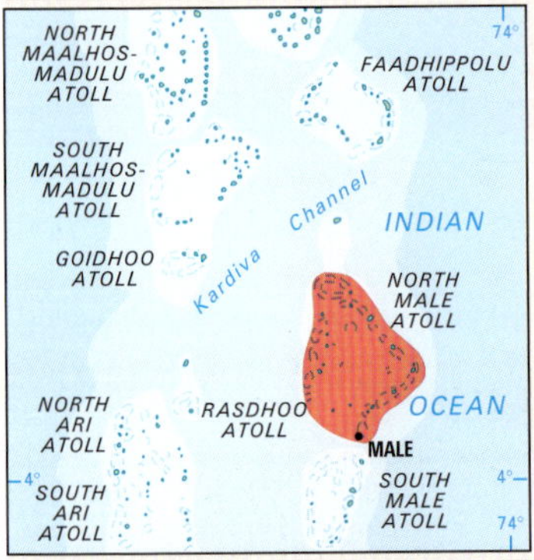

NORD-MALE-ATOLL (KAAFU-ATOLL)

DAS NORD-MALE-ATOLL

Das Nord-Male-Atoll, in dem auch die Landeshauptstadt Male liegt, ist das Hauptatoll der Malediven; Maafushi ist der Sitz der lokalen Verwaltung für das gesamte Kaafu-Atoll. Das Nord-Male-Atoll gehört administrativ zum Kaafu-Atoll und ist mit der im Norden gelegenen Insel Gaafaru 69 km lang und misst an seiner breitesten Stelle 39 km.

Im Nord-Male-Atoll gibt es 50 Inseln und verschiedene kleine, inselartige Erhebungen wie Sand- und Korallenbänke. Von den 42 ursprünglich unbewohnten Inseln wurden inzwischen fast 30 für den Tourismus erschlossen; an Privatpersonen sind 15 Inseln vermietet. Acht Inseln werden von Einheimischen bewohnt, die Flughafeninsel Hulhule mitgerechnet.

Viele der Touristeninseln des Atolls liegen in der Nähe des Flughafens, so dass der Transfer mit den traditionellen Dhonis oder mit Speedbooten durchgeführt wird. Zu den entfernteren Hotelinseln werden die Besucher ebenfalls mit Speedbooten oder aber mit Wasserflugzeugen gebracht, um die Transferzeiten zu verkürzen.

Links: Am Inselsteg Fische beobachten und füttern – ein Ferienspaß für Kinder.

Flughafeninsel Hulhule und Males Trabanten-Insel Hulhumale

Hulhule

Hulhule, nur 1,5 km von der Hauptstadt Male, ist in der Regel die erste Insel, die ein Urlauber auf den Malediven betritt. Der internationale Airport, der mit japanischer Hilfe zu einem respektablen modernen **Flughafen** wurde, stellt das Tor zum maledivischen Archipel und zur Erfüllung vieler Urlaubsträume dar. Auch alle Inlandsflüge zu anderen Atollen starten von der Flughafeninsel.

Ursprünglich bestand die Insel aus zwei Teilen, Hulhule und Gaadhoo. Sie dienten, bevor die Malediven 1965 zur Republik wurden, den Sultanen als Erholungsorte.

Bereits 1960 wurde Hulhule für den Bau eines kleinen Flughafens von den Briten vermessen, da Male nicht genügend Platz bot. Noch im selben Jahr setzte die erste Maschine auf einer provisorischen Landebahn auf.

1968 fügte man zur Erweiterung der Startbahn Hulhule und Gaadhoo zusammen. Erst dieser Ausbau ermöglichte dann die Anbindung an das internationale Flugnetz und die weltweite touristische Vermarktung der Malediven.

Der einsetzende Massentourismus in den 1970er-Jahren erforderte weitere bauliche Veränderungen des Flugha-

» Karte S. 78, Info S. 106-107

Foto: Gerald Nowak

fens, die 1981 begannen und in einer zweiten Bauphase Mitte der Neunzigerjahre fortgesetzt wurden. Landaufspülungen Ende des 20. Jh. erlaubten eine weitere Startbahnverlängerung, die Einrichtung des Terminals für Wasserflugzeuge sowie den Bau des modernen Hotels am Westende Hulhules. Auf der Flughafeninsel steht heute ein komfortables Hotel (Airport Hotel), in dem viele Gäste und Crewmitglieder für einige Nächte absteigen. Zudem wurden die bestehenden Kapazitäten des Flughafens erweitert, um dem steigenden Passagieraufkommen gerecht zu werden.

Mit der Öffnung neuer Atolle für den Tourismus und der starken Zunahme der Inlandsflüge mit Wasserflugzeugen hat eine Entwicklung eingesetzt, die Hulhule bereits an die Grenzen seiner Kapazität bringt. Nach neuen Überlegungen soll deshalb die ehemalige britische Air Force Base auf Gan im Süden stärker in das internationale Flugnetz einbezogen werden. Im Norden der Malediven ist ein dritter internationaler Flughafen geplant. 2015 begann mit chinesischer Hilfe der Bau der 1,4 km langen **Brücke** von Male zur Südspitze der Flughafeninsel.

Sporttaucher verbinden mit dem Namen Hulhule das wohl berühmteste **Wrack** der Malediven, die *Maldive Victory*. Der 1420 BRT große und 82 m lange Stückgutfrachter, der in der Nacht des 13. Februar 1981 die Insel im Süden rammte und schnell sank, liegt heute zwischen 8 und 47 m Tiefe südwestlich der Landebahn auf Sandgrund, Taucher können in den Laderäumen u. a. die aufgestapelten Zementsäcke betrachten.

Im Südwesten der Insel liegen die Reste eines weiteren Wracks, das häufig als *Portugiesisches Wrack* bezeichnet wird. Es ist jedoch wahrscheinlicher, dass es sich dabei um eine indische Baggala handelt, die im Jahr 1820 in einem Sturm abtrieb und zusammen mit 30 weiteren Schiffen unterging.

Oben: Der Flughafen Hulhule; für moderne Großraum-Ferienflieger wurde die Startbahn ins Meer hinein verlängert.

» Karte S. 78, Info S. 106-107

Hulhumale

Auch auf den Malediven sind „Landflucht" und Verstädterung ein großes Thema. Wohnraum ist knapp, obwohl Male von Hochhäusern geprägt wird. Das Aufspülen einer künstlichen Insel im flachen Lagunenbereich neben dem Flughafen soll Abhilfe schaffen. Einer weiteren Vergrößerung Males setzen die engen Saumriffe und der danach steil und tief abfallende Meeresgrund natürliche Grenzen, ohnehin wurde die Fläche Males durch künstliche Landgewinnung schon fast verdoppelt.

Die fast rechteckige Insel **Hulhumale**, ein Wortkonstrukt aus den Namen Hulhule und Male, umfasst derzeit ca. 2 km^2 und ist damit etwa so groß wie Male selbst. Diese Fläche soll bis 2020 noch verdoppelt werden. Ein Damm verbindet sie mit Hulhule.

Ziel der Regierung ist, dass 15 % der Bevölkerung des Archipels in den nächsten Jahren auf das künstliche Eiland übersiedeln. Bis 2011 hatte sich nur ein Zehntel der geplanten 30 000 Einwohner angesiedelt, 2020 sollen 60 000 auf Hulhumale leben. Mitte des 21. Jahrhunderts soll laut Plan die dann nach Norden verlängerte Insel 150 000 Malediver aufnehmen, ein beträchtlicher Teil der Staatsbevölkerung.

Diese Trabanteninsel, die wegen des drohenden Meeresspiegelanstiegs 2 Meter über dem Meeresspiegel liegt (einen Meter höher als Male selbst), hat nichts mit einem Tropentraum zu tun; Wichtig sind hier Funktionalität, Effizienz und ein gutes Transportwesen – ein Großteil der Inselbevölkerung wird täglich nach Male pendeln. Das Projekt, das 1997 begann, hat schon viele Mio. US$ verschlungen. Um die 2004 begonnene Übersiedlung attraktiv zu machen, bietet die Regierung Preisnachlässe auf die neuen Grundstücke an. Die Verbindung zur nördlichen Insel Farukolhufushi hat die Inselfläche vergrößert, auf der sich nun auch Hotels und B&B-Unterkünfte etablieren.

Die Touristeninseln im Nord-Male-Atoll

Angsana Maldives Ihuru

Ursprünglich nur unter dem Namen Ihuru bekannt, präsentiert sich die kreisrunde Urlaubsinsel (mit 200 m Durchmesser) seit 2001 als Fünf-Sterne-Resort; 2012 wurde es renoviert und wird mit dem benachbarten Hotel Banyan Tree von einem gemeinsamen Management verwaltet. Umweltfreundlich sind biologisch abbaubare Waschmittel, solarbeheiztes Wasser in den komfortablen Zimmern, sorgfältige Abfallentsorgung.

Das Hausriff ist noch intakt, mit prächtigen Korallen und großer Fischvielfalt, der Strand ist traumhaft – ein Urlaubsparadies für die ganze Familie. Nahe an Male gelegen, bietet die Insel herrliche Tauchgründe in ihrer Umgebung. Die hübschen, strohgedeckten Rundbungalows (45 Zimmer in Beachfront Villas und Beachfront Jet Pool Villas), jeweils mit eigenem kleinen Garten und Veranda, geben der Anlage einen unverwechselbaren, eigenwilligen Charakter. Ganz bewusst wurde bei der Innenausstattung auf Fernsehgeräte verzichtet.

Die dschungelartig bewachsene Insel besitzt eine wunderschöne, türkisfarbene, von einem Saumriff umgebene Lagune. Neben Tauchen, inkl. SNUBA-Diving (bis 6 m Tiefe), stehen Volleyball, Aerobic, Wasserski, Katamaransegeln, Angeln und Wellness-Behandlungen im Spa auf dem Freizeitprogramm.

Die Küche des Restaurants bietet für jeden Geschmack etwas. Besonders gut schmecken die asiatischen, mediterranen und landestypischen Leckereien auf der herrlichen Terrasse. Kleine Snacks und Cocktails bekommt man in der Bar.

Der ursprüngliche Name der Insel leitet sich vom Dhivehi-Wort *ihuru* ab, das einen „Fanditha-Mann", einen Zauberer und Hexer und zugleich einen Mann

» Karte S. 78, Info S. 106-107

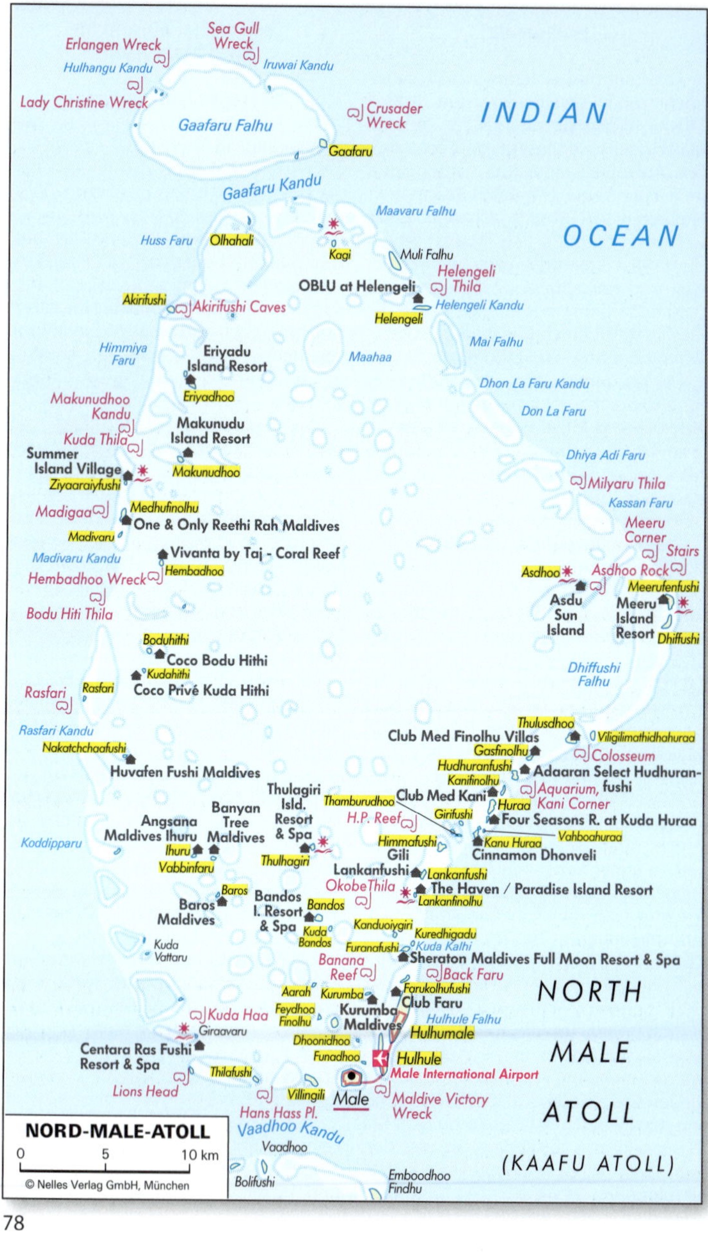

Sea Gull Wreck
Erlangen Wreck
Hulhangu Kandu
Iruwai Kandu
Lady Christine Wreck
Gaafaru Falhu
Crusader Wreck
INDIAN
OCEAN
Gaafaru
Gaafaru Kandu
Maavaru Falhu
Huss Faru
Olhahali
Kagi
Muli Falhu
OBLU at Helengeli
Helengeli Thila
Helengeli Kandu
Helengeli
Akirifushi
Akirifushi Caves
Himmiya Faru
Eriyadu Island Resort
Maahaa
Mai Falhu
Eriyadhoo
Dhon La Faru Kandu
Don La Faru
Makunudhoo Kandu
Makunudu Island Resort
Kuda Thila
Summer Island Village
Makunudhoo
Ziyaaraiyfushi
Dhiya Adi Faru
Milyaru Thila
Kassan Faru
Madigaa
Medhufinolhu
One & Only Reethi Rah Maldives
Madivaru
Meeru Corner
Stairs
Vivanta by Taj - Coral Reef
Madivaru Kandu
Hembadhoo
Hembadhoo Wreck
Asdhoo
Asdhoo Rock
Meerufenfushi
Asdu Sun Island
Meeru Island Resort
Dhiffushi
Bodu Hiti Thila
Boduhithi
Coco Bodu Hithi
Kudahithi
Coco Privé Kuda Hithi
Rasfari
Dhiffushi Falhu
Rasfari Kandu
Thulusdhoo
Club Med Finolhu Villas
Viligilimathidhahuraa
Nakatchchaafushi
Gasfinolhu
Colosseum
Huvafen Fushi Maldives
Hudhuranfushi
Adaaran Select Hudhuranfushi
Kanifinolhu
Aquarium,
Thulagiri Isld. Resort & Spa
Banyan Tree Maldives
Angsana Maldives Ihuru
Thamburudhoo
Club Med Kani
Huraa
Kani Corner
H.P. Reef
Girifushi
Four Seasons R. at Kuda Huraa
Koddipparu
Ihuru
Himmafushi
Vahboahuraa
Kanu Huraa
Gili
Cinnamon Dhonveli
Vabbinfaru
Thulhagiri
Lankanfushi
Lankanfushi
Okobe Thila
The Haven / Paradise Island Resort
Baros
Baros Maldives
Bandos I. Resort & Spa
Bandos
Lankanfinolhu
Kanduoiygiri
Kuda Bandos
Kuredhigadu
Kuda Vattaru
Kuda Kalhi
Furanafushi
Sheraton Maldives Full Moon Resort & Spa
Banana Reef
Back Faru
Aarah
Kurumba
Farukolhufushi
Club Faru
NORTH
MALE
ATOLL
(KAAFU ATOLL)
Feydhoo
Finolhu
Kurumba Maldives
Hulhule Falhu
Kuda Haa
Giraavaru
Hulhumale
Dhoonidhoo
Centara Ras Fushi Resort & Spa
Funadhoo
Hulhule
Male International Airport
Thilafushi
Lions Head
Villingili
Male
Maldive Victory Wreck
Hans Hass Pl.
Vaadhoo Kandu
Vaadhoo
Bolifushi
Emboodhoo
Findhu
NORD-MALE-ATOLL
0
5
10 km
© Nelles Verlag GmbH, München

mit großem religiösen Wissen bezeichnet. Als solcher gilt er auch als Pflanzenkenner und Heilkundiger und muss als erster die neue Saat ausbringen. Später, wenn das Getreide wächst, muss er die Zeichen der Natur erkennen und als erster das Korn mähen. Aus diesem Korn kocht er eine Art Mehlspeise und verzehrt sie als symbolische Opfergabe.

Asdu Sun Island (Asdhoo)

Asdu, ein kleines Touristen-Eiland innerhalb des Nord-Male-Atolls, liegt, etwa 32 km vom Flughafen entfernt, in der Nähe der Insel Meerufenfushi. Asdu misst etwa 350 m in der Länge und ist maximal 120 m breit. Bei der Vegetation dominieren Kokospalmen und dichtes Buschwerk. Schon vor der Eröffnung des heutigen Hotels, Asdu Sun Island, gab es hier eine sehr einfache Bungalowanlage, die aber bald nicht mehr den Ansprüchen der Zeit und des schnell expandierenden Tourismus entsprach.

Asdu Sun Island öffnete 1981 seine Pforten und wurde 1988 umgebaut. Das verträumte Eiland (60 Betten in 30 Zimmern) verfügt über eine Meerwasserentsalzungsanlage, so dass stets Süßwasser in den Gästezimmern angeboten werden kann.

Die Küche auf Asdu ist international; die Unterkünfte bestehen aus relativ einfach ausgestatteten Reihenbungalows. Kein Wunder also, dass Asdu vornehmlich Gäste anzieht, die mit spitzem Bleistift rechnen und eher mit schmalem Geldbeutel reisen. Wer seine Urlaubsfreuden durch einfacheren Wohnkomfort nicht gefährdet sieht, kann einen herrlichen Strand genießen, der die gesamte Insel umgibt. Die schönsten Strandabschnitte befinden sich im Westen der Insel. Asdu besitzt ein professionelles Tauchzentrum, daneben werden Windsurfen, Tischtennis und Volleyball angeboten.

Die sehenswerten Tauchgebiete in Inselnähe werden gern von Unterwasserfotografen besucht.

Bandos Island Resort & Spa (Bodubandos)

Bandos zählt mit einer Fläche von annähernd 180 000 m^2 schon zu den größeren Maledivendinseln. Das Eiland ist etwa 600 m x 400 m groß und fast kreisrund. Bandos wurde bereits in sehr frühen Zeiten besiedelt. Historiker nehmen an, dass die Ureinwohner von einer Gruppe indischer Tamilen abstammten. Der Franzose François Pyrard, der am 2. Juli 1602 mit dem 400 t schweren Schiff *Corbin* an einem Riff im Goidhoo-Atoll Schiffbruch erlitt und sich noch Jahre danach auf den Malediven aufhielt, erwähnte schon 1602, dass Bandos besiedelt war und dass *das Wasser der Insel beliebter war als das aus Male*. Auf der Insel befand sich von 1962 bis 1968 ein Waisenhaus, das später nach Villingili verlegt wurde.

Bandos war nach Kurumba die zweite Touristeninsel der Malediven, das **Bandos Island Resort** eröffnete im Jahr 1972. Das Eiland ist noch immer ein Klassiker unter den maledivischen Ferienanlagen.

Die Hotelanlage bietet 215 Zimmer und Villas in fünf Kategorien, am nobelsten und neuesten sind die Luxury Water Villas. Aber auch die Standard Rooms, die einfachste Kategorie, sind sehr schön eingerichtet und bieten alle Annehmlichkeiten, inklusive Klimaanlage, Safe, Sat-TV und Strandliegen. Die Hotelleitung versucht ständig, den Standard noch weiter zu verbessern. Zwei Restaurants, ein Café und drei Bars sorgen für kulinarische Abwechslung.

Etwa 450 Angestellte, vom Gärtner bis zum Manager, sind für einen reibungslosen Ablauf des Tourismusbetriebs zuständig. Heute zeigt sich die Insel modern, ohne dabei viel von ihrer ursprünglichen Atmosphäre verloren zu haben.

Bedingt durch die Nähe zum Flughafen (15 Minuten mit dem Speedboot) wird Bandos gern von Fluggesellschaften für die Zwischenaufenthalte der

» Karte S. 78, Info S. 106-107

Foto: Udo Kefrig

Crews gebucht, so dass man Bandos unter Insidern auch salopp als „Stewardessen-Insel" bezeichnet.

Bandos zeichnet sich durch eine dichte Vegetation aus Kokospalmen, Agaven und Gummibäumen aus. Die Insel ist rundum von schönen Sandstränden umgeben. Die vor Bandos liegende Lagune eignet sich wegen ihrer geringen Tiefe und der vielen Korallen, die bis unter die Wasseroberfläche ragen, allerdings nur bedingt zum Baden oder Schnorcheln. Besser ist es, an der Kante des Hausriffs entlangzuschwimmen. Zudem gibt es am Hausriff als Attraktion ein kleines Wrack.

Bekannt wurde Bandos in den 1980er Jahren, als der populäre deutsche Tauchlehrer Herwarth Voigtmann die hiesige Basis leitete und mit seinen spektakulären, nicht unumstrittenen Haifütterungen – von Spöttern oft auch als Voigtmanns Haizirkus bezeichnet – weltweit Beachtung fand.

Oben: Bandos – eine fast kreisrunde Paradiesinsel.
Rechts: Luxus im Spa des Banyan Tree Vabbinfaru Resort – Rain Mist, eine Feuchtigkeitskur für müde Haut.

Das Tauchen ist auf Bandos noch immer die Sportart Nummer eins; ein schönes Hausriff und die Nähe weiterer 40 Top-Tauchplätze garantieren eine unvergessliche Urlaubszeit unter Wasser. Andere Sportarten, wie Windsurfen, Segeln, Wasserski, Volleyball und Tennis, gehören ebenfalls zum Angebot des Hotels. Dicht neben Bandos liegt die unbewohnte kleine Insel **Little Bandos (Kuda Bandos)**, ein beliebtes Ausflugsziel der Resort-Gäste. An Freitagen, Samstagen und Feiertagen bleibt das Robinsoninselchen jedoch einheimischen Ausflüglern vorbehalten.

Banyan Tree Maldives, Vabbinfaru

Banyan Tree liegt im südlichen Teil des Nord-Male-Atolls und bildet ein geografisches Dreieck mit den Inseln Angsana und Baros. Banyan Tree zählt zu den kleinsten touristisch erschlossenen Inseln der Malediven. Das fast kreisrunde Eiland hat gerade einmal

» Karte S. 78, Info S. 106-107

Foto: Banyan Tree Hotels & Resorts

einen Durchmesser von 150 m. Durch die relativ wind- und wellengeschützte Lage im Atoll besitzt Banyan Tree einen breiten, weißen Sandstrand, der sich um das ganze Eiland zieht – eine traumhaft schöne Malediven-Bilderbuchinsel also! Das Inselinnere ist von dichtem Buschwerk und zahlreichen Palmen geprägt, die die Tropenidylle eindrucksvoll ergänzen.

Das Hausriff zählt nicht unbedingt zu den Höhepunkten maledivischer Tauchreviere und eignet sich eher für einfache und entspannende Abstiege. Die attraktiveren und anspruchsvolleren Plätze liegen weiter von der Insel entfernt. Für unbekümmerte Badefreuden sorgt eine große Lagune. Bei Ebbe kann man auf zwei Sandbänken die absolute Ruhe genießen.

Die Hotelanlage besteht seit 1977. Schon seit den aufwendigen Umbauarbeiten in den Neunzigerjahren stehen auf der Insel 48 strohgedeckte, luxuriös eingerichtete Villen (drei Kategorien) im asiatischen Stil. Jeder Bungalow verfügt über einen eigenen kleinen Garten und eine Terrasse, die meisten besitzen auch einen Pool und einen kleinen Extra-Pavillon im Garten. Die Restaurants servieren eine Fülle internationaler Köstlichkeiten, die Bar bietet kleinere Snacks für zwischendurch. Sie können aber auch einen Koch für ein intimes „Private Dining" am Strand buchen. Natürlich darf in diesem luxuriösen Ambiente auch ein perfekt ausgestattetes Spa nicht fehlen.

Banyan Tree bietet, auch in Verbindung mir dem nahen Angsana Hotel, eine Fülle an sportlichen Aktivitäten; besonders eignet sich die große, windgeschützte Lagune für Surfanfänger. Die Insel wird überwiegend von Gästen aus Frankreich und Italien besucht.

Alle Banyan Tree Resorts haben das Umweltprojekt „The Green Imperative" ins Leben gerufen, dass sich mit Regeneration und Wachstum der Korallenriffe befasst. Jeder Gast wird gebeten, für jede Nacht, die er auf der Insel verbringt, einen Dollar für das Projekt zu spenden.

Foto: Christian Mietz

Baros Maldives (Baros)

Baros war bereits in alten Zeiten besiedelt; um 1700 jedoch verließen die Bewohner das halbmondförmige Eiland aus unbekannten Gründen. Die Insel hat eine Grundfläche von 60 000 m^2 und ist etwa 300 m lang und 200 m breit. Sie liegt mitten im Nord-Male-Atoll, nur 16 km vom Flughafen entfernt. Mit einem Dhoni ist diese Entfernung in 60 Minuten, mit einem Speedboot in 25 Minuten zu überbrücken.

Der Name Baros könnte sich vom Königreich Baros im Nordwesten Sumatras ableiten, mit dem die Malediver einst Handel betrieben, er kann aber auch mit den ehemaligen Bewohnern der Insel zusammenhängen: Baros war einst eine Seucheninsel für Menschen, die an *baros-bali* erkrankt waren, einer lepraähnlichen Seuche.

Oben: Juwelenbarsche sind besonders farbenprächtige Riffbewohner. Rechts: In einer Dekompressionskammer werden Tauchunfälle unter kompetenter ärztlicher Betreuung behandelt.

Baros gehört ebenfalls zur ganz frühen Generation der Touristeninseln: Sie nahm schon 1973 ihren Betrieb auf. Die Anlage des **Baros Maldives** ist sehr gepflegt. Palmen, Buschwerk, Blumenbeete und Bungalowbebauung stellen eine gelungene Mixtur aus Tropenidylle und modernem Tourismus dar. Von 75 Bungalows, die der großen, flachen Lagune zugewandt sind, wurden 30 als Wasserbungalows errichtet. Nach Umbau und Renovierung im Jahr 2005 präsentiert sich das Resort samt Spa noch luxuriöser als vorher. Etwa 120 Personen, meist Malediver, kümmern sich um das Wohl der Gäste. Die internationale Küche verwöhnt die Touristen mehrmals wöchentlich mit einem reichhaltigen Buffet. Für Taucher liegt 15 m vor der Tauchbasis ein attraktives Hausriff mit drei Einstiegstellen.

Club Faru (Farukolhufushi)

Der **Club Faru** liegt im Norden der Flughafeninsel Hulhule nahe der Landeshauptstadt Male. Das halbmond-

» Karte S. 78, Info S. 106-107

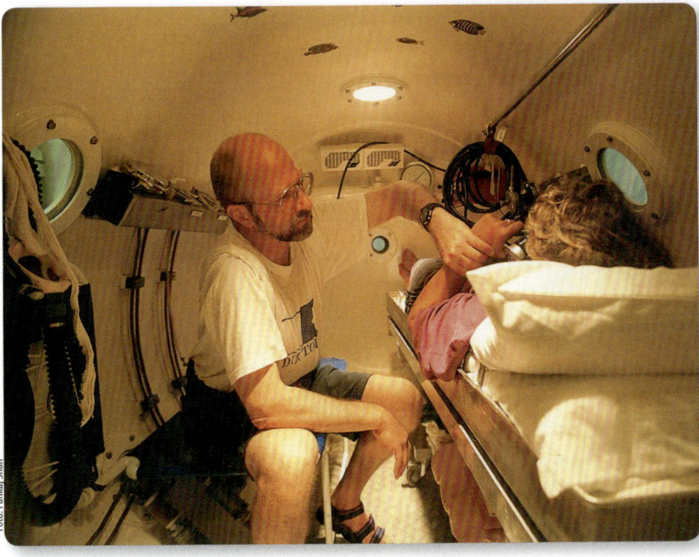

Foto: Pankaj Shah

förmige, etwa 1200 m x 450 m große „Faru"-Eiland, nunmehr mit Hulhumale verbunden, erlangte als Club-Med-Insel weltweite Bekanntheit. Der Dhivehi-Name Farukolhufushi bedeutet soviel wie „Insel, die an einer Riffkante liegt", was auf die Nähe zum Außenriff hinweist.

In früher Zeit war die Insel unbewohnt, dann wurde sie als privates Urlaubsdomizil an eine maledivische Familie verpachtet. Bereits 1973 eröffnete Faru als Ferienanlage und zählt somit zu den ältesten Touristeninseln der Malediven. 1978 übernahm der Club Mediterranée die Insel, der sich als einer der wenigen Clubveranstalter auf den Malediven etablieren konnte.

Club Med Faru wurde vom Tsunami 2004 stark beschädigt und Ende 2005 als Club Faru unter neuem Management wiedereröffnet. Das neue Drei-Sterne-Resort erhielt 152 Zimmer in doppelstöckigen Bauten mit jeweils acht Zimmern. Die Baumaßnahmen im Zusammenhang mit der Erweiterung Hulhumales ließen den Inselstandort für Touristen unattraktiv werden. Das Hotel wird derzeit nicht bewirtschaftet.

Vor der Insel liegt im Westen und Süden eine große Lagune, die ideale Schnorchelbedingungen bietet. Auch Kanu- und Kajakfahren sowie Windsurfen ist möglich. Zwischen Faru und der Nachbarinsel Furanafushi (Full Moon) erstreckt sich der **Kuda Kalhi**, ein schmaler Kanal mit viel Bootsverkehr. Er ist wegen tückischer Strömungen besonders zur Zeit des Nordostmonsuns für kleinere Dhonis oft schwierig zu meistern. Um so mehr lieben Taucher diese Passage, denn hier liegen weltbekannte Tauchgebiete wie das Banana Reef oder Back Faru. Mit etwas Glück können in der Nähe des Kuda Kalhi Delfinschulen auf ihrer Wanderung durch das Atoll beobachtet werden.

Club Med Kani (Kanifinolhu)

Die halbmondförmige Insel **Kanifinolhu** misst in der Länge etwa 800 m und in der Breite 250 m. Sie liegt in einer touristisch stark erschlossenen Region des südöstlichen Nord-Male-Atolls am

Foto: Club Mediterranée

Außenriff. Die Distanz zwischen „Kani" und dem Flughafen beträgt 19 km, die ein Speedboot in etwa 30 Minuten zurücklegt.

Das Eiland ist dicht mit Palmen und Büschen bewachsen. Der nach dem Tsunami neu gestaltete **Club Med Kani**, mit Pool und im Halbkreis angeordneten rustikalen Bungalows sowie Wasservillen, bietet 238 Zimmer. Die Superior-Zimmer in ein- oder zweistöckigen Bungalows sind geschmackvoll eingerichtet. Mehr Platz und Komfort bieten die Beach Villas sowie die Lagoon Suites, die auf Stelzen im Wasser stehen. Den Club Med kann man nur All-inclusive buchen, die opulente Küche in den beiden Restaurants verwöhnt den Gaumen. Das wunderschöne Spa bietet luxuriöse Wellness-Programme, für Kinder von 7 bis 17 Jahren gibt es besondere Betreuung.

Die flache Lagune lädt zum Baden ein; das 400 m entfernte Hausriff wird vorzugsweise mit dem Boot angelaufen und bietet faszinierende Tauch- und Schnorchelmöglichkeiten. Weitere sehr schöne Plätze in der Umgebung mit bezaubernden Unterwasserlandschaften machen das Tauchvergnügen perfekt. Kanifinolhu zählt zu den größeren Touristeninseln der Malediven und bietet ein umfangreiches Sport- und Freizeitangebot sowie abwechslungsreiche Abendprogramme, die für alle Club Meds typisch sind.

Oben: Völlig neu gestaltet – Club Med Kani (Kanifinolhu).

Coco Bodu Hithi (Boduhithi)

Die Insel war früher unbewohnt und wurde 1979 für den Tourismus erschlossen und freigegeben. Das sichelförmige Boduhithi ist etwa 52 000 m^2 groß und liegt an der Westseite des Nord-Male-Atolls. Nachdem es jahrelang unter italienischem Management stand, wurde es umgebaut und Anfang 2007 als Fünf-Sterne-Plus-Resort **Coco Bodu Hithi** eröffnet.

Wie es sich für ein Hotel dieser Kategorie geziemt, ist die Ausstattung na-

» Karte S. 78, Info S. 106-107

türlich vom Allerfeinsten, sei es in den 44 Island Villas mit je 188 m^2, den 16 Water Villas (109 m^2), den 16 Escape Water Villas (144 m^2) oder den 24 Escape Coco Residences (184 m^2) im eigens abgetrennten Club.

Vier Restaurants verwöhnen die Gäste mit exklusiver asiatischer Küche und köstlichen Meeresfrüchten, drei Bars runden den Genuss ab.

Wer sich im Fitnesscenter, am Pool, auf dem Tennisplatz oder beim Volleyball und Billard so richtig ausgetobt hat, kann hinterher bei Yoga und Tai Chi oder im exklusiven Spa entspannen.

Bodu Hithi wird nicht umsonst „Koralleninsel" genannt. Ein lang gezogenes Hausriff an der Südseite der Insel fällt recht steil ab und ist ein Garant für herrliche Taucherlebnisse. Rund um Bodu Hithi liegen weitere hervorragende Tauchplätze wie das Unterwassernaturschutzgebiet **Rasfari**. Allerdings muss man sich diese beliebten Reviere oft mit Tauchern von den Nachbarinseln teilen. Die Lagune im Westen eignet sich hervorragend zum Surfen, Segeln, Angeln und Wasserskifahren. Die besten Möglichkeiten zum Baden bestehen an den beiden Sandbänken an den Spitzen der Insel sowie in der flachen Lagune.

Kuda Hithi (Kudahithi)

Nur etwa 600 m südlich von Bodu Hithi liegt die Nachbarinsel Kuda Hithi, ein sehr kleines, aber äußerst feines Eiland mit langen Sandstränden und einem breiten Riffdach. Das winzige Hotelparadies **Kuda Hithi** gilt als eine der nobelsten Herbergen der Malediven. Die Insel liegt 27 km von Hulhule entfernt an der Westseite innerhalb des Nord-Male-Atolls. Man erreicht sie mit dem Schnellboot in etwa einer Stunde. Einst war dieser Flecken Land nur eine längliche Sandbank, bis man Palmen und Büsche pflanzte und 1984 eine Hotelanlage eröffnete, die Exklusivität garantiert und höchsten Ansprüchen gerecht wird. Das Sechs-Sterne-Resort wurde seit seiner Aufwertung 2007 unter dem Namen **Kudahithi** von verschiedenen Anbietern als „Privatinsel" vermarktet.

Sieben nobel eingerichtete, 430 m^2 große Lagoon Residences stehen auf Stelzen im Wasser; noch mehr Platz bieten die beiden Island Residences mit 710 m^2. In beiden Kategorien sind ein großes Sonnendeck mit Pavillon, ein Pool und ein eigener Spa-Bereich ebenso selbstverständlich wie ein individuelles Team an Servicekräften (Koch, Spa-Trainer, Butler), das den Gästen jeden Wunsch von den Augen abliest.

Luxus, Understatement und unter sich sein lautet die Devise auf der Insel. Das kleine Eiland eignet sich ideal für verwöhnte Gäste mit hohen Ansprüchen. In dem angenehmen Ambiente kann man hervorragend abschalten und ausspannen, aber natürlich auch Sport treiben und tauchen.

Cinnamon Dhonveli (Kanu Huraa)

Kanu Huraa liegt an der südöstlichen Außenseite des Nord-Male-Atolls und war bis 1981 unbewohnt. *Kanu* bedeutet in Dhivehi „Ecke" oder „Kante", *huraa* bezeichnet eine Insel, die mehr von Korallen als von Sand bestimmt wird. 1981 errichtete man auf der schmalen, über 600 m langen Insel ein Hotel und nannte es Leisure Island Resort. Später erhielt diese Hotelanlage den Namen Tari Village, heute wirbt sie als **Cinnamon** (früher Chaaya Island) **Dhonveli** um Gäste. Die Insel liegt an der touristisch stark erschlossenen Ostseite des Nord-Male-Atolls und ist vom Flughafen per Speedboot in etwa 30 Minuten zu erreichen.

Ein gepflegter Strand und eine wunderschöne vorgelagerte Lagune laden zum Relaxen, Baden und Schnorcheln ein. Die in maledivischer Architektur gestaltete Anlage verfügt über 148 Zimmer, verteilt auf Cottages, Wasserbungalows, Villen und Suiten in einer herrlichen tropischen Gartenlandschaft. Alle Räume haben ein großzügiges Bade-

4 Nord-Male-Atoll

» Karte S. 78, Info S. 106-107

Foto: Pankaj Shah

zimmer mit Badewanne oder Dusche, WC, Klimaanlage, Ventilator, Satelliten-TV, Telefon und Minibar. Die Cottages liegen näher zum Strand, die Wasservillen sind geräumiger und hochwertiger ausgestattet und haben zusätzlich einen Salon sowie ein separates Schlafzimmer. Im weitläufigen Garten befindet sich ein großer Swimmingpool. Wegen der geschlossenen Lagune ist die Insel für Familien mit Kindern ideal.

Dhonveli ist zwischen April und November bei vorherrschenden Südwestwinden das Mekka der Wellenreiter. Sie paddeln auf ihrem Brett bäuchlings bis zu dem Punkt aufs offene Meer, an dem die Dünung auf das Riff trifft („Pasta Point"). Die Wellen haben in der Sommersaison richtig „speed" und sind voller „power": Hier treffen sich weltbekannte Surfer. Neben optimalen Surfbedingungen bietet die Insel natürlich auch eine Tauchbasis sowie eine Fülle weiterer Sport- und Freizeitmöglichkeiten, es gibt sogar einen Tennisplatz. Shoppingausflüge führen zur nahe gelegenen Einheimischeninsel **Huraa**, bei Niedrigwasser kann man zur Nachbarinsel **Kuda Huraa** hinüberwandern.

Oben: Spaß beim Hobie-Cat-Segeln. Rechts: Eine Tauchlektion – Verständigung durch Zeichensprache.

Eriyadu Island Resort (Eriyadhoo)

Eriyadu, die nördlichste Hotelinsel auf der Nordwestseite des Nord-Male-Atolls, liegt direkt am Außenriff. Das ovale Eiland misst 300 m in der Länge und 180 m in der Breite und ist zu Fuß bequem in 10 Minuten zu umrunden. Rund um die Insel ziehen sich 76 luxuriöse Bungalows, deren Gäste auf das Meer hinausschauen, Um ihr Wohl kümmern sich etwa 70 Malediver. Eriyadus sportlicher Schwerpunkt ist das Tauchen. Ein wunderbares und intaktes, die ganze Insel umspannendes Hausriff begeistert jeden Taucher. Es beginnt etwa 50 m vom Strand entfernt und fällt bis auf 30 m Tiefe ab. Das Hausriff ist von mehreren Einstiegstellen direkt zugänglich und bietet abwechslungsreiche Korallenstrukturen, dichten Fischbesatz und wunderschöne Steilabbrüche. Auch die entfernteren Tauchplätze, die zweimal täglich angefahren werden, bestechen durch farbenprächtige Korallenvielfalt. Die für maledivische Verhältnisse große Entfernung zu anderen Touristeninseln verhindert, dass die angefahrenen Tauchplätze mit Tauchern von anderen Basen geteilt werden müssen. Die selten betauchten Riffe verzaubern durch eine besonders artenreiche und üppige Unterwasserflora und -fauna. Die Nähe Eriyadus zum größten Riffkomplex der Malediven, dem **Gaafaru Falhu** im Norden des Nord-Male-Atolls, ermöglicht Exkursionen zu traumhaften Plätzen mit überwältigenden Steilabfällen und vier historischen Wracks, die betaucht werden können.

Die Hotelanlage, das **Eriyadu Island Resort**, hat Superior Rooms mit Balkon, die elegant eingerichtet sind; ein nettes Restaurant, eine Bar und ein Coffeeshop

» Karte S. 78, Info S. 106-107

Foto: Christian Mietz

laden zum Verweilen ein. Etwas Musik (auch Karaoke) ertönt hin und wieder abends aus einer kleinen Insel-Disko. Sonst aber stehen auf dem urwüchsigen Eriyadu ruhiges Entspannen und Tauchen im Mittelpunkt.

Four Seasons at Kuda Huraa (Kuda Huraa)

Dieses Eiland im Südosten des Nord-Male-Atolls bildete ursprünglich zusammen mit der Einheimischeninsel Huraa eine Insel, die aber später durch Erosion abgetrennt wurde. Nur 20 km oder 30 Minuten mit dem Speedboot vom internationalen Flughafen in Hulhule entfernt, eröffnete die 500 m lange und 100 m breite Insel bereits 1977 unter dem Namen Little Huraa Club ihre Pforten für sonnenhungrige Gäste aus Übersee.

Später übernahm die Hotelkette Four Seasons die Insel und etablierte hier das **Four Seasons Resort Maldives at Kuda Huraa**. Im Jahr 2004 wurde die Insel durch den Tsunami schwer beschädigt, aber bereits Mitte 2006 wiedereröffnet.

Das Luxusresort bietet neben den großzügigen, eleganten Beach Pavillons (mit Pool), den Beach Bungalows (mit Tauchbecken und Gartenlaube) und den Water Bungalows (mit Terrasse und Panoramafenstern) außerdem den Luxuskatamaran „Four Seasons Explorer", mit dem die Gäste während oder nach ihrem Aufenthalt eine Kreuzfahrt durch die bezaubernde Inselwelt unternehmen können.

Das wunderschöne Restaurant „Baraabaru" serviert maledivische und auch indische Spezialitäten. Außerdem glänzt das Resort mit einem der größten Süßwasserpools der Malediven und einem gut ausgestatteten Fitness-Center. Der Clou des Four Seasons at Kuda Huraa ist jedoch die eigene kleine Spa-Insel. Mit dem Dhoni werden die Gäste über die Lagune zum Island Spa gebracht, wo vielfältige Wellness- und Beauty-Angebote sowie ein hübscher Yoga-Pavillon für ultimative Entspannung sorgen.

Foto: Manfred Domrös

Das Sportangebot umfasst mannigfaltige Aktivitäten über und unter Wasser. Es werden zwei Tauchgänge täglich angeboten, zusätzlich gibt es Nachttauchgänge. Auch Kinder sind im Resort willkommen: Der „Kids for all Seasons-Club" bietet den Vier- bis Zwölfjährigen ein umfangreiches Programm mit viel Abwechslung.

Full Moon Resort & Spa (Furanafushi)

Furanafushi, kurz Furana, zählt neben Kurumba und Farukolhufushi zu den frühen Touristeninseln der Malediven. Bereits 1973 trafen die ersten Besucher auf Furana ein, das nur 7 km vom Flughafen Hulhule entfernt liegt.

In der Frühzeit der maledivischen Geschichte stand auf Furana ein buddhistisches Kloster, Puranna Pura genannt.

Die etwa 800 m x 300 m große Insel im Süden des Nord-Male-Atolls wurde 1994 völlig umgebaut und modernisiert. Mit dem neuen Standard änderte sich auch der Name des Eilands. Die neue, luxuriöse Hotelanlage der Sheraton-Gruppe wird jetzt unter der klangvollen Bezeichnung **Sheraton Maldives Full Moon Resort & Spa** von großen Reiseveranstaltern vermarktet.

Seit der Renovierung gibt es auf Full Moon 176 bestens ausgestattete Zimmer in Doppel- und Stelzenbungalows (acht Kategorien), einen großen Süßwasser-Swimmingpool, ein Einkaufscenter, ein Sportstudio, ein Spa sowie vier Restaurants mit mediterraner und thailändischer Küche, verschiedene Bars und eine Diskothek. Die Insel bietet eines der umfangreichsten Freizeit- und Sportprogramme auf den Malediven und verfügt über eine herrliche Badelagune. Im südlichen Bereich liegen Korallenlandschaften mit besten Schnorchelmöglichkeiten. Einige Privatgebäude im Einfahrtsbereich der Lagune stehen auf Stelzen am Strand; sie dienen als Zwischenlager für den Export von tropischen Zierfischen.

Oben: Auf Furanafushi liegt das Sheraton Maldives Full Moon Resort. Rechts: Gut gelaunte Inselbewohner.

» Karte S. 78, Info S. 106-107

Club Med Finolhu Villas (Gasfinolhu)

Gasfinolhu ist eine lang gezogene Insel, die 1980 als kleines Camping-Eiland ihren touristischen Betrieb aufnahm und später zur Hotelinsel weiterentwickelt wurde. Das Gasfinolhu Island Resort wurde 2011 geschlossen und als **Club Med Finolhu Villas** 2016 wiedereröffnet: mit 52 sehr geräumigen Villen für Paare. Die Einrichtungen der Club Med-Insel Kani nahebei werden mitbenutzt. Die 40 einfachen, praktisch eingerichtete Bungalows mit eigener Terrasse genügten offenbar den heutigen Wünschen der Gäste nicht mehr und wurden komplett abgebrochen.

Gasfinolhu liegt im Südosten des Nord-Male-Atolls am Außenriff, sehr nahe an Hulhule (20 km) und Male. Die Insel ist etwa 200 Meter lang. Einige Top-Tauchgebiete wie Colosseum, Aquarium, Kani Corner und das bekannte HP-Reef befinden sich in der näheren Umgebung am Außenriff, sie werden auch von anderen Tauchschulen aufgesucht. Unmittelbar vor der Insel, am seicht abfallenden Hausriff, kommen vor allem Schnorchler auf ihre Kosten. Auf Gasfinolhu werden sicherlich auch in Zukunft Wassersportarten wie Segeln, Katamaransegeln, Surfen, Wasserski, Kanufahren und Angeln angeboten werden. Zur Insel **Hudhuranfushi** kann man bei Ebbe mit geeignetem Schuhwerk herüberlaufen.

Centara Ras Fushi Resort & Spa (Giraavaru)

Die Bedeutung des Namens Giraavaru führt weit in die maledivische Geschichte zurück. Bereits in der Frühzeit des Inselreiches wurden die Ureinwohner des Archipels mit diesem Namen bezeichnet. *Gira* steht für eine Insel oder ein Stück Land, das weggespült wird, und *varu* bedeutet „eine Gruppe von Menschen". Die Bewohner der Insel, die im Südwesten des Nord-Male-Atolls am Außenriff liegt, waren die früher

Foto: Harald Mielke

stärkste und einflussreichste Gruppe auf den Malediven. Sie selbst führen ihre Herkunft auf einen südindischen Tamilenstamm zurück.

Die Einwohner Giraavarus wurden im Lauf der Zeit von ihrer Insel vertrieben. Giraavaru mussten sie 1968 verlassen, daraufhin siedelten sie sich auf Hulhule an. Als dort der Flughafen entstand, wurden sie erneut zwangsumgesiedelt – diesmal nach Male. Heute erkennt man die Ureinwohner von Giraavaru, die in Male noch eine kleine Gemeinschaft bilden, an den langen Kleidern der älteren Frauen. Die Kleiderkragen weisen auffällige Stickereien auf.

Giraavaru zählt mit 200 m Länge und 150 m Breite zu den kleineren Hotelinseln. Das vormalige Giraavaru Tourist Resort wurde 1980 für den Tourismus eröffnet. Die Insel liegt nur 11 km – 15 Minuten Fahrt mit dem Schnellboot – von Hulhule entfernt.

Die 30 Bungalows und 80 Wasservillen sind alle für Paare eingerichtet.

Tagsüber versprechen Ausflüge in die nahegelegene Landeshauptstadt

Foto: Christian Mietz

Male interessante Einblicke ins maledivische Stadtleben.

Giraavaru besitzt einen Süßwasserpool. Daneben laden ein großer Sandstrand zum Relaxen und eine Lagune zum Baden ein. Breit gefächert ist das Wassersportangebot, wie Segeln, Surfen, Kanufahren, Angeln und Wasserski. Auch Sportarten wie Volleyball oder Tennis sind möglich.

Wie auf fast allen Hotelinseln steht auf Giraavaru das Tauchen an erster Stelle. Das wunderschöne Hausriff verzaubert die Taucher ebenso wie die zahlreichen interessanten Plätze am Außenriff. In unmittelbarer Nähe beginnt im Süden der berühmte Vaadhoo Kandu, der das Nord- vom Süd-Male-Atoll trennt. Die geografische Lage erklärt die Popularität der Tauchplätze am Vaadhoo-Kanal – dort ziehen, zur Begeisterung der Taucher, häufig Großfische, die von der Meerseite kommen, vorbei.

Oben: Blaukopf-Kaiserfische leben solitär am Riff. Rechts: Parasailing – die Inselwelt aus der Vogelperspektive genießen.

OBLU Helengeli (Helengeli)

Helengeli ist eine der isoliertesten und mit einer Entfernung von 51 km vom Flughafen Hulhule die entlegenste Towisteninsel im Nord-Male-Atoll. Ein Speedboot benötigt für den Transfer vom Flughafen etwa 70 Minuten, Wasserflugzeuge verbinden die Insel mit Hulhule in 15 Minuten.

Helengeli bedeutet soviel wie „die erschütterte Insel" oder „das erschütterte Inselriff". Dieser dramatische Name führt sicher auf die exponierte Lage der 800 m langen und 200 m breiten Insel zurück – Helengeli ist besonders bei Nordostmonsun der schweren See am Außenriff ausgesetzt. Die nordöstliche Außenrifflage wiederum bedeutet traumhafte Erlebnisse für alle, die ihre Leidenschaft für die Unterwasserwelt entdeckt haben.

Helengeli ist eine Insel für Individualisten und natürlich für begeisterte Taucher. Die Region bietet nahezu unberührte Tauchreviere, an denen man nur sehr selten Besucher von anderen

» Karte S. 78, Info S. 106-107

Foto: Pankaj Shah

Inseln trifft. Lediglich vereinzelte Safariboote fahren die besonders faszinierende Unterwasserlandschaft um Helengeli an. Nicht nur das berühmte **Helengeli Thila** mit wunderschönen Korallenlandschaften und häufig vorbeiziehenden Mantas, sondern auch die beiden Außenriffkanäle versprechen mit sechs markierten Einstiegsstellen spannende Tauchgänge. Insgesamt werden von Helengeli aus etwa 40 Plätze angefahren. Die Schönheiten der Tauchplätze sind nicht zuletzt das Ergebnis starker Strömungen, die durch vermehrte Planktonzufuhr die Korallen besonders groß „erblühen" lassen. Die oft wechselhaften Strömungen setzen jedoch taucherische Erfahrung voraus.

Helengeli fasziniert auch viele Wracktaucher. Am Dhon La Faru Reef im Süden der Insel sank im Februar 1991 ein Holzschiff von den Lakkadiven, und am Helengeli Reef scheiterte am 24. Januar 1962 die *Dharuma*, ein Segelschiff der maledivischen Regierung. Am gleichen Riff versank am 20. Mai 1890 die 1397 BRT große *Swiss* auf ihrem Weg von Pondicherry nach Marseille. Das Wrack wurde allerdings noch nicht gefunden. Am Riff von Gaafaru Falhu liegen weitere Wracks aus dem 19. und 20. Jh.

Helengeli eröffnete 1979 als Touristeninsel. Acht Jahre später wurde die Hotelanlage komplett renoviert, Mitte der Neunziger erfolgten weitere Umbauarbeiten. Warmes und kaltes Wasser sowie Klimaanlagen sind Standard im **OBLU Helengeli**. Eine moderne Tauchschule prägt das sportliche Zentrum der Insel. Die Landschaft ist gepflegt und urwüchsig zugleich; die schönen Bungalows (50 Zimmer) fügen sich harmonisch in die Umgebung ein. Helengeli ist nicht nur eine Insel für Taucher, sie bietet auch anderen Wassersportlern ein großes Programm.

Fazit: Das gelungene Sport- und Freizeitangebot, eine ausgesprochen ruhige Atmosphäre und fehlender Diskolärm machen die Insel zu einem idealen Refugium für all jene, die sich nach Ruhe, Entspannung und echtem Robinsonfeeling sehnen.

» Karte S. 78, Info S. 106-107

Foto: Pankaj Shah

Adaaran Select Hudhuranfushi (Lohifushi)

Hudhuranfushi (früher: Lohifushi) wurde 1979 für den Tourismus freigegeben. Die Insel im Osten des Atolls ist 800 m lang, etwa 350 m breit, mit dichter tropischer Flora. Nach einer grundlegenden Renovierung kam es dann unter das Management des Vier-Sterne-Hotelresorts Adaaran Select, für All-inclusive-Urlaub in 202 Zimmern in Reihen-, Einzel- und Wasserbungalows. Alle Zimmer sind sehr komfortabel eingerichtet, mit Badewanne, Außendusche und Minibar.

Drei Restaurants sowie drei Bars sorgen für abwechslungsreiche kulinarische Genüsse und Erfrischungen.

Sportlich ambitionierte Besucher finden auf der Insel ein ausgezeichnetes Angebot vor. Tennis- und Squashplätze sind ebenso vorhanden wie ein Fitnesscenter. Man kann auch Fußball oder Tischtennis spielen. Wassersport steht ganz oben auf der Liste der Aktivitäten. Surfen, Segeln und Tauchen sind selbstverständlich im Angebot: Die Gewässer rund um die Insel gelten als beste Surfspots im Nord-Male-Atoll. Die eindrucksvollen Tauchplätze an der Ostseite des Nord-Male-Atolls begeisterten schon Tausende von Tauchern. Bei Niedrigwasser ist ein Spaziergang zu der nur 500 Meter entfernten Insel **Gasfinolhu** möglich (s. S. 89). Bootsausflüge führen nach Male oder auf nahegelegene Einheimischeninseln.

Huvafenfushi Maldives (Nakachchaafushi)

Diese 350 m lange und 100 m breite Insel liegt etwa 25 km von Hululhe an der Westseite des Nord-Male-Atolls. Der Tourismusbetrieb begann hier 1979. 2004 eröffnete auf Nakachchaafushi ein exklusives Luxusresort, die Insel wurde in **Huvafenfushi** umbenannt.

Dolce Vita pur bieten die üppig ausgestatteten Lagunen- und Ozeanbungalows. Auf Stelzen gebaut, verbinden

Oben: Am Strand des Kurumba Maldives Resort.

» Karte S. 78, Info S. 106-107

sie architektonische Ästhetik mit Naturnähe und unverstelltem Fernblick. Zu den acht Beach-Bungalows (125 m^2), acht De-Luxe-Beach-Bungalows (160 m^2) und einem Beach-Pavillon samt Privatstrand (800 m^2 Gesamtfläche) kommen noch zwölf Lagoon-Bungalows (130 m^2) mit Terrasse; die rund drei Dutzend Ocean Villas in der Lagune gibt es als Bungalows mit 160 m^2 und Ocean-Pavillons mit 335 m^2 Fläche. Alle verfügen über einen eigenen Pool.

Sensationell ist das erste **Unterwasser-Spa** der Welt: Für Wellness-Treatments geht es hinab auf den Meeresgrund, im großzügigen Behandlungsraum geben Panoramascheiben den Blick auf die Unterwasserwelt frei. Auch der Weinkeller liegt unter der Wasserlinie. 24-h-Speise-Service ist so selbstverständlich wie DVD-Player und Plasma-TV in allen Zimmern.

Wunderschöne Sandstrände säumen die Insel. Die Breite der Strände variiert saisonal mit der Intensität der Monsunwinde. Ideal für Wassersport ist die nur neun Meter tiefe Lagune. Das Hausriff mit guten Schnorchelmöglichkeiten und zwei Einfahrten liegt im Südosten, 150 m von der Insel entfernt. Wen es in größere Tiefen zieht, der nutzt die täglichen Tauchausfahrten zum Außenriff oder zu den spektakulären Tauchplätzen innerhalb des Atolls. Spannende Abstiege versprechen auch Strömungstauchgänge in den Kanälen zwischen Atoll und Außenriff.

Kurumba Maldives (Kurumba / Vihamanaafushi)

Kurumba wechselte im Lauf der Geschichte mehrfach den Namen. In alter Zeit hieß die Insel Viharanapura. Wegen dieses Sanskritnamens nimmt man an, dass auf der Insel einst ein buddhistisches Kloster stand. Später nannte man das Eiland Vihamanaafushi. *Viha* bedeutet in Dhivehi „Gift", *maana* heißt „verboten". Der erste maledivische Präsident, Mohammed Amin Didi, wurde 1954 nach seiner Ermordung auf der Insel bestattet. Sein unauffälliges Grab befindet sich in der Nähe des Rezeptionsgebäudes.

1972 eröffnete auf der 500 m x 250 m großen Insel das erste Touristenhotel der Malediven. Das Eiland benannte sich daraufhin in Kurumba Village um, was „Kokosnussdorf" bedeutet – der Begriff *kurumba* steht in der Dhivehi-Sprache für „junge Kokosnuss". In den 1980er-Jahren wurde die Hotelanlage von Grund auf renoviert, einen weiteren Umbau erfuhr sie 2003. Heute zählt das **Kurumba Maldives**, das weltweit in Reiseprospekten beworben wird, zu den beliebtesten Hotelanlagen der Malediven. Dafür sorgt nicht nur der hohe Standard der Unterkünfte, die als 5-Sterne-Bungalows angeboten werden, sondern auch Einrichtungen wie zwei Süßwasserpools, acht Restaurants, ein Fitnesscenter mit Sauna, ein Spa, zwei Tennisplätze mit Flutlicht und ein Konferenzzentrum, das besonders unermüdliche Geschäftsleute zu schätzen wissen. Alle 180 Zimmer haben eine Terrasse mit Meerblick. Es gibt sechs luxuriöse Junior- und vier Präsidentensuiten. Die Bungalows wurden geschickt in die dicht mit Kokosnusspalmen und tropischem Buschwerk bewachsene Insel integriert.

Im Bereich des Schiffsanlegers befinden sich die schönsten Strandabschnitte. Die Lagune im Süden von Kurumba eignet sich sehr gut zum Schnorcheln, da hier die Korallen mit ihrem Fischreichtum bis dicht unter die Oberfläche reichen. Gerätetaucher können am 50 bis 100 m entfernten Hausriff ihrem Hobby nachgehen oder viele der bekannten Plätze nahe der Insel mit dem Boot aufsuchen. Auch andere Wassersportarten sind möglich.

Makunudu Island Resort (Makunudhoo)

Makunudu liegt in der Nähe des Außenriffs im nördlichen Teil des Nord-

Foto: Josef Beck (Silvestris Online)

Male-Atolls. Die Insel, deren Form ein wenig an einen Tropfen erinnert, misst 210 m x 100 m. Von Hulhule ist sie 35 km entfernt. *Maku* steht in Dhivehi für eine Art Blutegel. *Makunudhoo* als ganzes Wort bedeutet auch „Affenzunge", was eher zutreffen und auf die Inselgestalt hinweisen könnte. Makunudu diente einst Dhonis, die zwischen den nördlichen Atollen und Male verkehrten, als geschützter Übernachtungsplatz. Der Franzose François Pyrard machte hier 1602 auf seiner Fahrt nach Male Zwischenstation, nachdem sein Schiff *Corbin* am Fulhadhoo Reef aufgelaufen war.

Die Insel öffnete 1983 unter dem Namen **Makunudu Island Resort** ihre Pforten. Nach gründlicher Renovierung besitzt die Anlage heute eine typisch maledivische Atmosphäre mit Annehmlichkeiten wie Klimaanlagen

Oben: Billardspielen – Zeitvertreib für sonnenmüde Gäste. Rechts: Die Grand Beach Villa des One & Only Reethi Rah ist eingebettet in die üppige Vegetation der Insel.

und Warmwasserduschen. Die 36 palmengedeckten Einzelbungalows bieten gepflegten Komfort und sind auf der dicht bewachsenen Insel sehr geschickt der natürlichen Umgebung angepasst – echtes Tropengefühl also! Das Restaurant bietet asiatische ebenso wie auch internationale Köstlichkeiten an, und die Sand Bar ist perfekt für einen stilvollen Sundowner.

Makunudu ist eine ideale Destination für leidenschaftliche Taucher. Das Außenriff lockt mit Artenvielfalt, Unterwassernaturschutzgebiete versprechen einmalige Begegnungen mit seltenen Meeresbewohnern, und spannende Strömungstauchgänge in den Kanälen sind Höhepunkte in jedem Taucherdasein. Nicht weit entfernt liegt **Gaafaru Falhu**, das größte Einzelriff des maledivischen Archipels und zugleich größter Schiffsfriedhof der Malediven.

Meeru Island Resort (Meerufenfushi)

Meerufenfushi, was soviel wie „Süßwasserinsel" bedeutet, ist die größte

» Karte S. 78, Info S. 106-107

Foto: Reethi Rah One&Only Resorts

Insel des Nord-Male-Atolls. Sie liegt an der Ostseite und misst 1200 m in der Länge und 500 m in der Breite. Der Transfer vom 37 km entfernten Flughafen auf der Insel Hulhule dauert mit dem Speedboot 55 Minuten.

Das Eiland ist dicht mit Palmen und immergrünem Buschwerk bewachsen, fast vollständig von einem schönen Sandstrand umgeben und besonders bei Familienurlaubern sehr beliebt (mit Kinderpool).

Meru, so die Kurzbezeichnung, einmal zu umwandern, dauert 45 bis 60 Minuten. Die große Lagune im Westen eignet sich ideal zum Wasserskifahren und Surfen und bietet zusätzlich besten Badespaß. Auf dem feinen Sandgrund der Lagune stehen keine scharfkantigen Korallen im Flachwasser.

Obwohl Meerufenfushi bereits 1978 eröffnete und damit zu den älteren Touristeninseln der Malediven zählt, überzeugt das sehr familienfreundliche **Meeru Island Resort** mit einem gepflegten Erscheinungsbild. Die 286 Zimmer verteilen sich auf Wasservillen und Reihenbungalows der Superior- und De-Luxe-Kategorie sowie auf Suiten. Zwei Buffet- und drei À-la-carte-Restaurants verwöhnen die Gäste mit ausgezeichneter internationaler Küche. Zwei Coffeeshops und sieben Bars servieren kleine Snacks, Getränke und exotische Cocktails.

Selbstverständlich gehören Wassersport, ein Spa und andere Freizeitaktivitäten zum Angebot des Hotels. Wer mag, kann an Ausflügen zur benachbarten Einheimischeninsel **Dhiffushi** teilnehmen und sich dort mit malediventypischen Souvenirs eindecken.

Das Hausriff liegt ungefähr 250 m von der Insel entfernt, das Außenriff etwa 500 m. Für Schnorchler ist das fast zu weit, so dass von der Tauchbasis Bootstransfers zum Hausriff und zu den zahlreichen Tauchplätzen in der Umgebung organisiert werden. Viele erfahrene Malediven-Taucher schätzen Meerufenfushi wegen der vielen guten Tauchplätze, die sich unmittelbar um die Insel und insbesondere entlang des Außenriffs verteilen.

» Karte S. 78, Info S. 106-107

Foto: Josef Beck

One & Only Reethi Rah Maldives (Medhufinolhu)

Die lang gestreckte, etwa 800 m x 100 m große Insel Reethi Rah liegt direkt am nordwestlichen Rand des Nord-Male-Atolls, ist 41 km vom Flughafen Hulhule entfernt. Speedboote erreichen die Insel in etwa einer Stunde. Die frühere Bezeichnung Medhufinolhu weist auf eine mittelgroße Insel hin, *medhu* = „mittelgroß", *finolhu* = „Sandinsel". Die Anlage eröffnete 1979 als Medhufinolhu Tourist Resort und wurde später in Reethi Rah Resort umbenannt, was „hübsche Insel" bedeutet. 2005 erwarb die Kette „One & Only" die Insel und baute sie zum Sechs-Sterne-Luxusresort **One & Only Reethi Rah** um. Das mittelgroße Eiland bietet eine wunderbare Inselatmosphäre mit üppiger Vegetation aus Palmen, Papayabäumen und Sträuchern, die in vielen Farben blühen. Eine traumhafte Lagune hat Reethi Rah auch bei Windsurfern sehr populär gemacht. Zum Baden eignet sich allerdings besser die Ostseite der Lagune; im Westen, wo die Wasserbungalows stehen, ist sie etwas zu flach.

130 exklusive, geräumige Villen, davon 32 Wasservillen, in sechs Kategorien stehen dem anspruchsvollen Gast zur Verfügung. Jede verfügt entweder über einen Privatstrand oder ein eigenes Deck über der Lagune. Ein riesiger Badbereich mit Entspannungswanne, große Plasma-Fernseher mit DVD-Player, eine sehr gut ausgestattete Hausbar sowie ein ganz persönlicher „Villa Host", der sich Tag und Nacht um jeden Wunsch kümmert, sind auf dem Luxuseiland selbstverständlich.

Vier Restaurants (eines davon über dem Wasser) verwöhnen mit exklusiven Genüssen, auf Wunsch kann man auch rund um die Uhr im privaten Ambiente seiner Villa speisen. Ein „Kids-only-Programm" entlastet gestresste Eltern.

Ein nobles Spa, ein Fitnesscenter sowie ein Pavillon für Yoga und Tai Chi gehören ebenfalls zum Angebot. Aktive

Oben: The Haven hat luxuriöse Wasservillen zu bieten. Rechts: Sonnenanbeter.

» Karte S. 78, Info S. 106-107

können außerdem Katamaran fahren, segeln, surfen – und natürlich tauchen. Die Lage der Insel an der Atollaußenseite verspricht eindrucksvolle Tauchgänge. In der nahen Umgebung liegen viele bekannte Tauchplätze, an denen sich häufig auch die Tauchschiffe von den Nachbarinseln einfinden.

Paradise Island Resort / The Haven (Lankanfinolhu)

Lankanfinolhu liegt im südöstlichen Bereich des Nord-Male-Atolls, nur 12 km von Hulhule entfernt. Ein Schnellboot benötigt vom Flughafen zur Insel lediglich 20 Minuten.

Die 900 m lange und 200 m breite Insel mit dem **Paradise Island Resort** (220 Strandzimmer; 40 Stelzenbungalows: Water Villas, die in der Lagune über dem Wasser stehen) wurde 2009 grundlegend renoviert und präsentiert ihren Gästen seitdem auch das luxuriöse **The Haven** mit 62 Zimmern in Pfahlbauten: Water und Haven Villas, Haven und Ocean Suites. Sechs Restaurants versorgen die Urlauber, darunter auch ein italienisch-mediterranes und ein auf Meeresfrüchte spezialisiertes. Fünf Bars sorgen für Abwechslung.

Den Besuchern werden neben einem umfangreichen Sportprogramm (Tauchschule, Fitnessraum, Tennis, Squash, Badminton, Billard, Ballspiele, Tischtennis) auch andere Freizeitaktivitäten, wie Billard, Karaoke, Krabbenrennen und Tanzwettbewerbe, angeboten.

Wer mag, kann tagsüber bei Niedrigwasser zur Nachbarinsel **Hudhuveli** wandern oder eine Shopping- und Besichtigungstour nach **Himmafushi**, der nächstgelegenen Einheimischeninsel, unternehmen. Entspannen kann man in der Sauna, im Dampfbad oder bei einer Massage .

Ein schöner Strand an der Nordseite verlockt zum Baden, die herrliche Lagune zum Surfen und Segeln.

Vornehmlich steht die Insel im Zeichen des Tauchsports. Zahlreiche

Foto: Pankaj Shah

bekannte, regelmäßig angefahrene Tauchgründe liegen in der näheren Umgebung der Insel. Das Hausriff an der Westseite von Paradise Island ist noch völlig intakt. Das östlich gelegene Außenriff ist nur 500 m entfernt und begeistert durch die atemberaubende Unterwasserszenerie. Von Juni bis Oktober finden sich an der südöstlichen Seite der großen Lagune häufig Mantarochen am Riff ein. Sie können eine Flügelspannweite von bis zu sieben Metern erreichen. Ihr Anblick ist ein unvergessliches Erlebnis!

Gili Lankanfushi

Die 500 m x 230 m große Insel **Lankanfushi** wechselte mehrmals ihr Management. 1980 öffnete hier das Hudhuveli Beach Resort seine Pforten. Ende der 90er-Jahre wurden die Unterkünfte komplett umgestaltet, 2001 startete die neue Anlage als Soneva Gili by Six Senses in die Saison. Das Resort gehört unter neuem Management als **Gili Lankanfushi** zu den Top Five der maledi-

» Karte S. 78, Info S. 106-107

Foto: Udo Kefrig

vischen Hotelinseln, ein Robinsonade-Nobelresort („no news, no shoes"). Auffällig ist der gewollte Kontrast zwischen dem Äußeren der Bungalows, die ob ihrer schlichten Bretterfassaden eher behelfsmäßig zusammengezimmert wirken, und der dahinter verborgenen Exklusivität.

Alle 45 Luxusunterkünfte stehen auf Stelzen in der großen Badelagune; die meisten sind durch Stege verbunden. Die dicht bewachsene Insel ist dem Sport und der Erholung vorbehalten. Die Villen werden in drei Preiskategorien angeboten, acht von ihnen (die teuersten) sind nur mit einem eigenen Boot zu erreichen. Naturbelassenes Ambiente mit viel Understatement auf der einen Seite, Luxus pur auf der anderen, in Räumlichkeiten von 210 bis – in der exklusiven *Private Reserve* – 1400 m². Der eigene Room Boy oder auf Wunsch ein Butler ist selbstverständlich. Viele Sportarten sind inklusive, wie Windsurfen, Kanufahren, Hobiecat, Yoga, Thai Chi oder Volleyball; kostenlos ab drei Tagen Aufenthalt sind auch einige Wellnessbehandlungen. Für spezielle Spa-Angebote. motorisierte Sportboote oder Tauchen muss man tiefer in die Tasche greifen.

Oben: Das Taj Coral Reef Resort auf der Insel Hembadhoo.

Summer Island Village (Ziyaaraiyfushi)

Zur Geschichte der Insel gibt es gleich zwei überlieferte Versionen. Während die eine besagt, die 250 m lange und 60 m breite Insel habe es vor 100 Jahren noch gar nicht gegeben, berichtet die andere von einer jahrhundertelangen Existenz. Danach bedeutet *ziyaaraiy* „Rastplatz" oder „Grabstelle eines heiligen Mannes". Die Legende besagt, dass ein Mann namens Mathukkalaa' hier begraben liegt. Es heißt, er sei der Enkel des christlichen maledivischen Königs Hassan IX. (getauft 1552 in Cochin). Mathukkalaa' und sein Bruder segelten während der Regentschaft von Ibrahim Iskandar I. (1648-87) von Indien nach

» Karte S. 78, Info S. 106-107

Male, um den Sultansthron einzunehmen. Der Bruder wurde in der Hauptstadt ermordet, Mathukkalaa' ertrank, und seine Leiche wurde an den Strand von Ziyaaraiyfushi gespült.

Die moderne Geschichte der Insel am Westrand des Nord-Male-Atolls begann 1983 mit der Eröffnung des Ziyaaraiyfushi Island Resort. Ziyaaraiyfushi besitzt einen der schönsten Strände der Malediven mit einer großen, flachen Lagune. Die schön eingerichteten Bungalows (108 Zimmer, darunter 92 Standard Rooms und 16 Water Villas) befinden sich unter schattigen Palmen, und Terrassen gewähren einen wunderbaren Blick auf das Meer. Durch die Lage am Außenriff bietet die Insel viele beeindruckende Tauchreviere. Weitere Wassersportarten, die auf Summer Island angeboten werden, sind Segeln, Wasserski, Angeln, Kanufahren und Windsurfen.

Vivanta by Taj – Coral Reef, Maldives (Hembadhoo)

Hembadhoo ist eine fast kreisrunde Insel mit nur etwa 200 m Durchmesser. Sie liegt am nordwestlichen Rand des Nord-Male-Atolls. Die dicht bewaldete Insel öffnete sich dem Tourismus 1982 unter dem Namen Hembadhoo Island Resort. Seit 1998 in der Hand der Taj Gruppe, hat das **Vivanta by Taj – Coral Reef** jetzt 62 Zimmer: Wasserbungalows (Water Villas) und Beach Villas. Alle sind komfortabel ausgestattet und verfügen über Sonnendecks, von den Water Villas kann man über eine Leiter direkt ins Wasser steigen. Drei Restaurants und zwei Bars sorgen fürs leibliche Wohl, ebenso – wenn auch auf andere Art – das Spa. Für Aktive gibt es viele Sportangebote sowie einen Pool.

Die Insel gilt als ideale Taucherdestination. Es gibt ein Hausriff mit zahlreichen wunderschönen Korallenblöcken, zwischen denen sich über den Sandflächen unzählige Fische tummeln. Obwohl das ausgedehnte Hausriff in der Vergangenheit stark betaucht wurde, ist es nach wie vor attraktiv und ermöglicht abwechslungsreiche Taucherlebnisse.

Ein taucherisches Highlight der Insel, das auch von geübten Schnorchlern bewundert werden kann, ist das Wrack eines kleinen, etwa 16 m langen Hafenschleppers, das in der Nähe des Anlegers in einer Tiefe zwischen 15 und 22 m aufrecht auf dem Grund steht. Es wurde von den Betreibern der Tauchschule 1988 versenkt, um ein künstliches Riff zu schaffen. Heute, nach mehr als 20 Jahren, leben hier bereits Populationen von Meeresorganismen jeglicher Art. Im Maschinenraum des Wracks „wohnt" eine große Muräne. Auf der Brücke dominieren große Glasfischschwärme.

Thulagiri Island Resort (Thulhagiri)

Thulhagiri, 1980 eröffnet und zehn Jahre später völlig umgebaut, stand einst unter dem Management des Club Mediterranée. Inzwischen wird das Eiland als **Thulagiri Island Resort & Spa** vermarktet.

Die etwa 300 m x 200 m messende und mit hohen Palmen bewachsene Insel liegt mitten im südwestlichen Teil des Nord-Male-Atolls und besitzt einen wunderschönen weißen Sandstrand und eine türkisblaue Lagune. Die insgesamt 52 Deluxe-Zimmer mit Strohdächern sind freundlich eingerichtet und verfügen über Klimaanlage, Bad (WC/Dusche, Föhn), TV, einen Kühlschrank und eine eigene Terrasse. Die 34 Wasserbungalows entlang von zwei Stegen haben achteckige Form. Zu allen Mahlzeiten wartet auf die Gäste ein reichhaltiges Büffet, wobei man bei Buchung die Wahl zwischen Halbpension, Vollpension oder All-inclusive hat.

Thulhagiri zeichnet sich durch traumhafte Strände aus, die erstklassige, malediventypische Fotomotive bieten. Wer nicht in der Lagune baden möchte, kann im Meerwasserpool schwimmen.

Das Sportprogramm ist vielseitig

Foto: Pankaj Shah

und bietet neben Tauchen und Surfen auch Segeln, Tischtennis, Volleyball und Badminton an. Die Tauchschule unternimmt Ausfahrten zu den attraktivsten Rifflandschaften in der Nähe.

Die Einheimischen- und Ausflugsinseln im Nord-Male-Atoll

Aarah

Aarah liegt nordwestlich von Male, nur wenige Kilometer von der Touristeninsel Kurumba entfernt. Das kleine Eiland wird als Ferieninsel des Staatspräsidenten genutzt und ist der Öffentlichkeit nicht zugänglich.

Akirifushi

Der Name Akirifushi bedeutet „Koralleninsel". Die unbewohnte Insel im Nordwesten des Nord-Male-Atolls wird gern von Fischerbooten aufgesucht. In unmittelbarer Nähe des Eilands erstreckt sich das Riff Himmiya Faru. Ein *himmiya* ist ein Gebiet zwischen zwei Riffen, eine Art Lagune mit zwei Zufahrten, das sicheres Ankern ermöglicht. Bei Südwest- oder Nordostmonsun sind diese Plätze besonders gut geschützt.

Die Riffe um Akirifushi bieten hervorragende Tauch- und Schnorchelmöglichkeiten. Ein bekannter Tauchplatz sind die **Akirifushi Caves** im Süden.

Dhiffushi

Die Einheimischeninsel Dhiffushi befindet sich nahe des Touristeneilands Meerufenfushi am Ostrand des Nord-Male-Atolls. Südlich der Insel erstreckt sich ein beliebtes Tauchrevier, das Riff **Dhiffushi Falhu**. Am Riff vor der Insel versanken drei Baggalas (Segelschiffe, s. S. 37): Die *Dheen Ganja* 1898, die *Deylaa* 1902 und die *Jandar* 1911.

Die wichtigste Einnahmequelle hier ist der Fischfang. Fast täglich segeln Dhonis mit fangfrischem Thunfisch zum Fischmarkt nach Male.

Oben: Am Pfadfindertreffen auf Feydhoo Finolhu nehmen maledivische Jungen und Mädchen teil.

» Karte S. 78, Info S. 106-107

Dhoonidhoo

Die winzige, 230x300 m kleine Insel liegt 2 km nördlich von Male. Der Dhivehi-Name bedeutet „Vogelinsel"; aber nicht für gefiederte Tiere ist das Eiland heute bekannt, sondern für seine Funktion als Gefängnisinsel.

Das alte Haus, das auf Dhoonidhoo steht, diente bis 1964 dem britischen Gouverneur als Residenz.

Feydhoo Finolhu

Im Nordwesten von Male, unweit der Hauptinsel, liegt Feydhoo Finolhu. Das Eiland wird treffend als „Erziehungsinsel" bezeichnet: Kinder und Jugendliche besuchen hier in einer Art Korrekturanstalt Unterrichtsseminare und Pfadfinderkurse. Die Insel war 1960 völlig weggespült, dies war teilweise das Ergebnis zu großer Sandentnahme für Bautätigkeiten auf den umliegenden Inseln. Sie erneuerte sich später wieder, einerseits durch natürliche Meeresströmungen, andererseits durch zusätzliche Aufspülungen aus der Lagune.

Funadhoo

Funadhoo nördlich der Landeshauptstadt Male war in der Vergangenheit stets eine strategisch wichtige Insel, die ihren Anteil am Wechselspiel um die Vorherrschaft auf dem Maledivenarchipel hatte. *Funa* bezeichnet in Dhivehi einen Hartholzbaum (*Calophylluminophyllum*) mit weißen Blüten, und *dhoo* bedeutet „Insel".

Schiffe warfen früher im Außenhafen auf der Westseite von Funadhoo und weiter nordwärts bis nach Dhoonidhoo und Galu Falhu ihre Anker. Viele von ihnen trieben durch Unwetter, Strömungen, Wind und Wellen, aber auch durch Unachtsamkeit in diesen Gewässern ab und gingen unter. Mit etwas Glück können Taucher noch heute einige Überreste und Wrackteile der versunkenen Schiffe finden.

Auf Funadhoo können historisch Interessierte einige Gräber sehen, wie das von Captain J. C. Overend, der 1797 in Male starb, nachdem er mit seinem Schiff, der *Tranquebar*, an einer der Inseln gestrandet war. Das Wrack des Schiffes wurde bis heute nicht entdeckt.

Eine weitere bekannte Persönlichkeit ist hier begraben, wenn auch unvollständig. Es handelt sich um den Kopf von Utheemu Ali Thakurufaan, einem maledivischen Freiheitskämpfer. Acht Jahre kämpfte er mit seinen berühmten Brüdern Muhammad, Nationalheld der Malediven, und Hassan gegen die Portugiesen, bis diese 1573 aus Male vertrieben werden konnten. Dafür zahlte Utheemu Ali einen hohen Preis: Er wurde kurz vor der Befreiung von den Besatzern erschlagen, sein Haupt wurde dem portugiesischen Gouverneur als Geschenk überreicht. Den Maledivern aber gelang es, den Kopf zu erbeuten. Sie setzten ihn dann heimlich auf Funadhoo bei. Der Torso wurde auf Thakandhoo im Haa-Alifu-Atoll beerdigt.

Funadhoo wurde schon immer von der Regierung genutzt. Früher standen hier eine Raffinerie für Haiöl, eine Mühle für Kokosfasern zur Seilherstellung und eine Geflügelfarm. Heute dient Funadhoo als Tankinsel für die Ölbevorratung.

Gaafaru

Gaafaru ist eine abgelegene kleine Einheimischeninsel im Norden des Nord-Male-Atolls, auf der etwa 1000 Menschen leben. Das einsame Eiland liegt am größten Einzelriff der Malediven, dem **Gaafaru Falhu**. Das ovale Riff von Gaafaru Falhu ist 15 km lang, 8 km breit und besitzt zwei tiefe natürliche Einfahrten auf der Nordseite sowie eine flachere nahe der Insel Gaafaru. Die Bewohner der Insel, vornehmlich Fischer, sind sehr gastfreundlich und gegen ein Trinkgeld gern bereit, Besucher mit einem *bodu-beru*-Tanz zu erfreuen.

Der nördlich an Gaafaru vorbeiführende Kanal **Kaashidhoo Kuda Kandu**

» Karte S. 78, Info S. 106-107

ist seit langem einer der wichtigsten Wasserwege durch die Malediven.

Bei Sturm ist das Riff von Gaafaru Falhu wegen der hohen Wellen und fehlenden Gischt so gut wie unsichtbar. In diesem tückischen Gebiet scheiterten schon viele Kapitäne – sie liefen am Gaafaru Falhu auf.

Am 12. August 1873 versank die *Aracan* aus Glasgow, ein 1174-Tonnen-Schiff, das auf seiner Route von Rangun nach London voll beladen mit neun Passagieren und 34 Mann Besatzung das Riff rammte. Auch die *Clanalpine*, eine 363-Tonnen-Barke mit Holzrumpf, die sich im Jahr 1879 mit einer Ladung Zucker auf dem Weg von Mauritius nach Bombay befand, scheiterte an diesem gefährlichen Riff.

Das gleiche Schicksal ereilte die deutsche *Erlangen* etwa einen Kilometer westlich des Iruwai Kandu, der zweiten Einfahrt in die Lagune. Sie strandete am 20. August 1895. 1879 versank die *SS Sea Gull* etwas weiter östlich. Dieses 1012-Tonnen-Schiff mit 32 Mann Besatzung und drei Passagieren war auf dem Weg von Kalkutta nach London. 1905 sank in der Nähe der flachen Einfahrt nach Gaafaru das mit Zucker beladene Dampfschiff *SS Crusader* (4210 BRT). Die 863 BRT messende *Lady Christine* scheiterte als letztes Schiff am 16. April 1974 etwa 200 m westlich des Hulhangu Kandu, der ersten Einfahrt ins Innere der Lagune von Gaafaru.

Girifushi

Diese Insel im Osten des Atolls, nahe einem der spektakulärsten Tauchplätze der Region, dem **HP Reef** oder **Girifushi Thila**, wird gern von erfahrenen Tauchern der Touristeninseln Gasfinolhu, Club Med Kani, Four Seasons Resort, Hudhuveli und The Haven genutzt. Girifushi ist auch militärisches Trainingslager, daher ist das Gebiet um die Insel häufiger gesperrt und somit das Tauchen an einem der interessantesten Maledivenriffe nicht immer möglich.

Rechts: Bei Kuredhigadu treffen Taucher manchmal auf gigantische Walhaie.

Himmafushi

Die Einheimischeninsel Himmafushi liegt im Südosten des Nord-Male-Atolls, zählt heute knapp 750 Einwohner und war ehemals eine bedeutende Fischerinsel. Heute haben sich die Menschen vornehmlich auf den Tourismus eingestellt und leben in erster Linie von handwerklichen Produkten sowie vom Souvenirverkauf. Die Insel wird regelmäßig von Gästen der benachbarten Ferienanlagen Soneva Gili by Six Senses, Dhonveli und Club Med Kani besucht.

Schon in der Anfangsphase des Tourismus gab es auf Himmafushi bis 1984 ein preisgünstiges Gästehaus. Dieses wurde jedoch von der Regierung geschlossen. Inzwischen gibt es ein kleines Surfer-Hotel. Die Insel ist auch für angemeldete Tagesbesucher geöffnet, aber deren Aufenthalt wird nur bis 18 Uhr geduldet.

Himmafushi hing in der Vergangenheit mit der Insel Gaamaadhoo zusammen. Durch Strömungen und daraus resultierende Sandverlagerungen teilte sich die Insel in zwei Hälften.

Auf Gaamaadhoo befand sich einst ein Gefängnis, heute ist es eine Entzugsanstalt für Suchtkranke – ein aktuelles Problem, das auf den Malediven offiziell kaum existiert.

Das Außenriff von Himmafushi bietet für Brandungssurfer ideale Voraussetzungen; jedoch wurde es aus Sicherheitsgründen für Surfer gesperrt.

Kagi

Kagi, eine kleine, unbewohnte Insel mit einer pittoresken Szenerie, liegt im Norden im Inneren des Atolls nordwestlich von Helengeli und befindet sich in maledivischem Privatbesitz. Das kleine Eiland besitzt eine flache Lagune sowie einen wunderschönen, schneeweißen

» Karte S. 78, Info S. 106-107

Foto: Udo Kefrig

Sandstrand. Ein intaktes Hausriff mit großem Fischreichtum lockt zahlreiche Taucher und Schnorchler an. Tauchschiffe und Safariboote, die mit Picknickgästen die Insel anlaufen, können durch einen schmalen Durchlass im Riff in die geschützte Lagune einfahren. Für Übernachtungen oder ein Picknick ist ein kleiner Obolus an den Inselinhaber zu entrichten. Das Meeru Island Resort unternimmt Inselausflüge dorthin.

Kanduoiygiri

Die Insel im Süden des Atolls, nahe Bandos und nordwestlich von Full Moon (dem ehemaligen Furanafushi), dient der Frischfischverarbeitung.

Immer wieder werden die sehr seltenen Seekühe oder Dugongs, in Dhivehi *kandu-geri* genannt, nachts an der Insel gesichtet. In der maledivischen Mystik gelten sie als *dhevi*, als Geist, der manchmal sichtbar und manchmal unsichtbar ist. In dieser Wechselfunktion können sie sowohl Unheil bringen als auch Gutes – sicher weiß man das nie. Deshalb bringen ihnen die Menschen Opfergaben dar. Als unheilbringende Geister werden Seekühe meist in mondhellen Nächten angesehen.

Seekühe wurden früher auch hin und wieder bei Vihamanafushi im Nord-Male- sowie bei Fihalohi und Gulhi im Süd-Male-Atoll beobachtet. Ein Tier wurde 1986 bei Vattaru im Felidhoo-Atoll gesichtet. Dugongs sind heute nicht nur im Indischen Ozean sehr selten, sondern weltweit vom Aussterben bedroht.

Kuda Bandos

Die Einheimischeninsel Kuda Bandos, übersetzt: „kleines Bandos", befindet sich in direkter Nähe zum Touristeneiland Bandos, südöstlich von diesem. Diese in der Tat kleine Insel ist bei den Bewohnern von Male ein beliebtes Ziel für Tagestouren. In der Vergangenheit war der schmale Wasserweg zwischen Bandos und Kuda Bandos exklusiv für Schiffe des Sultans reserviert, um eilige Meldungen schnell nach Male bringen zu können.

» Karte S. 78, Info S. 106-107

Kuredhigadu

Die sehr kleine Insel Kuredhigadu liegt auf der Nordseite des Furanafushi-Riffs nahe der Touristeninsel Full Moon. In der Zeit des Südwestmonsuns können Taucher mit etwas Glück dort riesige Walhaie beobachten, die an der Riffaußenkante über Kuda Kahli und Bodu Kahli entlangziehen. Am 25. Dezember 1923 sank bei stürmischer See eine voll beladene Baggala am Riff von Kuredhigadu. Vom Wrack ist nur noch der Anker zu finden, der etwas abseits, nördlich von Furanafushi (Full Moon), in 32 m Tiefe auf dem Riff liegt.

Madivaru

Die Insel Madivaru liegt an der Westseite des Nord-Male-Atolls in unmittelbarer Nähe zum Madivaru Kandu, an dem sich häufig die Tauchschiffe der benachbarten Touristeninseln Reethi Rah und Taj Coral Reef einfinden. Das hübsche Eiland befindet sich in maledivischem Privatbesitz.

Olhahali

Die kleine, unbewohnte Picknick-Insel im Norden des Nord-Male-Atolls, gegenüber dem Riffkomplex von Gaafaru Falhu, erfährt derzeit eine Renovierung ihrer Infrastruktur. Davor war, trotz der spärlichen Vegetation, das Eiland bei Tagesausflüglern, Schnorchlern und Tauchern sehr beliebt. An der Insel-Nordseite zieht sich der flache Kanal Olhahali Kandu entlang. Der Riffkomplex von Huss Faru bietet Booten bei Nacht einen sicheren Ankerplatz.

Rasfari

Rasfari im Westen des Nord-Male-Atolls zeichnet sich besonders durch die schönen Riffe in der Umgebung aus.

Rechts: Den Rhythmus und das Tempo der traditionellen bodu-beru-Tänze geben die Trommler vor.

Die unbewohnte Insel ist von einem weiten, flachen Riff umgeben. Wegen der Unberührtheit und Schönheit der Unterwasserwelt stellte die maledivische Regierung Rasfari und die umliegenden Riffe unter Naturschutz.

Thamburudhoo

Thamburudhoo im Osten des Nord-Male-Atolls am Außenriff nahe der Touristeninsel Dhonveli (früher Kanu Huraa bzw. Tari Village) bietet acht Bungalows für Tagesbesucher. Die Insel ist nach einer Pflanze (*Biloba pescaprae*) benannt, die herzförmige Blätter und violette Blüten hat und sich rankenartig über Sandböden ausbreitet. Die herzförmigen Früchte werden in der einheimischen Medizin verwendet. Thamburudhoo bietet zur Südwestmonsunzeit an der Außenriffseite Wind und Wellen für Surfer.

Thilafushi

Thilafushi, zwischen Giraavaru und Villingili im Süden des Nord-Male-Atolls, wurde seit 1992 durch Aufspülungen gewonnen: Die am schnellsten wachsende Insel der Malediven nimmt den gesamten Müll der Hauptstadt auf. Zwischen Males neuem Hafen und der „Müllinsel" mit Müllverbrennung besteht ein Pendelverkehr mit Booten und Transportschuten.

Thulusdhoo

Die von langen **Sandstränden** umgebene Einheimischeninsel Thulusdhoo (840 Einwohner) ist heißer Tipp unter Bodysurfern; Ein 12-Zimmer-**Guesthouse** (www.cokessurfshack.com) liegt gegenüber dem **Cokes Surfspot**. Die Insel nordöstlich von Hulhule ist der Hauptort für das Nord-Male-Atoll und ein wichtiges regionales Zentrum. Zahlreiche Händler von den anderen Inseln liefern hier gepökelten Fisch, den *lonu mas*, an die staatlichen Warenhäuser.

» Karte S. 78, Info S. 106-107

Foto: Duncan Willetts (Camerapix)

In der tiefen Lagune ankern zahlreiche Frachter, Dhonis und Safariboote. Auf der bekannten Thulusdhoo-Werft werden die modernen Dhonis mit Kunststoffrümpfen gebaut.

Die Einheimischen von Thulusdhoo sind für ihre traditionsreichen *boduberu*-Tänze bekannt, die zum Schlag (*baburu*) einer großen Trommel ausschließlich von Männern getanzt werden. Der Tanz, dessen Ursprung in Afrika liegt, beginnt mit einem langsamen Schlag, der sich stetig beschleunigt und schließlich bis zur Ekstase der Tänzer gesteigert wird. Die Trommeln werden aus dem Stamm einer Kokospalme gefertigt und mit Rochenhaut bespannt.

Vabboahuraa

Vabboahuraa liegt im Südosten des Atolls in unmittelbarer Nähe zur Touristeninsel Four Seasons Resort. Diese Insel ist an eine Privatperson vermietet. Auffällig ist ein sehr langer Steg, der die Insel mit der benachbarten Sandbankinsel Rahgandu verbindet.

Villingili

Villingili befindet sich im Süden des Nord-Male-Atolls und war schon in alten Zeiten besiedelt. Mehrfach wurde das ungeschützte Villingili von den berüchtigten Malabar-Piraten geplündert.

1961 mussten die Bewohner die Insel verlassen und nach Hulhule umziehen; ein Jahr später entstand hier ein Gefängnis. 1973 eröffnete man auf Villingili eine der ersten Hotelanlagen der Malediven, die jedoch 1990 ihren Betrieb einstellte. Seitdem wird Villingili als Wohninsel für Einheimische genutzt, um Male zu entlasten.

Villingilimathidhahuraa

Villingilimathidhahuraa im Südosten des Nord-Male-Atolls ist unbewohnt und bestand einst aus zwei Inseln, die durch Sandablagerungen zusammenwuchsen. Die Robinsoninsel weist eine flache Lagune für Boote mit geringem Tiefgang auf und wird gern für Tagesausflüge aufgesucht.

» Karte S. 78, Info S. 106-107

Angsana Maldives Ihuru

Eröffnet: 1979, Luxusinsel. ***UNTERKUNFT***: 45 Zimmer. ***KATEGORIE***: 5 Sterne. ***TAUCHEN***: Tauchbasis, PADI, SNUBA-Diving, Hausriff, Schnorcheln. ***TRANSFER***: 20 Min. Speedboot. ***INFO / KONTAKT***: www.angsana.com, reservations-ihuru@angsana.com

Asdu Sun Island

Eröffnet: 1981, ursprüngliche Barfuß-Insel. ***UNTERKUNFT***: 30 Zimmer. ***KATEGORIE***: 3 Sterne. ***TAUCHEN***: Tauchbasis, PADI, SSI, Hausriff, für Schnorcheln geeignet. ***TRANSFER***: 95 Min. Speedboot. ***INFO / KONTAKT***: www.asdu.com, info@asdu.com

Bandos Island Resort & Spa

Eröffnet: 1972, familienfreundlich. ***UNTERKUNFT***: 215 Zimmer. ***KATEGORIE***: 4 Sterne. ***TAUCHEN***: Tauchbasis, PADI, SSI, Hausriff, für Schnorcheln geeignet. ***TRANSFER***: 15 Min. Speedboot. ***INFO / KONTAKT***: www.bandosmaldives.com

Banyan Tree Maldives Vabbinfaru

Eröffnet: 1977, Luxusinsel. ***UNTERKUNFT***: 48 Zimmer. ***KATEGORIE***: 5 Sterne. ***TAUCHEN***: Tauchbasis, PADI, Hausriff, für Schnorcheln geeignet. ***TRANSFER***: 25 Min. Speedboot. ***INFO / KONTAKT***: www.banyantree.com, reservations-vabbinfaru@banyantree.com

Baros Maldives

Eröffnet: 1974, ursprüngliche Barfuß-Insel. ***UNTERKUNFT***: 75 Zi. ***KATEGORIE***: 5 Sterne. ***TAUCHEN***: Tauchbasis, CMAS, PADI, Hausriff, schnorchelgeeignet. ***TRANSFER***: 25 Min. Speedboot. ***INFO / KONTAKT***: www.baros.com, info@baros.com.

Club Faru

Eröffnet: 1973, Taucherinsel z. Z. geschlossen. ***UNTERKUNFT***: 152 Zi. ***KATEGORIE***: 3,5 Sterne ***TAUCHEN***: Tauchbasis, SSI, PADI, schnorchelgeeignet. ***TRANSFER***: 10 Min. Speedboot. ***INFO / KONTAKT***: clubfaru@dhivenet.net.mv.

Club Med Kani

Eröffnet: 1978, familienfreundlich. ***UNTERKUNFT***: 238 Zimmer. ***KATEGORIE***: 4-5 Sterne. ***TAUCHEN***: Tauchbasis, PADI, Hausriff, für Schnorcheln geeignet. ***TRANSFER***: 30 Min. Speedboot. ***INFO:*** www.clubmed.de

Coco Bodu Hithi

Eröffnet: 1979, Luxusinsel. ***UNTERKUNFT***: 100 Villas. ***KATEGORIE***: 5 Sterne Plus. ***TAUCHEN***: Tauchbasis, PADI, Hausriff, Schnorcheln. ***TRANSFER***: 80 Min. Speedboot. ***INFO / KONTAKT***: www.cocoboduhithi.com

Coco Privé Kuda Hithi

Eröffnet: 1979, Luxusinsel. ***UNTERKUNFT***: 8 Villen. ***KATEGORIE***: 6 Sterne. ***TAUCHEN***: Hausriff, schnorchelgeeignet. ***TRANSFER***: 80 Min. Speedboot oder 10 Min. Airtaxi.
INFO / KONTAKT: Anfragen: www.cocoprive.com.

Cinnamon Dhonveli

Eröffnet: 1977, Luxusinsel. ***UNTERKUNFT***: 148 Zimmer. ***KATEGORIE***: 5 Sterne. ***TAUCHEN***: Tauchbasis, PADI, Hausriff, schnorchelgeeignet. ***TRANSFER***: 30 Min. Speedboot. ***INFO / KONTAKT***: www.cinnamonhotels.com, Surfer: www.atolltravel.com.

Eriyadu Island Resort

Eröffnet: 1982, Taucherinsel. ***UNTERKUNFT***: 61 Zi. ***KATEGORIE***: 3 Sterne. ***TAUCHEN***: Tauchbasis, PADI, CMAS, Hausriff, schnorchelgeeignet. ***TRANSFER***: 60 Min. Speedboot. ***INFO / KONTAKT***: www.eriyadumaldives.com.

Four Seasons Resort at Kuda Huraa

Eröffnet: 1977, Luxusinsel. ***UNTERKUNFT***: 96 Zi. ***KATEGORIE***: 5 Sterne. ***TAUCHEN***: Tauchbasis, PADI, Hausriff, schnorchelgeeignet. ***TRANSFER***: 25 Min. Speedboot. ***INFO***: www.fourseasons.com/de/maldiveskh.

Sheraton Maldives Full Moon Resort

Eröffnet: 1973, Luxusinsel. ***UNTERKUNFT***: 156 Zi. ***KATEGORIE***: 5 Sterne. ***TAUCHEN***: Tauchbasis, PADI, Hausriff, schnorchelgeeignet. ***TRANSFER***: 30 Min. Speedboot. ***INFO/KONTAKT***: www.sheratonmaldives.com.

Club Med Finolhu Villas (Gasfinolhu)

Eröffnet: 1980, 2011 geschlossen, Wiedereröffnung 2016 als Club Med. ***UNTERKUNFT:*** 52 große Villen für Paare. ***KATEGORIE:*** 5 Sterne. ***TAUCHEN:*** Hausriff, für Schnorcheln geeignet. ***TRANSFER:*** 40 Min. Speedboot. ***INFO / KONTAKT:*** www.clubmed.de.

Centara Ras Fushi Resort & Spa (Giraavaru)

Eröffnet: 1980, Barfuß-Insel. ***UNTERKUNFT:*** 30 Bungalows und 110 Villen. ***KATEGORIE:*** 4 Sterne. ***TAUCHEN:*** Tauchbasis, PADI, Hausriff, schnorchelgeeignet. ***TRANSFER:*** 15 Min. Speedboot. ***INFO:*** *http://www.centarahotelsresorts.com*.

OBLU Helengeli

Eröffnet: 1979, Taucherinsel. ***UNTERKUNFT:*** 50 Zi. ***KATEGORIE:*** 3,5 Sterne. ***TAUCHEN:*** Tauchbasis, PADI, Hausriff, für Schnorcheln geeignet. ***TRANSFER:*** 90 Min. Speedboot o. 15 Min. Airtaxi. ***INFO / KONTAKT:*** www.oblu-helengeli.com.

Hudhuranfushi

Eröffnet: 1979, Taucherinsel. ***UNTERKUNFT:*** 137 Zi. ***KATEGORIE:*** 4 Sterne. ***TAUCHEN:*** Tauchbasis, PADI, Hausriff, für Schnorcheln geeignet. ***TRANSFER:*** 30 Min. Speedboot. ***INFO:*** www.adaaran.com

Huvafen Fushi Maldives

Eröffnet: 1979, Luxusinsel. ***UNTERKUNFT:*** 57 Zi. ***KATEGORIE:*** 5 Sterne. ***TAUCHEN:*** Tauchbasis, PADI, kein Hausriff, kein Schnorcheln. ***TRANSFER:*** 30 Min. Speedb. ***INFO:*** www.huvafenfushimaldives.org.

Kurumba Maldives

Eröffnet: 1972, Luxusinsel. ***UNTERKUNFT:*** 180 Zimmer. ***KATEGORIE:*** 5 Sterne. ***TAUCHEN:*** Tauchbasis, PADI, Hausriff, für Schnorcheln geeignet. ***TRANSFER:*** 15 Min. Speedboot. ***INFO / KONTAKT:*** www.kurumba.com, kurumba@kurumba.com

Makunudu Island Resort

Eröffnet: 1983, Barfuß-Insel. ***UNTERKUNFT:*** 36 Zi. ***KATEGORIE:*** 4 Sterne. ***TAUCHEN:*** Tauchbasis, PADI, Hausriff, schnorchelgeeignet. ***TRANSFER:*** 50 Min. Speedboot. ***INFO / KONTAKT:*** www.makunudu.com

Meeru Island Resort

Eröffnet: 1978, familienfreundlich. ***UNTERKUNFT:*** 286 Zimmer. ***KATEGORIE:*** 3 Sterne. ***TAUCHEN:*** Tauchbasis, PADI, Hausriff, für Schnorcheln geeignet. ***TRANSFER:*** 60 Min. Speedboot. ***INFO:*** www.meeru.com

One & Only Reethi Raa Maldives

Eröffnet: 1979, Luxusinsel. ***UNTERKUNFT:*** 130 Zi. ***KATEGORIE:*** 6 Sterne. ***TAUCHEN:*** Tauchbasis, PADI, Hausriff, schnorchelgeeignet. ***TRANSFER:*** 75 Min. Speedboot. ***INFO:***http://reethirah.oneandonlyresorts.com

Paradise Island Resort / The Haven

Eröffnet: 1979, familienfreundlich. ***UNTERKUNFT:*** 282 Zi. ***KATEGORIE:*** 5 Sterne. ***TAUCHEN:*** Tauchbasis, PADI, Hausriff, für Schnorcheln geeignet. ***TRANSFER:*** 20 Min. Speedboot. ***INFO:*** www.villahotels.com

Gili Lankanfushi

Eröffnet: 1980, Luxusinsel. ***UNTERKUNFT:*** 45 Zi. ***KATEGORIE:*** 6 Sterne. ***TAUCHEN:*** Tauchbasis, PADI, kein Hausriff, nicht schnorchelgeeignet. ***TRANSFER:*** 20 Min. Speedboot. ***INFO:*** www.gili-lankanfushi.com

Summer Island Village

Eröffnet: 1983, familienfrdl. ***UNTERKUNFT:*** 108 Zi. ***KLASSIF.:*** 3 Sterne. ***TAUCHEN:*** Tauchbasis, PADI, schnorchelgeeignet, künstl. Riffe. ***TRANSFER:*** 100 Min. Speedboot. ***INFO:*** www.summerislandmaldives.com

Vivanta By Taj – Coral Reef Maldives

Eröffnet: 1982, Luxusinsel. ***UNTERKUNFT:*** 62 Zi. ***KATEGORIE:*** 5 Sterne. ***TAUCHEN:*** Tauchbasis, PADI, Hausriff, für Schnorcheln geeignet. ***TRANSFER:*** 50 Min. Speedboot. ***INFO:*** www.vivanta.tajhotels.com.

Thulagiri Island Resort

Eröffnet: 1980, Taucherinsel. ***UNTERKUNFT:*** 86 Zi. ***KATEGORIE:*** 4 Sterne. ***TAUCHEN:*** Tauchbasis, PADI, Hausriff, schnorchelgeeignet. ***TRANSFER:*** 25 Min. Speedboot. ***INFO:*** www.thulhagiri.com.mv

Rudolf Bauer (Silvestris Online)

Artisten aus Sri Lanka sorgen für Abendunterhaltung

Foto: Paul Spierenburg

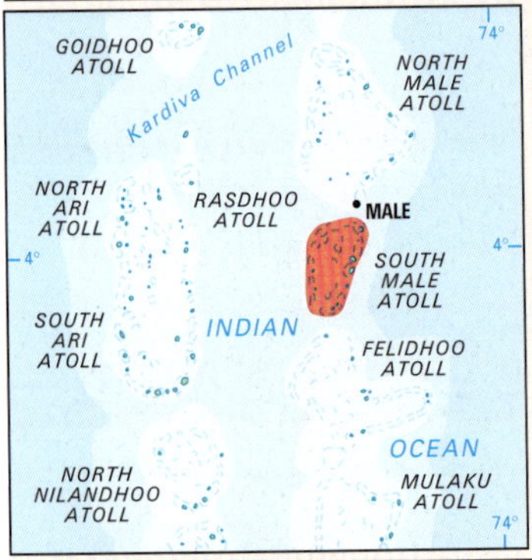

SÜD-MALE-ATOLL (KAAFU-ATOLL)

DAS SÜD-MALE-ATOLL

Das Süd-Male-Atoll ist 36 km lang und 19 km breit. Es gehört zum Male-Atoll, das den Verwaltungsnamen Kaafu-Atoll trägt.

Von den 30 Inseln sind drei bewohnt, elf nicht besiedelt, und 16 werden als Ferienanlagen genutzt. Die Hauptinsel des Atolls heißt Maafushi. Das Süd-Male-Atoll ist vom Nord-Male-Atoll durch den 4,5 km breiten und etwa 1000 m tiefen Vaadhoo-Kanal (Vaadhoo Kandu) getrennt, dessen Wellen bisweilen sehr rau sein können. Transfers vom Flughafen zu den Touristeninseln des Süd-Male-Atolls erfolgen hauptsächlich mit dem Speedboot; die Inseln in der Nähe des Flughafens werden mit Motor-Dhonis angelaufen.

Die Touristeninseln im Süd-Male-Atoll

Anantara Dhigu (Dhigufinolhu)

Die Insel liegt am östlichen Rand des Süd-Male-Atolls. In der Landessprache bedeutet Dhigufinolhu „Sandbankinsel". Die längliche, etwa 400 m x 60 m große Insel ist die größte in dem Dreierverbund. Im Jahr 1980 begann hier der touristische Betrieb. Dhigufinolhu ist fast komplett von einem Sandstrand umgeben, vor der Insel liegt eine große Lagune.

Die Insel wurde vom Tsunami 2004 schwer beschädigt und 2006 als Fünf-Sterne-Hotel mit 110 luxuriös ausgestatteten Villen wiedereröffnet. Das **Anantara Dhigu** bietet äußerst geschmackvoll eingerichtete Deluxe Beach Villas, Deluxe Over Water Suites und Deluxe Over Water Pool Suites. Sie verfügen über die neuesten technischen Annehmlichkeiten wie Plasmafernseher, DVD-Spieler und MP3-Player etc.

Diverse hervorragende Restaurants und Bars, auch auf der kleinen Nachbarinsel Bodu Huraa, sorgen für das leibliche Wohl. Es gibt einen Kids Club.

Das Spa bietet Verwöhnbehandlungen aller Art an und verfügt über eine Sauna und ein Dampfbad. Man kann sich außerdem im Fitness-Studio verausgaben, an Yogakursen oder am Hochseeangeln teilnehmen, Tennis spielen oder entspannt im Süßwasserpool plantschen.

Auch Wassersport wird natürlich groß geschrieben, an erster Stelle das Tauchen. Boote bringen die Gäste zum Hausriff und zu den schönsten Plätzen des Süd-Male-Atolls.

Links: Unter Palmen kann man herrlich die Seele baumeln lassen.

» Karte S. 115, Info S. 128-129

Foto: Ludwig Migl

Anantara Naladhu und Veli (Veligandoo Hurrah)

Nach der Beschädigung durch den Tsunami 2004 eröffnete 2006 die Anantara-Kette ein Sechs-Sterne-Resort mit 60 Wasservillas und 7 Lagoon View Villas, alle 62-125 m² groß, diskret in die Landschaft integriert und mit größtem Komfort ausgestattet, das **Anantara Veli**. Noch exklusiver sind die 19 Häuser des **Anantara Naladhu** auf dem mit Stegen verbundenen Inselgrüppchen.

Ein Eiland beherbergt das thailändische Restaurant Baan Hurraa. Drei weitere Restaurants und festliche Mahlzeiten auf Dhigu bieten viel Abwechslung. Ein Süßwasserpool, ein äußerst exklusives Spa, ein Yoga-Pavillon und viele Extras vertreiben den betuchten Gästen die Zeit. Tauchen und Schnorcheln sind im vorgelagerten Hausriff ideal, aber natürlich gibt es auch Ausfahrten zu den besten Tauchplätzen im Atoll.

Oben: Biyaadhoo – oberhalb und unterhalb des Wasserspiegels.

Biyadhoo Island Resort (Biyadhoo)

Biyadhoo ist eine kleine, verträumte Insel im östlichen Innenbereich des Süd-Male-Atolls. Tropische Gartenanlagen mit bunten Blüten und schattenspendende Palmen, Mangroven, Papayabäume und Bananenstauden sind überall zu finden, und in den inseleigenen Gärten wächst sogar frisches Gemüse.

Früher war Biyadhoo von Einheimischen besiedelt, dann war es eine Zeitlang unbewohnt. Später benutzte man das Eiland vorübergehend als Leprakolonie. 1981 entstand das **Biyadhoo Island Resort**, und der Tourismus hielt 1982 Einzug auf der Insel. Die Anlage wurde 1996 renoviert und erweitert, eine Generalüberholung steht bald wieder an. Biyadhoo ist oval geformt und hat bei einer Grundfläche von 10 ha einen Durchmesser von etwa 400 m. Umgeben wird das Eiland von einem engen Saumriff, das an der Ost- und Westseite schöne Tauchgänge ermöglicht. Biyadhoo lädt mit einer wunderschönen

» Karte S. 115, Info S. 128-129

kleinen Lagune und einem herrlichen Sandstrand an der Westküste zum Baden und Faulenzen ein. In unmittelbarer Nachbarschaft, nur 400 m von Biyadhoo entfernt, liegt die Touristeninsel Viligilivaru, bekannt auch unter dem Namen **Villivaru**; zwischen den beiden Inseln besteht ein Pendelverkehr, wenn die dortige Anlage wieder eröffnet ist.

Die preiswerte Hotelanlage auf Biyadhoo ist einfach gehalten. Typisch für die Anlage ist die zweistöckige Bauweise. Insgesamt kann die Insel 192 Gäste in 96 zweckmäßig ausgestatteten Zimmern beherbergen. Die sechs Wohnblocks stehen etwas zurückversetzt vom Strand, nicht alle gewähren Meerblick, bieten entweder ebenerdige Terrasse oder, im Obergeschoss, einen Balkon. Das klimatisierte Restaurant mit der großen Terrasse und internationaler Küche ist neben der Open-Air-Bar am Strand ein beliebter Treffpunkt der Gäste. Zwei Boutiquen verlocken zum Einkaufen. Ein TV-Raum, ein Clubhaus und eine wöchentliche Disko runden das Angebot ab. Ausflüge nach Male sind per Speedboot möglich.

Sportliche Aktivitäten konzentrieren sich auf Biyadhoo in erster Linie auf das Tauchen, das ganzjährig, unabhängig von der Monsunzeit, möglich ist. Die zahlreichen Tauchplätze um Biyadhoo bieten neben den beiden Hausriffen atemberaubende Korallenlandschaften. Über 60 Plätze erwarten die Sporttaucher, darunter Außenriffpassagen, Wracks, Drop Offs und Strömungskanäle. Die Plätze werden überwiegend von der inseleigenen Tauchschule angesteuert, da das Hotel der Nachbarinsel Villivaru geschlossen ist. Weitere Aktivitäten sind Parasailing, Wasserski, Surfen und Segeln.

Bolifushi Island Resort / Jumeirah Vittaveli (Bolifushi)

Bolifushi befindet sich im Nordwesten des Süd-Male-Atolls in der Nähe des Außenriffs. Die winzige Insel, die gerade einmal 100 m x 50 m misst, ist nur 15 km von Male entfernt und begann den Hotelbetrieb im Jahr 1982. Das Wort *boli* bedeutet „Muschel". Man nimmt an, dass die Kauri-Muscheln, die früher auf den Malediven als Zahlungsmittel verwendet wurden, unter anderem auf Bolifushi in großer Anzahl zu finden waren.

Auf dem winzigen Eiland wurde zunächst das **Bolifushi Island Resort** mit acht Einzelbungalows und einem Hotel errichtet. Zwölf Jahre nach der Eröffnung erfolgte 1994 eine erste Renovierung. Es wurde 2011 durch die Dubaier Jumeirah-Gruppe zum hochpreisigen Luxusresort **Jumeirah Vittaveli** aufgewertet und künstlich erweitert.

Insgesamt 91 Luxus-Suiten und -Villen stehen neben einer Präsidentensuite zur Auswahl. Exotische Holzhäuschen sind die 36 Beach Villas, Badewanne und Dusche hat man im Freien, dazu einen eigenen kleinen Pool; die sieben Beach-Suiten sind doppelstöckig und ähnlich luxuriös ausgestattet und erlauben herrlichen Meerblick. Die Lagoon Villas scheinen am Wasser zu schweben; die sieben exklusiven doppelstöckigen Lagoon-Suiten erreicht man per kurzer Dhoni-Überfahrt – hier bleibt man völlig ungestört.

Weißer Sand säumt die Insel, sie bietet Familien- Wellness- und Sporturlaub. Die große Lagune ist Treffpunkt aller Wassersportbegeisterten.

Das Sportangebot auf Bolifushi ist malediventypisch: An erster Stelle steht das Tauchen. Die Insel besitzt ein wunderschönes, artenreiches **Hausriff**, und es liegen viele weitere attraktive Plätze in der Nähe. Zu den taucherischen Highlights zählen die Ausfahrten zum **Vaadhoo Kandu**, in dem häufig Großfische wie Haie und Rochen vorbeiziehen.

Bolifushi ist aber auch bei Surfern sehr beliebt und wird unter Kennern als einer der besten Windsurfplätze im nördlichen Süd-Male-Atoll gehandelt. Weiterhin kann man Wasserski, Fischen und Segeln betreiben.

» Karte S. 115, Info S. 128-129

Foto: Udo Kefrig

Cocoa Island (Makunufushi)

Cocoa, ein schmales, langes Eiland im Südosten des Süd-Male-Atolls, misst 400 m in der Länge und etwa 60 m in der Breite. Im Osten schließt sich eine malerische, großflächige Sandbank an. Die herrliche Lagune eignet sich im flachen südlichen Teil hervorragend zum Baden und ist im tieferen nördlichen Abschnitt ideal zum Schnorcheln.

Der ursprüngliche Name von Cocoa, Makunufushi, bedeutet „Insel der Affen", diese Tiere gibt es jedoch auf dem Eiland nicht, die Herkunft des Namens ist ungeklärt. Neben Bäumen und dichtem tropischem Buschwerk steht im Inselzentrum eine Gruppe herrlicher Palmen, das Wahrzeichen von Cocoa.

Cocoa gilt als eine der teuersten Inseln der Malediven und avancierte zum internationalen High-Society-Treffpunkt, an dem die Angehörigen des Geldadels und des Jetsets verkehren.

Oben: Federseesterne bezaubern mit leuchtenden Farben.

Das exklusive Resort, 1981 unter dem Namen Cocoa Island Resort eröffnet, wurde inzwischen erweitert. **Cocoa Island** verfügt über 33 Unterkünfte, davon sind 23 luxuriöse Wasservillen im Stil maledivischer Dhonis. Die sechs zweigeschossigen Bungalows im polynesischen Stil sind mit Palmenblättern gedeckt und hervorragend in das Landschaftsbild integriert.

Alle Unterkünfte bieten eine raffinierte Mischung aus Einfachheit und Exklusivität. So besitzen sie beispielsweise keine Klimaanlage, sind aber trotzdem angenehm luftig. Der Sandboden der Insel zieht sich in den Hütten durch das ganze Erdgeschoss, während sich in der oberen, galerieähnlichen Etage die Schlafräume befinden. Auf Satellitenfernsehen und DVD-Player müssen die Gäste nicht verzichten, und zur Nachtruhe sinkt man in teures italienisches Leinen.

Die Küche auf Cocoa gilt als eine der besten auf den Malediven. Großer Wert wird auf beste Qualität und Frische der Produkte gelegt. Das offene Restaurant liegt am Strand, eine Bar wurde auf Stelzen über der Lagune errichtet. Das Spa hat sich der Erneuerung von Körper und Geist verschrieben, neben Wellness-Behandlungen werden auch Yoga- und Meditationskurse angeboten.

So exklusiv wie das Wohnen und Essen verläuft auf der Insel selbstverständlich auch das Tauchen. Am nahen Außenriff erwarten den Taucher traumhafte Unterwasserlandschaften. Das Hausriff bietet hervorragende Schnorchelbedingungen. Weitere Sportmöglichkeiten sind Surfen, Wasserskilaufen, Parasailing und Katamaransegeln.

Embudu Village (Emboodhoo)

Embudu ist schon seit längerer Zeit eine der beliebtesten Hotelanlagen der Malediven. Bereits 1979 eröffnete das **Embudu Village** auf der hübschen, kleinen Tropeninsel, die 285 m x 145 m misst. Das idyllische Eiland befindet

» Karte S. 115, Info S. 128-129

5 Süd-Male-Atoll

Foto: Pankaj Shah

sich im Nordosten des Süd-Male-Atolls am Ende des berühmten Emboodhoo-Kanals, dem Emboodhoo Kandu. Die Insel besitzt eine üppige Vegetation mit schönem Palmenbewuchs und einen herrlichen weißen Strand, der direkt vor der großen Lagune in zwei Sandzungen mündet. Das eng anliegende Hausriff, das auf 20 m Tiefe steil und dann schräg bis auf den Grund des inneren Atolls abfällt, eignet sich besonders gut zum Schnorcheln. Es bietet schönen Korallenbewuchs und ist sehr fischreich.

Die Hotelanlage wird hervorragend geführt. Von den 106 Zimmern mit ausschließlich Superior-Einrichtungen verfügen alle über eine Klimaanlage. 16 so genannte Water Bungalows mit jeglichem wichtigen Komfort stehen auf Stelzen in der Lagune.

Das Restaurant liegt etwas weiter im Inneren der Insel und bietet neben dem klassischen A-la-Carte-Essen auch maledivisch-indische Büfetts an. Eine stimmungsvolle Bar lädt zum Verweilen ein, und wer es mag, kann sich bei gelegentlicher Diskomusik vergnügen. Mit Verwöhnprogrammen aller Art lockt das Spa.

Sportlich wird auf Embudu das typische maledivische Programm – Angeln, Tischtennis,, Volleyball, Surfen, Segeln und Tauchen – angeboten. Die vielen Tauchplätze in der Nähe der Insel sind sehr populär. Das Wrack der *Maldive Victory*, ein taucherisches Highlight, liegt nur etwa 45 Bootsminuten entfernt vor der Flughafeninsel Hulhule. Auch Male ist von Emboodhoo aus schnell erreichbar; die Hauptstadtinsel wird von den Gästen gern zum Shopping besucht. Ein besonderes Angebot der Insel sind Rundflüge mit dem Wasserflugzeug über die wunderschöne Atollwelt.

Oben: Ein Urlaubstraum – von der eigenen Terrasse kopfüber in die Lagune springen. Rechts: Abendstimmung auf Fihalhohi.

Fihalhohi Island Resort (Fihalhohi)

Erst 1981 begann auf dieser traumhaften Insel der Einzug des Tourismus. *Fihal* bedeutet „braten". Da die Insel das

» Karte S. 115, Info S. 128-129

Foto: Paul Spierenburg

letzte Eiland im Südwesten am Rand des Süd-Male-Atolls ist, wird angenommen, dass der Name von Fischern stammt, die sich hier früher ihre Mahlzeiten zubereiteten, bevor sie westwärts ins Ari-Atoll segelten.

Fihalhohi liegt nahe am Außenriff. Auf dem Eiland wuchert eine üppige Vegetation mit vielen hohen Kokospalmen und dichtem Buschwerk in der Inselmitte. Deshalb wird Fihalhohi auch oft als „Grüne Insel" bezeichnet. Das ovale Eiland, etwa 60 Schnellbootminuten von Male entfernt, misst ca. 450 m in der Länge und 280 m in der Breite. Im Nordabschnitt befindet sich ein sehr schöner Strand zum Baden, den Südwesten dominiert eine flache Lagune.

Die Hotelanlage **Fihalhohi Island Resort** hat 150 Zimmer in palmenblattgedeckten Bungalows mit zwei oder vier Wohneinheiten. Sie teilen sich in drei Kategorien: Classic (14), Comfort (114) und Water Bungalows (12). Alle Zimmer haben eine eigene Terrasse.

Das Inselrestaurant ist in Rundform errichtet und hat neben internationaler Küche auch einheimische Gerichte, besonders Fischspezialitäten, im Angebot.

Sportlich kann man auf Fihalhohi fast alles unternehmen, was die Malediven zu bieten haben. Besonders die schönen Tauchplätze in der Umgebung und das nur 15 m entfernte Hausriff sind ein Paradies für Unterwasserfans. Abends ist bisweilen Amüsement angesagt: Live-Musik, Kino, Disko, Karaoke, Krabbenrennen und Zaubervorstellungen runden das Angebot ab. Für den, der nur Ruhe sucht, bietet Fihalhohi zahlreiche einsame Plätze zum Genießen und Träumen.

Fun Island Resort (Bodufinolhu)

Bodufinolhu, „die große Sandbank", ist eine moderne Touristeninsel, die 1980 als Bodufinolhu Tourist Resort ihren Betrieb aufnahm. Die ersten Besucher kamen jedoch bereits 1980. Das langgezogene Eiland im Südosten des Atolls misst etwa 700 m x 100 m. Für den Transfer vom Flughafen in Hulhule zur Insel benötigt ein Speedboot etwa

Foto: Josef Beck

eine Stunde, ein Dhoni legt die 40 km in ca. drei Stunden zurück. Wer es besonders eilig hat, kann gegen einen kleinen Aufpreis die Insel mit einem Wasserflugzeug anfliegen.

Bei Niedrigwasser kann man zu Fuß zwei kleine, unbewohnte Inselchen in unmittelbarer Nachbarschaft von Fun Island erreichen, die dann als Sandbänke freifallen.

Bodufinolhu besitzt eine schöne Vegetation, vorherrschend sind Pandanusbäume (Schraubenbaum) und Kokospalmen sowie Scaevolabüsche. Alle Strandabschnitte rund um die Insel laden zum Sonnen, Baden oder ganz einfach nur zum Faulenzen ein.

Die Insel wurde vom Tsunami 2004 schwer beschädigt. Die Hotelanlage ist jetzt ein sportliches Drei-Sterne-Resort mit 75 Unterkünften: Fun Island.

Oben: Sonne tanken vor dem nächsten Schnorchelgang. Rechts: Das Olhuveli Beach & Spa Resort wirbt mit vielfältigen Sportangeboten und Disko besonders um jüngere Gäste.

Holiday Inn Kandooma Maldives (Kandoomafushi)

Kandoomaa liegt im Südosten am Außenriff des Süd-Male-Atolls, nur 200 m neben der Einheimischeninsel Guraidhoo. Für den Tourismus öffnete das **Kandooma Maldives** 1985 seine Pforten. Die Insel misst 500 m x 400 m. Der Name des Eilandes bedeutet „Mangroveninsel". *Kandoo* ist ein Mangrovenstrauch, *maa* ist der generelle Oberbegriff für Blumen. Die Insel besitzt in der Tat eine herrliche tropische Vegetation. Eine kleine Lagune lädt zum Baden ein, und an den beiden künstlich angelegten Stränden lässt es sich fantastisch faulenzen.

In der Umgebung locken zahlreiche traumhafte Tauchplätze, besonders am Außenriff. Zu diesen kommen auch häufig die Tauchschiffe der Nachbarinseln herüber. Das Hausriff von Kandoomaafushi liegt leider etwas weiter von der Insel entfernt. Das Kandooma Maldives litt sehr unter dem Tsunami 2004 und wurde 2009 und 2015 erneuert.

» Karte S. 115, Info S. 128-129

Foto: Pankaj Shah

Velassaru Maldives (Velassaru)

Velassaru, etwa 400 m x 130 m groß, war einst unbewohnt. Aber schon im Jahr 1974 kamen die ersten Gäste, und Velassaru wurde zu einem festen Begriff unter den frühen Malediven-reisenden. Die Insel im Norden des Süd-Male-Atolls ist nur 11 km von der Hauptstadt entfernt, deren Lichter man nachts sehen kann. Wunderbare breite Sandstrände und eine breite, maximal 16 m tiefe Lagune säumen das Eiland. Flachere Lagunenabschnitte befinden sich im Westen der Insel, wo es sich gut schnorcheln lässt.

1990 wurde die Anlage erstmals erweitert und 2009 umgebaut in Richtung Luxuskategorie. Auffällig ist der hübsch geschwungene Swimmingpool, der geschickt in die natürliche Umgebung integriert ist, sowie die Wasserbungalows. Die 129 Bungalows und Villen stehen teils am feinen Sandstrand, teils auf Stelzen an der Lagune. Sie besitzen eine kleine Terrasse oder einen Balkon mit Meerblick und sind komfortabel ausgestattet. Vier Restaurants, ein Café und zwei Bars sorgen für das leibliche Wohl der Gäste, die u. a. zwischen internationaler, japanischer und Mittelmeer-Küche wählen können. In der Inseldiskothek werden dann die überschüssigen Kalorien bei Musik aus der Konserve, dreimal wöchentlich auch bei Live-Musik, wieder abgetanzt.

Durch die Nähe zu dem berühmten **Vaadhoo Kandu**, der mit strömungsbedingter Artenvielfalt und zahlreichen Großfischen begeistert, steht das Tauchen ganz oben auf dem Sportprogramm. Weitere Aktivitäten sind Schnorcheln am Hausriff, Windsurfen und Katamaransegeln, Volleyball, Tennis, Tischtennis und Angeln. Wer will, kann auch im Fitnessstudio trainieren oder sich im Spa verwöhnen lassen.

Olhuveli Beach & Spa Resort (Olhuveli)

Olhuveli liegt im Südosten am Außenrand des Süd-Male-Atolls. In früheren Zeiten war die Insel bewohnt und galt als das am zweitdichtesten besiedelte Eiland im Süd-Male-Atoll. Nach der Umsiedlung der Bewohner öffnete sich Olhuveli bereits 1979 dem Tourismus.

Der Begriff *olhu* steht für einen tieferen Durchlass in einem Riff, der von Booten passiert werden kann. *Veli* bedeutet „junger Sand" und bezieht sich wahrscheinlich auf den sandigen Eingang zur inneren Lagune. Die Insel ist etwa 700 m lang und 90 m breit und besitzt einen schmalen, etwa 2 km langen Strand, der sich rund um die Insel zieht. Im Westen erstreckt sich eine große Lagune, die bis zum Hausriff auf der einen Seite und bis an das Außenriff an der Ostseite reicht. Dort treten häufig starke Strömungen auf. Bei Niedrigwasser bietet sich ein Spaziergang durch den flachgefallenen Teil der Lagune zu einer nahe gelegenen winzigen Nachbarinsel an.

Olhuveli ist eine Insel, die gern von jüngeren Besuchern frequentiert wird, besonders aus Japan und Italien. Nach dem Umbau infolge der Tsunami-Schäden stehen im **Olhuveli Beach & Spa Resort** 164 luxuriöse Beach Villas, Water Villas und Presidential Water Suites zur Verfügung. Die noble Ausstattung variiert zwischen den einzelnen Kategorien in einigen Details; die großzügigen Villen verfügen aber alle über eine Terrasse und ein Sonnendeck.

Die Sun Diving School kümmert sich professionell um Anfänger und Fortgeschrittene. Das sportliche Angebot beinhaltet neben dem Tauchen auch Windsurfen, Wasserski, Katamaransegeln, Angeln, Volleyball, Badminton und Tennis. Wer nicht in der Lagune baden mag, kann sich in den beiden Pools tummeln. Abends trifft sich das Publikum von Olhuveli in einer der beiden Bars oder tanzt bis in die frühen Morgenstunden in der Disko.

Rechts: Wegen seiner geschützten Lagune gilt Rihiveli als besonders kinderfreundliches Resort.

Adaaran Club Rannalhi (Rannalhi)

Rannalhi liegt auf der Westseite des Süd-Male-Atolls, nahe dem Außenriff. Die Entfernung zum Flughafen beträgt 37 km, die ein Speedboot in 45 Min. zurücklegt. Die Insel ist ca. 320 m lang und 90 m breit. An der Südseite liegt ein schöner Strand mit einer flachen Lagune, die bis an das Hausriff reicht. Der Betrieb als Hotelinsel begann 1978; der **Adaaran Club Rannalhi** wurde in den Jahren 1992/93 und 1996 umgebaut und renoviert. Heute verfügen die 130 geräumigen Zimmer über Klimaanlage, Bad/Dusche, Balkon oder Terrasse. 96 von ihnen sind Standard Rooms, die übrigen Wasserbungalows. Ein großes, sich zum Meer hin öffnendes Restaurant bietet internationale Gerichte und bisweilen auch leckere Büfetts an.

Der Name Rannalhi setzt sich aus zwei Worten zusammen. *Ran* bedeutet „Gold", und *nalhi* steht für ein altes maledivisches Maß. Früher wurden Waren wie Reis mit einem *nalhi* abgewogen, einem rundlichen Gegenstand, der manchmal sogar aus Gold bestand und etwa ein Kilo wog. Es ist möglich, dass sich der Name auf die Form des Eilandes bezieht, die der eines *nalhi* ähnelt.

In der Vergangenheit wuchsen bis zur Zeit von Sultan Mohammed Shamshuddeen III. (1903-1934) auf vielen Inseln des Süd-Male-Atolls überhaupt keine Kokospalmen. Erst auf Initiative des Ministers Sayyidh Kilegefanu, der das Nord- und Süd-Male-Atoll gepachtet hatte, begann man mit einer gezielten Bepflanzung, auch auf Rannalhi. Die Kokospalmen kamen vom Addhoo-Atoll, das für die Qualität und Größe seiner Palmen bekannt war. Rannalhi wird heute nachgesagt, die größten Palmen aller nördlichen Atolle zu besitzen.

Auch auf Rannalhi ist Tauchen der Sport Nummer eins. Zum einen bietet sich das Hausriff an, das die Insel fast vollständig umgibt, zum anderen das westliche Außenriff, das neben den atollinneren, etwas weiter entfernten

 » Karte S. 115, Info S. 128-129

Foto: Friedrich Schmidt

Tauchplätzen bevorzugt angelaufen wird. Sehr beliebt sind auf Rannalhi auch Wasserski und Windsurfen.

Rihiveli Maldives (Rihiveli / Mahaana Ehli Huraa)

Rihiveli bedeutet „Silbersand", aber auch der einheimische Name der Insel, Mahaana ehli huraa, hat eine Bedeutung: Er steht für „Insel des Grabes", da man früher glaubte, hier befände sich die geweihte Grabstätte eines verstorbenen Fischers. Die Insel liegt ganz im Süden des Süd-Male-Atolls und misst 450 m x 150 m. Rihiveli begann 1980 unter dem Namen Rihiveli Beach Resort und nennt sich jetzt **Rihiveli Maldives**. Herausragendes Merkmal der Insel ist nicht nur ihre üppige Vegetation, sondern das französische Ambiente der Anlage. Nicht ohne Grund ist die Insel besonders bei Hochzeitsreisenden sehr beliebt. Sie zählt zu den attraktivsten Anlagen der Malediven, obwohl man sich bei der Ausstattung der 48 freistehenden Bungalows mit modernstem Komfort etwas zurückhielt. Rihiveli lebt von seinem Flair und dem französischen Charme, den der Inselpächter prägte – und nicht zuletzt von einer hervorragenden Küche.

Da die Insel eine außergewöhnlich große, zum Teil über 700 m breite Lagune und traumhafte Strände besitzt, ist sie auch bei Familien wegen der kinderfreundlichen Bedingungen und bei Wassersportlern aufgrund des geschützten Lagunenwassers sehr beliebt. Sportlich stehen vornehmlich Angeln, Windsurfen, Wasserski, Katamaransegeln, Volleyball, Aerobic, Tennis und Tischtennis auf dem Programm. Die Nähe zum Außenriff, das bequem über einen Steg erreichbar ist, macht Rihiveli zum Eldorado für Sporttaucher. Unter Beachtung der Strömungsverhältnisse eignet sich das Riff auch hervorragend zum Schnorcheln. Mit dem Boot werden zusätzlich entferntere Tauchplätze angelaufen. Ein taucherischer Höhepunkt ist das **Rihiveli-Wrack**: Der kleine künstlich versenkte Küstenfrachter liegt nahe der Insel auf der Atollinnenseite.

Foto: Taj Exotica Resort & Spa

Taj Exotica Resort & Spa Maldives (Emboodhoo Finolhu)

Das schmale, sichelförmige Emboodhoo Finolhu, das oft mit dem südlich benachbarten Embudhu Village verwechselt wird, ist 700 m lang und 50 m breit. Das Eiland liegt nur etwa 13 km von Hulhule entfernt am nordöstlichen Außenrand des Süd-Male-Atolls und ist in 45 Minuten mit dem Dhoni bzw. in 15 Minuten mit dem Speedboot erreichbar.

Die Bezeichnung der Insel leitet sich vom alten Inselnamen Ebboodhoo ab, der wiederum auf das maledivische Wort *eboo* zurückzuführen ist, das für eine schmackhafte Beere steht, die auf vielen Inseln wächst. Diese Frucht reift an einem dornigen Busch, der bis zu zwei Meter groß wird. Büsche und Palmen stellen den Hauptanteil der Vegetation auf Emboodhoo Finolhu dar, wo 70% der Fläche unbebaut und naturbelassen sind. Auf Grund der schmalen Inselform wurden viele der Bungalows auf Stelzen über der Lagune errichtet; direkt vor der Haustür eines jeden Bungalows führt eine Leiter ins angenehm warme Wasser. Auf Emboodhoo Finolhu gibt es einen wunderbaren Sandstrand, der die ganze Insel umgibt, und eine schöne, große Lagune, die für jede Art von Wassersport ideal ist. In der Lagune wurde auch ein kleines Wrack versenkt, das besonders Tauchanfängern interessante Einblicke gewährt.

Die Insel eröffnete für den Tourismus 1981. Die Hotelanlage wurde 1987 renoviert, 1995 nochmals erweitert und nach dem Tsunami 2004 erneut renoviert. Sie nennt sich nun **Taj Exotica Resort & Spa**. Der Komfort in den 64 Villen ist sehr hoch, Klimaanlagen, Duschen und Badewannen zählen zum Standard. Die drei Restaurants bieten vornehmlich internationale Gerichte an, per Zimmerservice kann man rund um die Uhr Essen bestellen.

Oben: Stilvoll wohnen in einer Villa des Taj Exotica Resort auf Emboodhoo Finolhu. Rechts: Warme Steine entspannen die Muskeln im Spa des Taj Exotica.

» Karte S. 115, Info S. 128-129

Foto: Taj Exotica Resort & Spa

Im Taj Exotica Resort kann man herrlich entspannen, die Seele baumeln lassen oder Verwöhnbehandlungen (Ayurveda, Hamam u. v. m.) im luxuriösen Spa genießen. Für Aktive gibt es ein umfangreiches Sportangebot. Neben täglichen Tauchausfahrten zum atemberaubenden Außenriff stehen Wasserski, Windsurfen, Segeln, Fischen, Motorbootfahren und verschiedene Ballsportarten auf dem Programm. Ein Hausriff zum Schnorcheln besitzt die Insel allerdings nicht.

Adaaran Prestige Vaadoo (Vaadhoo)

Vaadhoo ist die nördlichste Insel im Süd-Male-Atoll und unmittelbar neben der Touristeninsel Velassaru (s. S. 119) gelegen. Die Insel gehört mit 250 m x 100 m zu den kleineren, hat aber einen Pool und ist bei Tauchern wegen ihrer direkten Lage am berühmten **Vaadhoo Kandu** mit seinen vielen Unterwasserattraktionen sehr gefragt.

In der Vergangenheit war Vaadhoo flächenmäßig größer und wurde von Ur-Maledivern bewohnt. Vor ca. 1500 Jahren lebten dort Buddhisten, wie Ausgrabungsfunde von Statuen und einem Tempel, die beim Bau von Häusern vor Jahren gemacht wurden, belegen. 1978 begann auf der Insel der Touristenbetrieb.

Der Kanal zwischen Velassaru und Vaadhoo, der in das Süd-Male-Atoll führt, gilt heute noch als die Route, die von den Segelbooten und Dhonis am häufigsten frequentiert wird, wenn sie, vom Süden kommend, in Richtung Male fahren.

Das **Adaaran Prestige Vaadhoo** wurde im Lauf der Zeit den modernen Ansprüchen und den schnell steigenden Touristenzahlen angepasst. Die Insel zeigt sich seit 2009 luxuriös. Die 50 sehr komfortablen Bungalows sind mit Klimaanlage, Kühlschrank, Dusche, Minipool etc. ausgestattet; sie sind – wie auch die Bar und die Lobby – in der Lagune auf Stelzen direkt über dem Wasser errichtet, sechs davon sogar im traditionellen japanischen Stil, was die Gäste aus Ostasien zu schätzen wissen.

Foto: Pankaj Shah

Das große, im maledivischen Stil erbaute Restaurant serviert schmackhafte internationale und einheimische Gerichte und allerlei Schlemmereien vom Grill. Der sportliche Schwerpunkt auf der Insel von Vaadhoo liegt zum Teil schon am Außenriff des Kanals und verspricht erlebnisreiche Tauchgänge sowie gute Aussichten auf Großfischbegegnungen. Die Insel wird gerne von Japanern besucht. Die Tauchschule steht unter internationaler Leitung. Neben dem Tauchsport gibt es Fischen, Surfen, Segeln und Wasserski im Freizeitangebot, im Wellness Center kann man sich aufs Schönste verwöhnen lassen.

Villivaru Island Resort (Villingili Varu)

Ursprünglich lautete die Bezeichnung der Insel Villingili Varu, doch 1981, zur Eröffnung als Touristeninsel, wurde das Eiland in **Villivaru Island Resort** umbenannt. Das kleine, fast runde Eiland gilt als Zwillingsinsel des nur 300 m entfernten Biyadhoo im Inneren des Atolls. Es ist ähnlich dicht bewaldet, hat einen schönen Bestand an großen Palmen und besitzt ein langes Riff, das sich weit südwärts von der Insel erstreckt. Villivaru ist von einem herrlichen Sandstrand umgeben. Auf der Nordwestseite lädt die große Lagune zum Baden ein.

Das Hotel besaß bis zur Schließung 60 Appartements in zehn Reihenbungalows, eingepasst in die Umgebung.Derzeit wird die Insel nicht bewirtschaftet. Auch in Zukunft dürfte auf Villivaru bei den Aktivitäten das Tauchen den ersten Platz einnehmen. Einerseits besitzt die Insel ein eigenes Hausriff, aber ebenso fasziniert das nahe Hausriff der Zwillingsinsel Biyadhoo. Hinzu kommen die spektakulären Plätze in der Umgebung im Atollinneren und am Außenriff.

OZEN By Atmosphere at Maadhoo Island (Maadhoo)

Maadhoo, ein schmaler Sandstreifen, liegt am Nordende einer großen Riffformation, im Osten des Süd-Male-Atolls. 45 Minuten (35 km) mit dem Speedboot von Malé entfernt, besteht das OZEN aus 90 luxuriösen Villen. Die 41 „Earth Villas" (145 qm) liegen direkt am schönen Sandstrand entlang der Lagune, während die 49 „Wind Villas" mit 85 bis 112 qm über dem Wasser auf Stelzen stehen. Die Hälfte der Villen bietet einen 8 m langen privaten Süßwasserpool mit Sunsetview. Zehn große Strandvillen sind für Familien konzipiert.

Internationale Küche serviert das The Palms, indische das IndoCeylon und chinesische das Restaurant Peking. Das Unterwasser-Restaurant „M6m" bereitet v. a. Steak & Lobster zu. Verwöhnen lässt man sich im „Elena Spa".

Am Hausriff kann man schnorcheln, tauchen oder es im Semi-U-Boot erkunden. Weitere Aktivitäten: Hochsee-

Oben: Der Vaadhoo Diving Club wird von japanischen Urlaubern bevorzugt. Rechts: Ein prächtiger Anblick – Halsbandfalterfische vor rotem Schwamm.

 » Karte S. 115, Info S. 128-129

Foto: Udo Kefrig

fischen bei Sonnenuntergang, Windsurfen, Katamaran- und Kanufahren und Stand-up Paddeling. Die Kleinen bespaßt der Kids Club.

Die Einheimischen- und Ausflugsinseln im Süd-Male-Atoll

Ehuruh Huraa

Diese unbewohnte Insel befindet sich im Süden an der Riffaußenseite. In ihrer Nähe liegt das künstlich versenkte Rihiveli-Wrack. Ehuruh Huraa wird wegen der vielen hier nistenden Reiher und Seeschwalben auch Vogelinsel genannt.

Gulhi

Das 750 Einwohner zählende Gulhi an der Ostseite des Süd-Male-Atolls nördlich der Touristeninsel Anantara ist eine sehr alte, bewohnte Insel, die für den Fischfang berühmt ist. Der Inselname erklärt sich aus dem Begriff *gulhu*. Damit ist ein irdenes Gefäß gemeint, das etwa drei bis vier Liter Wasser fassen kann und traditionell als Wasserbehälter auf Dhonis mitgeführt wird.

Während der Regentschaft von Sultan Mohammed Shamsuddeen III. (1904-34) wurde auf Gulhi eine Moschee errichtet. Die Insel hat eine tiefe Einfahrt und ermöglicht somit ein gefahrloses Anlanden von größeren Booten. Seit 1984 gibt es auf dem Eiland eine Werft mit einer Slipanlage. Gulhi ist von gefährlichen Riffen umsäumt, an denen sich die Wellen bei Südwestmonsun besonders hoch brechen. Die Gefahr, die von diesen Wellen ausgeht, darf nicht unterschätzt werden. Es scheiterten schon etliche Boote auf ihrem Weg zur Insel oder auf der Fahrt durch den Gulhee Dhekunu Kandu, der Zufahrt durch das Außenriff ins Atoll und zur Insel, an diesen Riffen. So sank beispielsweise vor einigen Jahren ein Dhoni mit einer sechsköpfigen Familie an Bord.

Zwischen der Einheimischeninsel Gulhi und der Touristeninsel Embudu liegt ein sehr beliebtes und stark frequen-

» Karte S. 115, Info S. 128-129

Foto: Ludwig Migl

tiertes Tauchgebiet, das **Fushidhiggari Falhu**. Es erstreckt sich über viele Kilometer und beschreibt zugleich den östlichsten Punkt des Atolls. Bei Nordostmonsun und rauer See lauert am Fushidhiggari Falhu große Gefahr für die Seeschifffahrt, denn dann liegt das Riff praktisch unsichtbar unter den Wellen. Viele Schiffe und Dhonis sollen hier, ähnlich wie am Riff von Gaafaru Falhu, bereits gesunken sein.

Gulhiggaathuhuraa

Die kleine Insel im Osten des Süd-Male-Atolls beherbergt Maschinen, Boote und die Tauchschule für die Touristeninseln Anantara und Veligandu Huraa. Gulhiggaathuhuraa ist eine sogenannte Versorgungsinsel.

Oben: Ein reicher Thunfischfang. Rechts: Karem, ein beliebtes Brettspiel für jung und alt, wird überall im Land gespielt.

Guraidhoo

Guraidhoo (1500 Einwoner) liegt an der Ostseite des Süd-Male-Atolls und gilt als geschichtsträchtige Insel, wurde allerdings vom Tsunami 2004 hart getroffen. Einst war das Eiland ein beliebter Erholungsort der Sultane, und während verschiedener Rebellionen und Invasionen ausländischer Mächte oder Piraten flohen die Sultane hierher, da die Insel und ihre umgebenden, fast undurchdringlichen Riffe hinreichenden Schutz gewährten. Der 65. Sultan der Malediven, Hussain Faamuladeyri Kilagefannu (1609-1620), liegt hier begraben.

1971 errichtete man auf der Insel das erste Gästehaus für Touristen, inzwischen sind weitere dazugekommen.

Heutzutage finden sich auf dieser typischen Fischerinsel etliche **Souvenirshops**, da häufig die Gäste der nahegelegenen Ferienanlagen zum Andenken-Shopping nach Guraidhoo kommen. Und Touristenbesuche dürften auch weiter zunehmen, da durch die neue

» Karte S. 115, Info S. 128-129

Foto: Pankaj Shah

Tourismuspolitik der Malediven (s. S. 59) Guraidhoo relativ preiswerte **Guesthouses** bietet, zudem Cafés, eine Bäckerei und ein gutes **Restaurant**, und somit einen intensiveren Kontakt zu Maledivern außerhalb der Luxusresorts ermöglicht.

In der Umgebung von Guraidhoo gibt es zahlreiche vereinzelte Fleckenriffe, die bis knapp unter die Wasseroberfläche ragen. Es ist daher eine sehr gute Ortskenntnis des komplizierten Riffsystems erforderlich, um in diesem Gebiet sicher navigieren zu können.

Bei Nordostmonsun bietet die Lagune von Guraidhoo Schutz, auch Safari-Dhonis ankern gern vor der Insel, da man recht dicht am Strand vor Anker gehen kann. Das ermöglicht bequemen Landgang.

Lhosfushi

Lhosfushi ist eine kleine, unbewohnte Insel im Südosten des Süd-Male-Atolls, auf der nur einige freilaufende, verwilderte Hühner leben. Bei Niedrigwasser erreicht man die Insel über eine schmale Landbrücke zu Fuß von der Einheimischeninsel Guraidhoo aus.

Maafushi

Diese Einheimischeninsel ist seit langer Zeit bewohnt und neuerdings Ziel von Individualtouristen, die in ca. 30 Gästehäusern Unterkunft finden. Die staatliche *State Trade Organisation*, kurz STO, hat hier ihren Sitz. Sie kauft von den Fischern der umliegenden Inseln den auf den Malediven sehr geschätzten getrockneten Thunfisch. Dieser wird traditionell in zwei Varianten hergestellt: Für *lonumas* werden vornehmlich Thunfische, aber auch andere Riffische gepökelt und anschließend mit Salzwasser abgewaschen. Danach muss der Fisch in der Sonne trocknen, bis er konserviert ist. *Hikimas* ist ein geviertelter Thunfisch, dessen Fleisch drei Stunden erst in Salz-, dann in Süßwasser gekocht wird, ehe man es einen Tag räuchert. Danach lässt man den Fisch in der Sonne durchtrocknen.

Maniyafushi

Maniyafushi, im oberen Drittel des Süd-Male-Atolls, ist ein Stützpunkt für den Export von Zackenbarschen.

Oligandhoofinolhu

Diese unbewohnte Insel im Süden des Süd-Male-Atolls wird auch „Insel der aufgehenden Sonne" genannt.

Tholhimaraahuraa

Tholhimaraahuraa liegt mittlerweile unter Wasser und ist nur noch ein kleines Riff in fischreichem Gewässer. Daraus leitet sich der Name Tholhimaraahuraa ab: *tholhi* steht für hechtartige, lange Fische wie Trompetenfische oder Barrakudas, und *maraa* heißt „tot" beziehungsweise „gefangen sein".

Vaagali

Dieses Eiland liegt auf der Westseite des Süd-Male-Atolls und ist unbewohnt. Ein überaus dichter Korallenbewuchs führte zu dem bezeichnenden Namen: *Vaa* heißt „Dschungel", und *gali* bedeutet „verzweigte Korallen". In der geschützten Lagune bieten sich Fischer- und Safaribooten gute und sichere Ankermöglichkeiten.

Vammaafushi

Vammaafushi ist eine kleine unbewohnte Insel an der Ostseite des Süd-Male-Atolls. Im Norden liegen im Maafushi Kandu schöne Korallengärten.

i

Anantara Dhigu

Eröffnet 1980, Luxusinsel. ***UNTERKUNFT:*** 110 Zimmer. ***KATEGORIE:*** 5 Sterne.
TAUCHEN: Tauchbasis, Hausriff, für Schnorcheln geeignet. ***TRANSFER:*** 35 Min. Speedboot. ***INFO:*** www.anantara.com

Anantara Naladhu und Veli

Eröffnet 2006, Luxusinseln. ***UNTERKUNFT:*** 67/19 Zimmer. ***KATEGORIE:*** 6 Sterne. ***TAUCHEN:*** Tauchbasis, Hausriff, für Schnorcheln geeignet. ***TRANSFER:*** 35 Min. Speedboot. ***INFO:*** www.anantara.com

Biyadhoo Island Resort

Eröffnet 1982, Taucherinsel. ***UNTERKUNFT:*** 96 Zimmer. ***KATEGORIE:*** 3 Sterne.
TAUCHEN: Tauchbasis, PADI, Hausriff, für Schnorcheln geeignet.
TRANSFER: 30 Min. Speedboot.
INFO: http://biyadhoo.com

Bolifushi Island / Jumeirah Vittaveli

Eröffnet 1982, neu 2011, Luxusresort, Taucherinsel. ***UNTERKUNFT:*** 91 Suiten und Villas. ***KATEGORIE:*** 5 Sterne. ***TAUCHEN:*** Tauchbasis, Hausriff, für Schnorcheln geeignet. ***TRANSFER:*** 30 Min. Speedboot.
INFO: www.jumeirah.com

Cocoa Island

Eröffnet 1981, Luxusinsel. ***UNTERKUNFT:*** 33 Zimmer. ***KATEGORIE:*** 6 Sterne.
TAUCHEN: Tauchbasis, PADI, Hausriff, für Schnorcheln geeignet.
TRANSFER: 40 Min. Speedboot.
INFO: www.comohotels.com/cocoaisland

Embudu Village

Eröffnet 1980, Taucherinsel. ***UNTERKUNFT:*** 106 Zimmer. ***KATEGORIE:*** 3 Sterne.
TAUCHEN: Tauchbasis, PADI, Hausriff, für Schnorcheln geeignet. ***TRANSFER:*** 45 Min. Dhoni. ***INFO:*** www.embudu.com

» Karte S. 115, Info S. 128-129

Fihalhohi Island Resort

Eröffnet 1981, Taucherinsel, familienfreundl. ***UNTERKUNFT***: 150 Zimmer. ***KATEGORIE***: 3,5 Sterne. ***TAUCHEN:*** Tauchbasis, PADI, Hausriff, für Schnorcheln geeignet. ***TRANSFER:*** 60 Min. Speedboot. ***INFO***: www.fihalhohi-islandresort.com.

Fun Island Resort

Eröffnet 1980. ***UNTERKUNFT***: 75 Zimmer. ***KATEGORIE***: 3 Sterne. ***TAUCHEN***: Hausriff, für Schnorcheln geeignet. ***TRANSFER***: 60 Min. Speedboot. ***INFO:*** Hotel wird derzeit renoviert, geplante Wiedereröffnung s. www.villahotels.com.

Guraidhoo

UNTERKUNFT: Rip Tide Vacation Inn, einfacheres Guesthouse auf Einheimischeninsel, eröffnet: 2009. ***TRANSFER:*** 45 Min. Speedboot. ***INFO***: www.guesthouses-in-maldives.net.

Kandooma Maldives

Eröffnet 1985. 2015 erneuert. ***UNTERKUNFT***: 160 Zimmer. ***KATEGORIE***: 4 Sterne.
TAUCHEN: Hausriff per Boot erreichbar, zum Schnorcheln geeignet.
TRANSFER: 45 Min. Speedboot.
INFO: www.maldives.holidayinnresorts.com

Velassaru Maldives

Eröffnet 1974, luxuriös. ***UNTERKUNFT***: 129 Zimmer. ***KATEGORIE***: 5 Sterne.
TAUCHEN: Tauchbasis, PADI, CMAS/VIT, SSI, kein Hausriff, für Schnorcheln geeignet. ***TRANSFER***: 25 Min. Speedboot.
INFO: www.velassaru.com

Olhuveli Beach & Spa Resort

Eröffnet 1979, familienfreundlich.
UNTERKUNFT: 164 Zimmer. ***KATEGORIE***: 5 Sterne.
TAUCHEN: Tauchbasis, PADI, Hausriff, für Schnorcheln geeignet.
TRANSFER: 50 Min. Speedboot.
INFO: www.olhuvelimaldives.com

Adaaran Club Rannalhi

Eröffnet: 1978, familienfreundlich.
UNTERKUNFT: 130 Zimmer.
KATEGORIE: 4 Sterne.
TAUCHEN: Tauchbasis, PADI, Hausriff, für Schnorchler geeignet.
TRANSFER: 45 Min. Speedboot.
INFO: www.adaaran.com/clubrannalhi.

Rihiveli Maldives

Eröffnet: 1980, familienfreundlich.
UNTERKUNFT: 48 Zimmer.
KATEGORIE: 3 Sterne.
TAUCHEN: Tauchbasis, PADI, Hausriff, für Schnorcheln geeignet.
TRANSFER: 50 Min. Speedboot.
INFO: www.rihivelimaldives.com, info@rihiveli-maldives.com

Taj Exotica Resort & Spa Maldives

Eröffnet: 1981, Luxusinsel.
UNTERKUNFT: 64 Zimmer.
KATEGORIE: 5 Sterne.
TAUCHEN: Tauchbasis, PADI, kein Hausriff, für Schnorcheln geeignet.
TRANSFER: 15 Min. Speedboot.
INFO: www.tajhotels.com

Adaaran Prestige Vaadoo

Eröffnet: 1978, Taucherinsel.
UNTERKUNFT: 50 Wasserbungalows.
KATEGORIE: 5 Sterne.
TAUCHEN: Tauchbasis, PADI, NAUI, Hausriff, für Schnorcheln geeignet.
TRANSFER: 15 Minuten per Speedboot.
INFO: www.adaaran.com/prestigevadoo

OZEN By Atmosphere at Maadhoo Island (Maadhoo)

Eröffnet: 2016, luxuriös.
UNTERKUNFT: 90 Villen; davon 48 Wasservillen.
KATEGORIE: 5 Sterne.
TAUCHEN: Tauchbasis, PADI, Hausriff, für Schnorcheln geeignet.
TRANSFER: 45 Minuten per Speedboot.
INFO: *http://ozen-maadhoo.com*

Paul Spierenburg

Kuramathi (Rasdhoo-Atoll) ist die größte Touristeninsel der Malediven und bietet genügend Platz für Spaziergänge

Foto: Paul Spierenburg

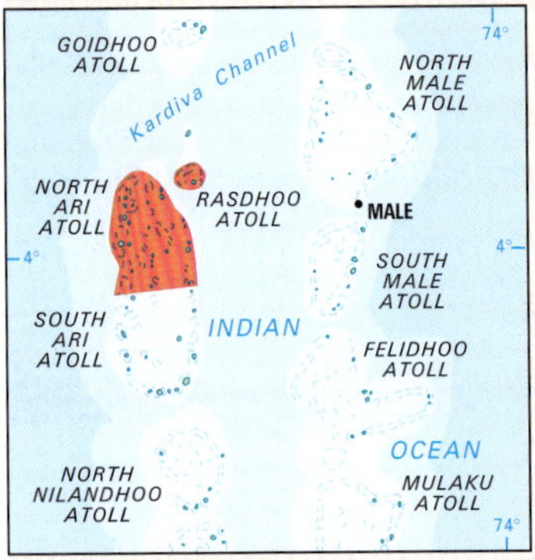

NORD-ARI- UND RASDHOO-ATOLL (ALIFU-ATOLL)

DAS ARI-ATOLL

Das 96 km lange, 33 km breite Ari-Atoll liegt südwestlich des Nord-Male-Atolls, zwischen dem Goidhoo-Atoll im Norden und dem Nilandhoo-Atoll im Süden. Verwaltungsmäßig teilt sich das Ari-Atoll (Verwaltungsname: Alifu-Atoll) in das Nord-Ari-Atoll, einschließlich Rasdhoo- und Thoddoo-Atoll, und in das Süd-Ari-Atoll. Die Hauptinsel des Nord-Ari-Atolls ist Rasdhoo, die des Süd-Ari-Atolls Mahibadhoo.

Die Anzahl der Inseln im Atoll wird wegen der Sandbänke jährlich neu definiert; es sollen etwa 100 sein. Im Ari-Atoll gibt es 18 bewohnte Einheimischeninseln, auf denen rd. 15 000 Malediver leben, außerdem 52 unbewohnte Inseln, von denen 26 Hotelinseln sind.

Die Malediver im Ari-Atoll sind als gute Fischer bekannt. Früher gingen sie hauptsächlich auf Schildkrötenfang und fischten nach Haien, deren Öl sie als Schutzanstrich für die Dhonis verwendeten. Ein Teil der Bevölkerung widmete sich dem Weben qualitativ hochwertiger Segel und dem Sammeln von Korallen. Die Korallen verwertete man teilweise zum Hausbau, kleinere Schnecken fanden als Tauschware und auch als Zahlungsmittel in Male Verwendung.

Links: Dhoni Mighili dagegen hat nur Platz für sechs Bungalows, jeder wird durch ein privates Wohndhoni samt Crew ergänzt.

Der Anbau von Kokosnüssen und anderen landwirtschaftlichen Produkten hat im Ari-Atoll einen hohen Stellenwert. Heute gehen viele Bewohner lukrativeren Jobs auf den Touristeninseln nach, sei es als Bootsführer, Taucherguide oder Angestellter in den Hotels. Die touristische Entwicklung im Ari-Atoll erreichte 1990 einen Höhepunkt. Die Regierung beschloss daraufhin, vorläufig keine weiteren Hotels im Ari-Atoll zu eröffnen.

Da alle Hotelinseln des Ari-Atolls verhältnismäßig weit vom internationalen Flughafen Hulhule entfernt liegen, dauerten in der Vergangenheit die Transfers mit den traditionellen Dhonis mehrere Stunden, ehe die Gäste ihre Trauminseln erreichten. Durch den Einsatz von Speedbooten verkürzten sich die Anfahrtszeiten erheblich. Das beliebteste und zeitsparendste Transportmittel nach der Ära der Hubschrauber sind heute robuste Wasserflugzeuge, die die Transferzeit auf 30 bis 40 Minuten schrumpfen lassen. Zusätzlich ist zukünftig der Einsatz von schnellen Luftkissenbooten mit Passagierkapazitäten von etwa 120 Personen pro Fahrzeug geplant. Der Weg in eine noch stärker an den Tourismus gebundene Zukunft scheint im Ari-Atoll bereits vorgezeichnet zu sein.

Die Touristeninseln im Nord-Ari-Atoll

Athuruga Beach & Water Villas (Athurugaa)

Die halbmondförmige Insel Athurugaa befindet sich etwa 95 km vom Flughafen Hulhule entfernt mitten im Ari-Atoll. Von der nächsten Touristeninsel Moofushi trennen sie 9 km. Athurugaa ist mit schönen Palmen bewachsen. Mangroven und tropisches Buschwerk ergänzen die Bilderbuchvegetation der etwa 250 m langen und 100 m breiten Insel eindrucksvoll. Sie besitzt weiterhin einen herrlichen, fast die ganze Insel umsäumenden Sandstrand mit einer vorgelagerten Lagune, in der man wunderbar baden kann.

Der Inselname Athuruga bedeutet „ungeordnete Steine". Vielleicht deutet er auf die unüberschaubare Korallenvielfalt an dem beeindruckenden Hausriff hin, das sich südöstlich entlang der Insel zieht. Es eignet sich gleichermaßen für Schnorchler und Taucher.

Die Anlage eröffnete 1990 und hieß zunächst Athuruga Island Resort. Derzeit betreibt Planhotel sie unter dem klangvollen Namen **Diamonds Athuruga Beach & Water Villas**. Sie zählt mit ihren Unterkünften und dem malediventypischen Flair zu den gehobenen Hotels, die sich durch Komfort und eine ansprechende Atmosphäre auszeichnen. Alle 71 Zimmer verfügen über eine Klimaanlage und Ventilatoren. Minibar, IDD-Telefon und Musikanlage sind ebenso selbstverständlich wie die großzügige Einrichtung der 46 Beach Bungalows und 25 Water Villas, die über eine möblierte Terrasse verfügen. Athurugaa wird vornehmlich von Italienern besucht, was sich nicht nur in der ungezwungenen Atmosphäre des Hotels niederschlägt, sondern auch in der Speisekarte. Morgens wird ein großes Büfett serviert, mittags ein warmes und kaltes Büfett, abends wechseln Büfett und Tischservice ab. Eine Pizzeria stillt tagsüber den kleinen Hunger, während zwei gemütliche Bars zum abendlichen Verweilen einladen. Zum Angebot der Insel zählen weiterhin eine Boutique und ein kleiner Drugstore.

Das Hotel offeriert ein All-Inclusive-Konzept, bei dem alle Getränke, auch die außerhalb der Mahlzeiten, sowie viele der sportlichen Aktivitäten im Preis enthalten sind. Ausnahmen sind Getränke wie Champagner und Sportarten wie Tauchen, Wasserski und Hochseeangeln, für die extra bezahlt werden muss.

Neben Tauchen und Schnorcheln stehen weitere Aktivsportarten wie Windsurfen, Wasserski, Segeln, Kanufahren, Wakeboarden, Aerobic, Fußball, Tischtennis, Badminton und Volleyball auf dem Programm. Zusätzliche Freizeitaktivitäten sind Nachtangeln, Hochseefischen und Exkursionen zu anderen Inseln. Für perfekte Entspannung danach sorgt das Spa mit Ayurveda-Massagen und Kosmetikbehandlungen.

Bathala

Bathala liegt im Nordosten des Ari-Atolls, direkt an der Außenseite des Saumriffs. Durch diese Lage und die hervorragenden Tauchgebiete hat sich die Insel unter Tauchern einen besonderen Namen gemacht. *Bathala* steht übrigens für eine Süßkartoffelart, die auf den Malediven angebaut wird.

Bathala verkörpert, wie es kein Prospekt besser zeigen könnte, die klassische Spiegeleityp-Malediveninsel. Das ovale Eiland misst etwa 270 m x 150 m und ist vollständig von einem blendend weißen, breiten Sandstrand umgeben. Wie es typisch für den Spiegeleityp ist, gibt es keine Lagune, sondern nur einen flachen Badeabschnitt, der sich um die ganze Insel zieht. Für Taucher ergeben sich dadurch rundum herrliche Steilwände und Riffschrägen, die bis auf 30 m Tiefe abfallen.

Die Luxus-Kette Adaaran zog sich von Bathala zurück, die Anlage blieb: Die In-

» Karte S. 135, Info S. 156-157

NORD-ARI-ATOLL / RASDHOO-ATOLL
0 5 10 km
© Nelles Verlag GmbH, München
THODDOO ATOLL
Thoddoo
INDIAN OCEAN
N
RASDHOO ATOLL
Veligandu Island Resort
Veligandu
Madivaru Finolhu
Rasdhoo
Kuramathi
Madivaru
Kuramathi Island Resort
Ukulhas Thila
Galagili Kandu
Gangehi Maavaru
Galagili
Gaagandu
Fushi
ARI ATOLL (ALIFU ATOLL)
Gangehi Kandu
Gangehi Island Resort
Gangehi
Ukulhas
Velidhu Island Resort
Velidhoo
Nika Island Resort
Mathiveri
Bodufolhudhoo
Mathiveri Finolhu
Kudafolhudhoo
Genburugau
Coral Garden
Beyru Thila
Mathiveree Dhekunu Kandu
Maa Thila
Kuda Thila
Miyaruga Thila
Banyan Tree Madivaru (closed)
Beyru Madivaru
Madivaru
Dhinolhu Finolhu
Dhingu Thila
Kari Beyru Thila
Vihamaafaru
Donagali Thila
Madhoogali Kandu
Maadoo-Dhonogali
Madoogali
Madoogali Island Resort (closed)
Voi Maayafushi Resort
Maayafushi
Bathala
Bathala Island Resort
Bathala Maagaa Kanthila
Maa Faru
Constance Halaveli Resort
Maaya Thila
Halaveli Wreck
Halaveli
Fussaru
Feridhoo
Ellaidhoo Maldives by Cinnamon
Ellaidhoo
Berucolo Falhu
Gaathafushi
W Maldives
Fesdhoo
Kandholhudhoo
Kandholhudhoo Thila
Maagaala
Ran Faru
Fesdhoo Wreck
Maalhos Thila
Konagau
Mushimasmingili
Maalhos
Dhoni Island
Fish Head
Fushi Faru
Himendhoo Kandu
Alikoirah
Maasha Gali
Meerufenfushi
Faanu Mudugau
Diamonds Athuruga Beach & Water Villas
Himandhoo
Himendhoo Dhekunu Kandu
Emas Thila
Athurugaa
Constance Moofushi Resort
Moofushi

Foto: Jürgen Gries

sel hat nur wenige, übersichtlich angeordnete Bungalows, sodass etwa 50 % der Fläche unverbaut und von immergrünen Büschen und Palmen bestanden sind – eine Tropenidylle vom Feinsten! Alle 46 Bungalows sind zum Meer ausgerichtet und palmenblattgedeckt. Die Einzelhäuser in Rundbauweise bieten angenehmen Komfort wie Klimaanlage bzw. Ventilator und Minibar. Jede Hütte besitzt einen kleinen Garten und eine Dusche im Freien. Malediventypisch ist auch das große Restaurant gestaltet, das zur Meerseite hin offen ist. Gleich neben dem Restaurant steht eine kleine Inselbar, die als abendlicher Treffpunkt zu einem Umtrunk und zum Genießen der Inselatmosphäre einlädt. Das Restaurant bietet neben internationaler Küche auch viele einheimische Gerichte an; frischer Fisch, Geflügel oder Gegrilltes stehen auf der Speiskarte.

Das Tauchen genießt auf Bathala höchste sportliche Priorität; so gibt es auch eine Werner-Lau-Tauchbasis. Es folgen: Wasserski, Angeln, Segeln, Volleyball, Darts, Tennis und Tischtennis.

Zusätzlich werden Besuche von Einheimischeninseln und Ausfahrten zu den benachbarten Hotelanlagen wie auf den Inseln Maayafushi, Halaveli oder Ellaidhoo, die ebenfalls zu den bekannten Taucherinseln des Atolls zählen, angeboten. Man kann aber auch Rundflüge über das Atoll unternehmen oder zum Einkaufen nach Male fliegen. Die Hauptstadt liegt etwa 62 km entfernt und wird mit dem Air Taxi in 15 bis 20 Minuten erreicht.

Dhoni Island (Mushimasmingili)

Das neue Resort im Nord-Ari-Atoll, **Dhoni Island**, nimmt eine Ausnahmestellung ein: Die winzige Bilderbuchinsel (194 m x 96 m) im nördlichen Atollabschnitt hat gerade einmal sechs exklusive Bungalows, von denen zwei über einen eigenen Pool verfügen. Luxus, Individualität und Privatatmosphä-

Oben: Bathala ist von einem herrlichen weißen Strand und einem Hausriff umgeben. Rechts: Mit dem eigenen Dhoni unterwegs (Dhoni Mighili).

» Karte S. 135, Info S. 156-157

Foto: Paul Spierenburg

re sind die Kriterien, nach denen das Management das Eiland führt.

Zu jedem Bungalow gehört ein privates, 20 Meter langes Wohndhoni mit exklusivem Interieur. Natürlich wartet auf jedem dieser „Hausboote" eine mehrköpfige Crew auf die gut betuchten Gäste.

Essen und trinken kann man nach Herzenslust, wann, was und wo man möchte. Und sogar ein eigenes Spa steht den wenigen Gästen zur Verfügung.

Ebenso exklusiv und individuell erkundet man hier die Unterwasserwelt: Mit dem eigenen Dhoni wird man zu den spektakulären Tauchplätzen im Nord-Ari-Atoll gebracht.

Ellaidhoo Maldives (Ellaidhoo)

Ellaidhoo ist das dicht bewachsene „Schwestereiland" des benachbarten Bathala. Seit der Eröffnung 1985 avancierte Ellaidhoo zu einer der bekanntesten Taucherinseln der Malediven. Es gibt kaum Ferienanlagen, wo das Verhältnis von Tauchern zu nichttauchenden Gästen so sehr zugunsten der Unterwassersportler ausfällt wie auf Ellaidhoo. Die Insel ist oval und misst etwa 500 m x 350 m. Die üppige Vegetation bedeckt die Insel bis in Strandnähe. Als auffälliges Merkmal des Eilandes ragen rund um die Insel aus Korallenstein gemauerte Dämme aus dem Wasser. Sie sollen ein weiteres Abtragen des Strandes durch die Monsunwinde und Meeresströmungen verhindern, ein Problem, mit dem viele Malediveninseln zu kämpfen haben. Auf Ellaidhoo bewährten sich die Korallenmauern, wenngleich einige Gäste die abendliche Aussicht auf spektakuläre Sonnenuntergänge gestört sehen.

Ellaidhoo ist keine ausgesprochene Badeinsel, denn die Strandbereiche sind nicht inselumfassend, und die kleine Lagune fällt bereits nach wenigen Metern an der Kante des Hausriffs steil in die Tiefe ab. Bekannt wurde Ellaidhoo in erster Linie durch die nahen spektakulären Tauchgründe, allen voran der

Foto: Ludwig Migl

weltbekannte Haiplatz **Mushimasmingili Thila**, kurz **Fish Head** genannt. Sehr eindrucksvoll ist das Hausriff, das auch die Tauchschulen benachbarter Inseln anfahren. Vor Ellaidhoo tauchen heißt Steilwandtauchen pur! Es gibt herrliche Hart- und Weichkorallenlandschaften mit großem Fischreichtum, bezaubernde Überhänge und geheimnisvolle Höhlen zu entdecken. Die Steilwand fällt an vielen Stellen des Hausriffs senkrecht auf über 30 m ab, zahlreiche Höhlen befinden sich im 10-bis 15-m-Bereich. Direkt vor dem Anlegesteg der Insel versenkte der damalige Tauchbasisleiter Christian Mietz 1989 die *Citomo*, einen 30 m langen ausgedienten Bananenfrachter, der allerdings am Hausriff kieloben liegt und somit als Wrack nur wenig attraktiv ist.

Die 112 Unterkünfte des Hotels **Ellaidhoo Maldives by Cinnamon** zwischen Kokospalmen und Büschen in Strandnähe sind als Einzelbungalows mit Freiluftdusche und -WC konzipiert. Die geräumigen Open-Air-Bäder im Innenhof der kleinen Hütten vermitteln eine besonders urwüchsige Atmosphäre. Die Einrichtung ist praktisch und zweckmäßig. Auf übertriebenen Komfort hat man bewusst verzichtet, da sich das Leben auf der Insel ohnehin vorrangig unter freiem Himmel oder unter der Wasseroberfläche des Meeres abspielt. Jeder Bungalow besitzt zudem eine kleine Terrasse zur Meerseite hin. Auch gibt es 24 Wasserbungalows. Das große offene Restaurant serviert internationale und typisch maledivische Gerichte, einmal wöchentlich auch verschiedene Büfetts. Der Abend gehört meist der taucherischen Fachsimpelei in der kleinen, urgemütlichen Bar.

Ellaidhoo ist das Paradies der Taucher. Die Tauchbasis ist sehr professionell geführt, modern ausgestattet und bietet Kurse im Mischgastauchen (Nitrox) an. Abgesehen von Tischtennis, Windsurfen, Fußball und Volleyball

Oben: Ein Taucherlebnis – Begegnung mit einer Meeresschildkröte. Rechts: Farbenprächtige, aber giftige Rotfeuerfische sind im Ari-Atoll öfter zu sehen.

» Karte S. 135, Info S. 156-157

und einer einmal wöchentlich stattfindenden Disko (falls die Gäste dies überhaupt wünschen) geht es auf der Insel ruhig zu. Wer tagsüber noch nicht genug vom Tauchen bekommen hat, kann sich abends Unterwasser-Dia- und Filmvorträge anschauen.

Ellaidhoo liegt 43 km von Hulhule entfernt. Der Transfer zur Insel per Wasserflugzeug dauert 25 Minuten.

Gangehi Island Resort (Gangehi)

Gangehi ist eine kleine, aber sehr exklusive Insel, auf der italienische Touristen mit 95 % aller Gäste das größte Besucherkontingent stellen. Das Eiland ist zugleich die nördlichste Hotelinsel im Ari-Atoll. Es liegt nordwestlich am Ende des gleichnamigen, sehr schmalen und etwa 2,5 km langen Kanals Gangehi Kandu. In unmittelbarer Nachbarschaft befinden sich zwei weitere Hotelinseln, das Nika Island Resort und das Velidhu Island Resort. Gangehi war in der Vergangenheit stets unbewohnt, bis hier 1987 der Tourismus einzog. 1995 und besonders 2008 fanden umfassende Renovierungsarbeiten statt. Die Kapazität wurde auf 40 luxuriöse, perfekt in die Landschaft integrierte Bungalows erhöht.

Im Lauf der Zeit änderte sich durch Winderosion (und vermutlich durch Eingriffe in die natürliche Vegetationszone) die Inselform. Weitreichende Sandverlagerungen führten dazu, dass die ehemaligen Wasser-Stelzenbungalows bereits Anfang 1996 nicht mehr wie ursprünglich geplant über der Lagune standen, sondern auf dem Trockenen lagen. Wer Malediveninseln über einen längeren Zeitraum hinweg genau beobachtet, kann feststellen, dass die Monsunwinde oft ganze Strandabschnitte verlagern, so dass die Inseln dem Besucher saisonal recht verändert erscheinen können. Eingriffe in natürliche Vegetationsformen, insbesondere an den windexponierten Seiten einer Insel, verstärken diese Prozesse oft in

Foto: Udo Kefrig

nicht beabsichtigter Weise, wie das Beispiel Gangehi verdeutlicht.

Die 17 sehr geschmackvoll eingerichteten Einzelbungalows des **Gangehi Island Resort** verwöhnen ihre Gäste mit einer gemütlichen, zum Meer ausgerichteten Veranda. Acht weitere Luxus-Stelzenbungalows bieten zusätzlich einen großen Balkon. Die Unterkünfte sind bewusst als Zweibettzimmer ausgewiesen; eine dritte Schlafmöglichkeit wird in den meisten Bungalows nicht angeboten. Das Resort ist eher eine Welt der Erwachsenen, akzeptiert aber auch Kinder. Gangehi bietet Räumlichkeiten für Seminare, Film- und Videovorführungen. Ein Inselarzt gehört ebenfalls zum gehobenen Standard der Insel.

Internationale, maledivisch-orientalische und besonders italienische Gerichte stehen auf dem Speiseplan des vorzüglichen Restaurants. Das Frühstück ist ein üppiges Büfett, zur Mittagszeit wird ein reichhaltiges, warmes Lunch-Büfett angeboten, während abends das Menü am Tisch serviert wird.

» Karte S. 135, Info S. 156-157

Foto: Duncan Willetts (Camerapix)

Eine gemütliche Pianobar lädt zum abendlichen Umtrunk ein, bei dem man den herrlichen Sonnenuntergang genießen kann.

Neben dem Tauchen kann man auch schnorcheln und surfen, an Ausfahrten zum Nacht- und Hochseefischen teilnehmen oder sich verschiedenen Inselexkursionen anschließen. Ansonsten ist Gangehi ein Platz der Erholung, der Ruhe und des südländischen *dolce vita*.

Constance Halaveli Resort (Halaveli)

Halaveli befindet sich im östlichen Bereich des Nord-Ari-Atolls nahe den Inseln Maayafushi, Bathala und Ellaidhoo. Aus der Vogelperspektive gleicht das Eiland einem Halbmond mit einem breiten Saumriff darum; dies zieht sich weit hinaus und an seiner Außenkante fällt das Meer sehr tief ab. Der Inselname leitet sich vermutlich von dem Dhivehi-Begriff *hala* ab. Damit ist der kleinblättrige Hartholzbaum *Suriana maritima* gemeint, der vermutlich früher hier in großer Zahl wuchs.

Die Insel ist etwa 180 m x 300 m groß und von dichtem immergrünem Buschwerk und schönen Kokospalmen überzogen. Nur etwa 20% der Inselfläche sind bebaut, der Rest ist idyllische Natur mit zahlreichen tropischen Vögeln, Eidechsen, Geckos und Flughunden. Es ist daher ein besonderes Erlebnis, über die Insel zu spazieren oder das Eiland am Strand zu umrunden. Halaveli ist von einem wunderbaren Sandstrand umgeben, der zum Sonnen, Faulenzen oder Baden einlädt. Eine große Lagune lockt Surfer, Segler, Schnorchler und Badegäste.

Das eigenwillige Flair der Insel ergibt sich auch aus der Gestaltung der Hotelanlage und ihrer geschickten Integration in die natürliche Umgebung. Halaveli besitzt noch ein wenig vom „Gründergeist“ früher Touristeninseln, ohne dabei altmodisch zu wirken. Die Insel nahm 1981 als Halaveli Holiday Village den Betrieb auf, übersichtlich und

Oben: Gangehi, aus der Luft betrachtet. Rechts: Treibstofflieferung auf Halaveli.

» Karte S. 135, Info S. 156-157

Foto: Christian Mietz

zeitgemäß gestaltet. Seit dem umfassenden 5-Sterne-Upgrade im Jahr 2009 durch die mauritianische Constance-Kette findet man im **Halaveli Resort** Luxus wie einen Swimmingpool oder Spa-Pavillions für Ayurveda-Anwendungen und Thai-Massagen. Die 86 Bungalows – Wasservillen auf Stelzen und Strandvillen – verfügen über einen eigenen Pool und viel Komfort, natürlich auch über Klimaanlage, Minibar, Telefon, Dusche und eine Terrasse mit Meeresblick.

Freunde exzellenter Gaumenfreuden treffen mit der Insel Halaveli eine hervorragende Wahl. Viele Gäste sind Italiener – kein Wunder, dass auf Halaveli die Gäste neben Spezialitäten der asiatischen und internationalen Küche auch eine Vielfalt leckerer italienischer Gerichte genießen können. Eine für die Malediven erstaunliche Auswahl an italienischen Weinen und Spirituosen rundet das hervorragende Angebot ab. Von erlesenen Chianti-Jahrgängen bis zu seltenen Grappas – auf Halaveli scheint nichts unmöglich zu sein!

Das Freizeitangebot auf Halaveli konzentriert sich auf den Wassersportbereich. Die große Lagune eignet sich hervorragend zum Surfen, Katamaransegeln, Wasser- und Jetskifahren, zum gemütlichen Fischen oder zum aufregenden Parasailing.

Taucher erwarten die erstklassigen Riffe des Ari-Atolls und das inseleigene **Halaveli-Wrack**, an dem angefütterte, handzahme Rochen einen neuen Lebensraum fanden.

Voi Maayafushi Resort (Maayafushi)

Maayafushi hat als Taucherinsel den gleichen Bekanntheitsgrad wie das etwas weiter südöstlich gelegene Ellaidhoo. Das 1983 eröffnete Eiland zählt zu den klassischen Tauchzielen im maledivischen Archipel.

Ihren ausgezeichneten Ruf verdankt die Insel zum einen dem wunderschönen Hausriff und den in der Umgebung liegenden Top-Tauchplätzen. Zum anderen ist der Name Maayafushis – wie auch der von Bandos – eng mit dem ehemaligen Tauchbasisleiter Herwarth

» Karte S. 135, Info S. 156-157

Foto: R. Dirscherl (Arco Images)

Voigtmann verbunden, ehemals graue Eminenz des Sporttauchens auf den Malediven. Er war es, der mit dem Anfüttern von Haien und den spektakulären Fotos von dieser Aktion weltweit Aufsehen erregte. Auch wenn Voigtmann schon lange nicht mehr auf den Malediven lebt, so ist ihm doch sein Ruf geblieben und Maayafushi ist immer noch eine Art Wallfahrtsort für Tauchbegeisterte.

1993 wurde das **Maayafushi Resort** komplett renoviert. Es gehört mittlerweile zur italienischen Voi-Hotelkette, wobei die Insel glücklicherweise nichts von ihrem alten Charme einbüßte. Die Insel ist immer noch dicht mit vielen Palmen und tropischem Buschwerk bewachsen. Die Vegetation reicht nahe an die Lagune heran.

Maayafushi ist eine halbmondförmige, etwa 300 m x 100 m große Insel mit einer besonders großen Badelagune.

Oben: Schnorchlerin vor Maayafushi. Rechts: Immer wieder aufregend – Begegnungen mit Stachelrochen am Halaveli-Wrack.

Diese wird gern von Safaridhonis und Ausflugsbooten als geschützter Ankerplatz genutzt. Die meisten Strandbereiche werden von wunderbar feinem Korallensand umsäumt, was insbesondere an der Westseite der Insel ideale Bademöglichkeiten gewährleistet. Zwei große Landzungen, die weit in die Lagune ragen, sind Anziehungspunkte für alle Sonnenanbeter.

Die 81 Zimmer sind in Reihenbungalows mit je vier Wohneinheiten angeordnet. Bei der ansprechenden, aber zweckmäßigen Einrichtung verzichtete man bewusst auf Schnörkel, ohne dabei an Komfort zu sparen. Ventilatoren sorgen für Frischluft, eine Terrasse bietet sich zum beschaulichen Genießen des Tages oder des Abends an.

Maayafushi hat etwas Rustikales und vermittelt noch einen Eindruck, wie sich die Malediven zu Beginn der touristischen Erschließung präsentierten. Der Beliebtheitsgrad dieser Anlage spiegelt sich in der hohen Auslastung wider. Die Küche der Insel überzeugt mit einer sehr gelungenen Mischung aus einheimischen und internationalen Gerichten.

Neben dem Tauchen stehen Wasserski, Windsurfen, Hochseeangeln, Parasailing, Katamaransegeln und Badminton auf dem Freizeitprogramm, gelegentlich auch Diskos am Abend. Wer noch mehr erleben will, kann das Ari-Atoll aus der Luft erkunden oder sich Exkursionen zu Einheimischeninseln anschließen. Ganz Unentwegte können auch per Flugzeug eine Tour nach Male unternehmen.

Madoogali

Madoogali befindet sich 90 km vom Flughafen Hulhule entfernt im Nordwesten des Ari-Atolls, geradewegs atolleinwärts am Ende des Madoogalee Kandu, zwischen der Touristeninsel Nika und der Einheimischeninsel Feridhoo. Lange Zeit bewohnten Einheimische Madoogali, sie wanderten aber aus nicht nachvollziehbaren Gründen lang-

» Karte S. 135, Info S. 156-157

Foto: Udo Kefrig

sam ab, bis 1943 die Restbevölkerung von 43 Personen nach Mandhoo ins südliche Ari-Atoll umgesiedelt wurde. Auch die Übersetzung des Namens Madoogali, „von Korallengestein geformte Insel", gibt keinerlei Hinweis auf die Abwanderungsgründe.

Ende der 1980er Jahre wurde die Insel als Ferienanlage freigegeben und empfing 1988 die ersten Besucher. Madoogali ist dicht mit Bäumen und Büschen bewachsen. Die ovale Insel ist etwa 500 m x 300 m groß. Ein wunderbarer, das ganze Eiland umgebender Sandstrand mit einer kleinen Lagune ist ein Paradies für Sonnenanbeter und Wasserratten, während das schöne Hausriff zum Teil nahe an die Insel heranreicht und Taucher und Schnorchler fasziniert.

Seit 2015 geschlossen ist das *Madoogali Resort* mit seinen 56 Einzelbungalows mit Palmwedeldächern und Veranda mit Meerblick.

Tauchen dürfte im Falle einer Neueröffnung auch in Zukunft die Sportart Nummer eins in Madoogali sein.

Schon beim Schnorcheln am Hausriff kann man tolle Korallenformationen entdecken, und manchmal trifft man unter den Korallenblöcken sogar auf Ammenhaie. Erfahrene Taucher zieht es nicht nur ans Hausriff, sondern auch zu den fischreichen Plätzen im Inneren des Atolls oder zu dem westlichen Außenriff.

Möglich wären in Madoogali weitere Sportarten wie Parasailing, Kanu- und Kajakfahren, Surfen oder Wasserski. **Früher** konnte man an Ausfahrten zu den benachbarten Inseln und am Nachtfischen teilnehmen oder zu einem atemberaubenden Rundflug über das Atoll starten.

Constance Moofushi Resort

Moofushi zählt zu der jüngeren Hotelgeneration im Ari-Atoll. 1990 begann der touristische Betrieb auf dem etwa 230 m x 160 m großen, ovalen Eiland, das mitten im Atoll liegt. In Dhivehi bedeutet die Silbe *moo* „Baumwurzel", vielleicht ein Hinweis auf den gesun-

» Karte S. 135, Info S. 156-157

Foto: Duncan Willetts (Camerapix)

den Baum- und Buschbestand, der sich dschungelartig über die ganze Insel zieht.

Aus der Luft ist leicht zu erkennen, dass Moofushi auch heute noch zu etwa 75% unbebaut ist und eine üppige, tropische Vegetation die Insel dominiert. Die Vegetationsbereiche werden wie ein Reservat gehegt und gepflegt, ein Umstand, der zur wunderbar urwüchsigen Atmosphäre der Insel beiträgt. Im Süden der Insel verläuft der Kanal Moofushi Kandu, der das Atoll mit dem offenen Meer verbindet.

Das Hausriff von Moofushi liegt zu großen Teilen am Außenriff und im Kanal. Wegen der häufig auftretenden starken Strömungen ist beim Tauchen und Schnorcheln Vorsicht geboten.

Im Nordwesten erstreckt sich eine weitläufige Lagune, die ideal für unbekümmertes Baden ist. Große Inselteile sind von einem schönen Sandstrand umgeben, der das typische Bild von einer tropischen Trauminsel noch verstärkt.

Die kürzlich erweiterte Hotelanlage **Constance Moofushi Resort** hat 24 Beach Villas, die versteckt im Grünen liegen. 56 Water Villas und 30 größere Senior Water Villas, auf Stelzen errichtete Bungalows an der Südseite über der Lagune. Sie haben einen direkten Einstieg ins Wasser. Zum Ausstattungsstandard der geräumigen Unterkünfte zählen Klimaanlagen und Ventilatoren, Minibar und Telefon. Die Superior Rooms verfügen zusätzlich über eine Stereoanlage und Videorecorder.

Moofushi wird in erster Linie von Italienern besucht, dementsprechend schmackhaft sind die Spezialitäten, die das Restaurant zaubert. Zusätzlich gibt es einmal pro Woche leckere Fisch- und Currygerichte der maledivischen und indischen Küche am Büfett sowie internationale Speisen, die auch die deutschen Gäste (etwa 40%) begeistern. Frühstück und Lunch werden als Büfett serviert, das Abendmenü wird am Tisch

Oben: Das Moofushi Island Resort wird gern von Italienern besucht. Rechts: Navigieren mit Geschick und Augenmaß.

» Karte S. 135, Info S. 156-157

Foto: Duncan Willetts (Camerapix)

gereicht. In einem zweiten, kleineren Restaurant speist man in intimem Ambiente à la carte.

Sportlich geht es auf Moofushi tagsüber sehr abwechslungsreich zu. Neben Tauchen stehen Windsurfen, Wasserski, Hochseefischen und Katamaransegeln sowie Beach-Volleyball und Wassergymnastik auf dem Programm. Ausflüge zu Einheimischeninseln und Picknicktouren zu unbewohnten Eilanden sind ebenfalls Bestandteile des umfangreichen Freizeitangebotes. Im Spa lässt es sich herrlich entspannen. Der Abend auf Moofushi gehört wie auf vielen anderen Malediveninseln der Bar, der Diskothek oder dem ungestörten Träumen.

Nika Island Resort (Kudafolhudhoo)

Ursprünglich hieß diese Insel im Nordwesten des nördlichen Ari-Atolls Kudafolhudhoo. Sie liegt 74 km von Hulhule entfernt und wird mit dem Flugzeug in 30 Minuten erreicht.

1983, als der Einzug des Tourismus auf der Insel begann, wurde Kudafolhudhoo erst in Nika Hotel, später in **Nika Island Resort** umbenannt.

Die Insel misst etwa 230 m x 150 m und ist extrem dicht bewachsen, so dass man die Bungalows schon fast suchen muss. Nika ist unter anderem für seinen großen, 130 Jahre alten Nika-Baum (Banyan-Baum, eine Feigenart, *Ficus benghalensis)* bekannt, der in der Mitte der Insel steht und maßgeblich zur Namengebung beitrug. Seine schattenspendenden Zweige sind kräftig und flexibel. Die Malediver benutzen sie gern als Segelstangen für ihre Dhonis. Die eigens herangeschaffte, sehr fruchtbare Erde eignet sich bestens zum Anbau verschiedener Pflanzen.

Sehr positiv zu bewerten ist ein Schildkröten-Aufzuchtprojekt auf Nika. Frisch geschlüpfte Schildkröten wachsen nur einige Tage in einem speziell gebauten Meerwasserpool heran. Später, wenn sie nicht mehr so gefährdet sind wie ganz junge Tiere mit weichem Panzer, werden sie in die Freiheit des Meeres entlassen.

Nika Island Resort zählt zu den exklu-

Foto: Duncan Willetts (Camerapix)

siveren Hotels der Malediven, es wurde auf 43 Unterkünfte mit Wasserbungalows erweitert.

Die Ausstattung ist luxuriös: Die Bungalows auf der Insel sind mit viel handwerklicher Kunst gefertigt und mit 70 m^2 recht geräumige Unterkünfte, die durch kleine Gärten voneinander getrennt sind. Alle Häuser besitzen einen großen Wohnraum, ein Schlafzimmer und ein Badezimmer sowie eine kleine Terrasse mit Meerblick und einen Privatstrand. Die Architekten gestalteten die Häuser bewusst in Rundform und verwendeten viele Bogenelemente. Das Ambiente wurde den „Gründerzeiten" des Malediven-Tourismus angepasst. Statt moderner Klimatechnik beherrschen große Ventilatoren und Moskitonetze die eigenwilligen, aber romantischen Unterkünfte. Dem gehobenen Standard entsprechend, genießen die Gäste auch die Vorzüge einer Minibar und eines IDD-Telefonanschlusses in den Bungalows.

Oben: Auf Nika werden erfolgreich Schildkröten aufgezogen. Rechts: Das Fesdu-Wrack zählt zu den schönsten künstlichen Riffen der Malediven.

Nika kann sich rühmen, neben zwei Restaurants mit erstklassiger heimischer und italienischer Küche auch einen italienischen Weinkeller (über 50 Sorten) zu besitzen. Morgens wird ein großes, reichhaltiges Frühstücksbüfett angeboten, während mittags und abends am Tisch serviert wird. Ein Coffee Shop, eine bestens ausgestattete Bar und ein Souvenirladen gehören ebenfalls zur Inselausstattung.

Das Wellnesszentrum bietet u.a. ayurvedische Behandlungen an.

Sportlich bietet Nika neben dem Tauchen am 100 m entfernten Hausriff und an den Toptauchplätzen in der Umgebung einen Tenniskunstrasenplatz mit Flutlicht sowie Windsurfen, Kanufahren, Segeln und Wasserski an. Wer mag, kann außerdem Boccia, Badminton oder Tischtennis spielen, zum Nachtfischen hinausfahren oder sich einige der umliegenden Nachbarinseln ansehen.

Zur medizinischen Versorgung der Urlauber ist auf der Insel ein eigener Arzt stationiert.

Velidhu Island Resort (Velidhoo)

Velidhoo liegt zentral im nördlichen Viertel des Nord-Ari-Atolls, nahe Nika, Gangehi und Madoogali. Zum Flughafen Hulhule sind es 76 km, für die ein Wasserflugzeug ungefähr 20 Minuten benötigt. Der ursprüngliche Inselname Velidhoo bedeutet soviel wie „Sandinsel". Das lässt sich leicht nachvollziehen – ein Blick aus dem Flugzeug verdeutlicht, dass das gesamte Eiland von traumhaften Sandstränden und einer großflächigen, geschützten Lagune umgeben ist.

Der Tourismus hielt 1989 Einzug auf der Insel, die erst in Avi Island umbenannt wurde, später dann in Velidhu Island Resort. Das dreieckige Velidhu misst etwa 350 m in der Länge und 250 m in der Breite. Die Insel ist von üppiger Vegetation, einschließlich zahlreicher

Foto: Udo Kefrig

Kokospalmen, überzogen. 1995 wurde die Hotelanlage komplett renoviert und zum Teil umgebaut.

Das **Velidhu Island Resort** verfügt über 100 Bungalows einschließlich 20 Wasservillen. Alle Zimmer entsprechen der gehobenen Komfortklasse. Klimaanlagen bzw. Ventilatoren sorgen für ein angenehmes Raumklima. Warm- und Kaltwasserduschen gehören ebenso zur Einrichtung wie eine Minibar und eine bemerkenswert geräumige Terrasse.

Das Restaurant ist zu allen Seiten hin offen. Bei allen Einrichtungen auf der Insel, auch im Coffee Shop und an der Rezeption, fallen sofort die zahlreichen Bauelemente aus Rattan auf, die der Insel zusätzliche Tropenatmosphäre verleihen.

Die Küche ist, wie auf so vielen Maledineninseln, eine geschickte Mischung aus internationalen und einheimischen Gerichten. Da die meisten Besucher aus Europa anreisen, ist der abwechslungsreiche Speiseplan vor allem auf die europäischen Bedürfnisse abgestimmt. Morgens wird ein reichhaltiges Frühstücksbüfett geboten, mittags und abends wechseln Büfett und Tischservice einander ab.

Die Freizeitaktivitäten im Velidhu Island Resort bestehen vor allem aus Tauchen, Wasserskilaufen, Windsurfen, Kanufahren und Schnorcheln. Neben diesen klassischen Wassersportarten werden auch Volleyball, Nachtfischen, Tischtennis und Badminton angeboten. Abendliche Abwechslung bietet eine kleine Diskothek. Wer gern die Lebensweise der maledivischen Bevölkerung und deren Handwerkskunst kennen lernen möchte, kann sich einer Exkursionen zu einer Einheimischeninsel anschließen.

W Maldives (Fesdhoo)

Fesdhoo (Fesdu) ist eine zentrale Insel im Nord-Ari-Atoll, etwa 9 km östlich von Maalhoss, einer bekannten Einheimischeninsel am Westrand des Atolls. Fesdhoo hat mit seinen etwa 200 Meter x 150 Meter eine fast runde Form

» Karte S. 135, Info S. 156-157

Foto: Duncan Willetts (Camerapix)

und besitzt auch einen traumhaften Palmenbestand. Zusätzlich verleihen zahlreiche Büsche und viele bunte, tropische Pflanzen der Insel echtes Südseeflair, zu dem auch der schneeweiße, breite Strand beiträgt, der die Insel umsäumt.

Die besten Badebereiche liegen im Süden und Südwesten. Im Westen erstreckt sich eine schöne, besonders lang gezogene Lagune, während an der Ostseite ein steil abfallendes Hausriff Taucher und Schnorchler begeistert. Das ziemlich strömungsexponierte Hausriff eignet sich jedoch vornehmlich für erfahrene Taucher. Im nördlichen Inselbereich stehen einige Korallensteinmauern auf dem Riffdach, um der natürlichen Erosion der Insel vorzubeugen. Fesdhoo ist, besonders aus der Vogelperspektive betrachtet, ein typisch maledivisches Postkartenidyll – ein visueller Hochgenuss!

Oben: Ein geruhsames Plätzchen – die traditionelle Maledivenschaukel. Rechts: Geraspelte Kokosnüsse verfeinern einheimische Gerichte.

Fesdhoo wurde 1982 zur Ferienanlage. Die Insel ist nicht groß, und man verzichtete bewusst auf Massentourismus zugunsten einer familiären Atmosphäre. 2006 eröffnete hier das weltweit erste Luxusresort der Starwood-Lifestylemarke W – das **W Maldives**.

Da der Platz auf der Insel begrenzt ist, stehen 50 der 78 noblen Unterkünfte im Wasser: Die Kategorien Ocean Oasis, Seascape Escape und Ocean Haven bieten edle Möblierung, Pools, Sonnenterrassen und die neuesten technischen Spielereien (Plasma-TV, DVD etc.). Nicht weniger luxuriös sind die Beach-Oasis-Villen an Land.

Die Gastronomie ist ebenfalls vom Feinsten: Ob Edles aus dem Meer im Restaurant „Fish“, Gegrilltes vom offenen Feuer im „Fire“ oder Drinks in der coolen Bar „15 Below“, die unter dem Meeresspiegel liegt, auf Fesdhoo bleibt kaum ein kulinarischer Wunsch unerfüllt. Wer sich immer noch nicht hinreichend erholt fühlt, lässt sich im Away Spa massieren, ölen und salben und nach allen Regeln der Kunst verwöhnen.

» Karte S. 135, Info S. 156-157

Foto: Duncan Willetts (Camerapix)

Der Tauchsport genießt auf Fesdhoo einen hohen Stellenwert. Besonders stolz ist man auf das inseleigene Wrack, das die Tauchlehrer eigens für die Gäste in der Nähe der Insel versenkt haben. Der etwa 30 m lange Fischtrawler, der in 16 bis 29 m Tiefe aufrecht auf dem Atollgrund liegt, gilt mit seinem traumhaften Korallenbewuchs als das derzeit schönste künstlich versenkte Schiff der Malediven. Neben dem Wracktauchen werden Tauchausfahrten zu den schönsten Plätzen des Atolls und Tauchen am Hausriff angeboten.

Die Anreise zur Insel vom Flughafen aus erfolgt per Speedboot (3,5 Stunden) oder – wesentlich schneller – mit dem Wasserflugzeug (etwa 30 Minuten).

Die Einheimischen- und Ausflugsinseln im Nord-Ari-Atoll

Bodufolhudhoo

Die Einheimischeninsel Bodufolhudhoo befindet sich im Nordwesten des Atolls in der Nähe der Hotelinsel Nika (Kudafolhudhoo). Die Haupteinnahmequelle der gut 600 Inselbewohner ist der Fischfang.

Feridhoo

Feridhoo ist eine große Einheimischeninsel am Westrand des nördlichen Ari-Atolls, die genau zwischen den beiden Kanälen Feridhoo Uthuru Kandu und Feridhoo Dekunu Kandu liegt. Auf Feridhoo leben etwa 660 Malediver.

Die Besiedlungsgeschichte der Insel reicht bis in die buddhistische Zeit zurück. Viele der Inselbewohner sind Abkömmlinge ehemaliger Sklaven. Sultan Hassan III. (1542-1567) brachte nach seiner Rückkehr aus Mekka etwa 70 schwarzafrikanische Sklaven in das Land, und auch der spätere Sultan Hassan Nooradhdheen (1779-1799) kehrte mit Sklaven von seiner Mekka-Wallfahrt zurück. Nach ihrer Freilassung wurden die Afrikaner auf die Insel Kudaf Ari im Noonu-Atoll und nach Feridhoo umgesiedelt. Dort vermischten sie sich mit den Einheimischen, was noch heute an

» Karte S. 135, Info S. 156-157

den vielen Inselbewohnern mit auffällig großer Statur und dunklen, lockigen Haaren zu erkennen ist.

Gaathafushi

Die kleine Insel Gaathafushi liegt im Nordwesten von Fesdu und ist unbewohnt. Sie wird bevorzugt von Tagesausflüglern der Hotelinsel Fesdu aufgesucht (s. S. 147).

Himandhoo

Im Westen des Ari-Atolls liegt in mittlerer Höhe im Himendhoo-Kanal am Ostende des gleichnamigen Faru die recht große Einheimischeninsel Himandhoo (auch: Himendhoo). Auf ihr leben derzeit etwa 600 Einwohner. Sie ist eine typische Fischerinsel, deren geschichtliche Wurzeln bis weit in vorislamische Epoche reichen. Immer wieder wurden hier archäologische Funde aus buddhistischen Zeiten entdeckt.

Kandholhudhoo

Diese Insel trägt ihren Namen nach der Blume *Kandholhudhoo*, einer wilden Lilienart, die auf der Insel wächst und wunderschön blüht. Kandholhudhoo liegt mitten im Atoll zwischen Fesdhoo und Ellaidhoo. Die unbewohnte Insel war einst beliebter Anlaufplatz für Tagesausflüge oder wurde für ein romantisches Picknick zwischen zwei Tauchgängen genutzt.

Maagaala

Die winzige, unbewohnte Insel an der östlichen Außenseite des Ari-Atolls, nahe der bekannten Touristeninsel Ellaidhoo, eignet sich ideal für Sonnenanbeter. Die große Lagune lädt zum Badevergnügen im flachen Wasser ein. Erfahrene Windsurfer und Segler können Maagaala mühelos von Ellaidhoo aus erreichen.

Rechts: Am Maalhos Thila findet man Weichkorallen in vielen Farben.

Maalhos

Maalhos liegt an der Westseite des Atolls zwischen den beiden Kanälen Maalhohu Kandu und dem südlicheren Himendhoo Kandu. Die Silbe *Ihos* steht für einen *Morindaefolia*-Gemüsestrauch. Charakteristisch für Maalhos ist der dichte Bestand an großen Bäumen. Die meisten der 600 Einwohner sind im Fischfang oder Dhonibau beschäftigt. Viele der Jüngeren bevorzugen jedoch die lukrativen Jobs auf den Touristeninseln des Ari-Atolls.

Nahe der Insel liegt einer der schönsten Tauchplätze des Atolls, das Riff **Maalhos Thila**, das mit hellblauen Weichkorallen besticht.

Mathiveri

Die Fischerinsel Mathiveri mit 800 Einwohnern liegt im Nordwesten des Ari-Atolls, am Ende des umfangreichen Riffkomplexes des Gangehi Maavaru und in der Nähe der Touristeninsel Nika. *Mathiveri* bedeutet „oberer Teil", was auf die nördliche Lage der Insel im Ari-Atoll hinweisen soll. Es gibt hier ein Guesthouse: www.mathiveriinn.com.

Auf Mathiveri steht, ebenso wie auf den benachbarten Inseln Nika und Bodu Fulhadhoo, ein mächtiger, uralter Nika-Baum. Solche Würgefeigen können ein hohes Alter erreichen. Diese hier hat möglicherweise bereits den Bau der alten Moschee auf Mathiveri „miterlebt", die der Sultan Ibrahim Iskandar I. (1648-1687) während seiner Regierungszeit hier errichten ließ.

Mathiveri Finolhu

Die kleine, unbewohnte Nachbarinsel von Mathiveri heißt Mathiveri Finolhu. Beide Inseln liegen in derselben Lagune direkt nebeneinander. Nur 1000 m westlich befindet sich die exklusive

» Karte S. 135, Info S. 156-157

Foto: Udo Kefrig

Touristeninsel Nika; deren Gäste schätzen Mathiveri Finolhu als „Picknickinsel".

Meerufenfushi

Das unbewohnte Eiland Meerufenfushi ist Namensvetterin der Touristeninsel im Nord-Male-Atoll und liegt südlich der Touristeninsel Fesdu. Der Name bedeutet etwa „Süßwasserinsel".

Wenige Kilometer östlich liegt die ebenfalls unbewohnte Insel **Alikoirah**.

Thoddoo

Thoddoo, eine isolierte Insel 12 km nördlich des Rhasdhoo-Atolls, liegt in einem Miniaturatoll, das nur 2 km Durchmesser aufweist. Das Wort *Thoddoo* kommt aus dem Singhalesischen und bedeutet „Insel am großen Riff". Bekannt wurde Thoddoo 1958 durch die Ausgrabungen der Reste eines buddhistischen Tempels, in dem man einen Reliquienschrein, eine gut erhaltene Buddhastatue und römische Münzen aus der Zeit um 90 v. Chr. fand. Der Buddhakopf befindet sich im Museum in Male; weitere Grabhügel werden derzeit freigelegt.

Der fruchtbare Boden der Insel ermöglicht den Anbau von Wassermelonen, Gemüse, Betelblättern und Chilischoten. Die Bewohner von Thoddoo gelten als sehr gebildet, viele von ihnen bekleiden Regierungsposten. Kulturell interessant sind auf der Insel die traditionellen *bandiya-jehun*-Tänze, die von jungen Mädchen getanzt werden.

Ukulhas

Die Fischerinsel Ukulhas befindet sich im Nordosten des Ari-Atolls und zählt knapp 900 Einwohner.

Am nordöstlichen Atollrand liegen noch zwei weitere kleine Inseln, Ukulhas Fushi, eine Sandbank, auf der drei Büsche wachsen, und Gaagandu („großer Stein"), eine Insel mit einer einst festen steinernen Basis, die aber schon vor vielen Jahren weggespült wurde.

» Karte S. 135, Info S. 156-157

Foto: Kuramathi Cottage & Spa

Vihamaafaru

Diese unbewohnte Insel liegt an der Nordwestseite des Ari-Atolls nördlich des Madhoogali Kandu. Der maledivische Name steht für „großes, giftiges Riff", und in der Tat ist diese Insel in erster Linie für das wunderschöne, große Riff bekannt, das die Insel umsäumt. Es begeistert insbesondere Schnorchler mit seinen herrlichen Korallenformationen und den unüberschaubar vielen, teils giftigen Fischen, die sich in unzähligen Farben präsentieren. Allerdings geht von diesen giftigen Meeresbewohnern keine Gefahr aus, solange man sie nicht bedrängt oder ärgert.

RASDHOO-ATOLL

Das fast kreisrunde Rasdhoo-Atoll schließt sich nordöstlich ans Ari-Atoll an und misst etwa 9 km im Durchmesser. In dem kleinen Atoll liegen drei bewohnte und zwei unbewohnte Inseln, die sich durch Erosionsprozesse zusehends verkleinern. Zu den bewohnten Inseln gehören die Atollhauptinsel Rasdhoo sowie die größeren Touristeninseln Veligandu im Osten und das lang gezogene Kuramathi mit drei Hotelanlagen im Süden.

Oben: Luftaufnahme der Touristeninsel Kuramathi.
Rechts: Im Spa des Hotels Kuramathi Cottage & Spa.

Die Touristeninseln im Rasdhoo-Atoll

Kuramathi Island

Die im Süden des Rasdhoo-Atolls gelegene Insel Kuramathi war schon früh besiedelt. Das belegen Ausgrabungen aus dem Jahr 1988, die auf die Existenz eines buddhistischen Klosters und zahlreicher Grabstellen aus der vorislamischen Zeit hinweisen. Als man 1970 beschloss, die Insel für den Tourismus zu öffnen, mussten 124 Einheimische vom 2,5 Kilometer langen und 500 m breiten Kuramathi nach Rasdhoo umsiedeln.

1977 eröffnete Kuramathi, anfänglich ganz bescheiden, mit einem kleinen

» Karte S. 135, Info S. 156-157

Foto: Paul Spierenburg

Tauchercamp und 12 einfachen Bungalows, die auf der dschungelartig bewachsenen Insel kaum auffielen. Nach einem rasanten Aufschwung präsentiert sich Kuramathi heute als moderne, große Hotelinsel mit insgesamt 290 Zimmern. Die umfangreiche Bebauung beeinträchtigte die exotischen Reize der Insel kaum. Noch immer gibt es viele nahezu unberührte Areale, in denen ein gesunder Bestand an Schönechsen, Flughunden, Reihern, Pelikanen und Rabenvögeln lebt. Seit 1999 informiert eine biologische Station Gäste und Schulkinder; Naturpfade führen durch das Eiland und umweltbewusstes Handeln wird groß geschrieben.

Auf der länglichen, sichelförmigen Insel Kuramathi wurden die einstmals drei eigenständig arbeitenden Hotelanlagen zu einer Einheit mit einem überaus variantenreichen Unterkunfts-, Restaurant-, Sport- und Unterhaltungsangebot zusammengefasst.

Im Osten der Insel liegen einige allgemeine Einrichtungen, wie Rezeption oder die Biologische Station. Die Riffseite im Süden und die Westspitze glänzen mit überwiegend luxuriöseren Villas, darunter allein zwei Dutzend auf Stelzen im Wasser, und jeder dieser Wasserbungalows besitzt ein Jacuzzi. Auf der Lagunenseite, im Norden, und in der Inselmitte gibt es überwiegend schlichtere Unterkünfte, dennoch finden sich dort am Strand auch Beach Villas mit eigenem Jacuzzi oder die reizenden Honeymoon Beach Villas.

Als touristisch voll erschlossenes Eiland besitzt Kuramathi eine abwechslungsreiche Küche, die sich dem internationalen Publikum, das vor allem aus Deutschland, England und Südafrika stammt, anpasst. Auch maledivische Genüsse stehen auf dem Speiseplan. Asiatische Spezialitäten und Barbecues werden ebenso geboten wie italienische Gerichte und fangfrische Meeresfrüchte. Kuramathi hat insgesamt 14 Restaurants und Bars.

Entsprechend der vielseitigen Hotelanlage bietet Kuramathi ein fast unerschöpfliches Sport- und Freizeitangebot. Zum Windsurfen, Segeln und

» Karte S. 135, Info S. 156-157

Foto: Paul Spierenburg

Wasserskifahren eignet sich besonders die große Lagune. Ballsportarten, wie Volleyball, Fußball, Tennis oder Badminton, können betrieben werden. Natürlich stehen auch ein Fitnesscenter, eine Sauna und ein Swimmingpool zur Verfügung. Bei Tauchern ist Kuramathi besonders wegen der Hammerhaischulen sehr beliebt, die in den frühen Morgenstunden bei Rasdhoo Madivaru vorbeiziehen. Die exponierte Lage der Insel ermöglicht zusätzlich viele Außenrifftauchgänge, die für geübte Taucher besonders reizvoll sind. Zwischen Dezember und Mai besteht am Thaadhoo Island Reef eine gute Chance, die eindrucksvollen Mantarochen zu beobachten. Weitere taucherische Höhepunkte sind Ganztagesausfahrten ins benachbarte Ari-Atoll, zum Beispiel zum weltbekannten Tauchplatz Fish Head. Insgesamt werden von Kuramathi aus etwa 35 atemberaubende Tauchplätze angefahren. Am Hausriff liegt in 20 m Tiefe ein kleines Wrack.

Ansonsten stellt der Ausflug zur Einheimischeninsel Rasdhoo mit einigen Shoppingmöglichkeiten und einem Besuch der Dhoni-Werft am Ortsende eine Attraktion dar. In dieser Werft werden die Dhonis noch heute auf die traditionelle Art und Weise gebaut.

Oben: Auf dem Weg zum Schnorcheln am Hausriff von Veligandu. Rechts: Die Enkelin liest der Großmutter aus dem Koran vor (Rasdhoo).

Veligandu Island Resort

Veligandu, die zweite Touristeninsel im Rasdhoo-Atoll, befindet sich am östlichen Außenriff, nicht weit von der großen Hotelinsel Kuramathi entfernt. Sie wird manchmal mit der fast gleichnamigen Insel im Süd-Male-Atoll, Veligandhoo Huraa, neuerdings auch Anantara Veli (ex Palm Tree Island) genannt, verwechselt. Veligandu, das etwa 600 m x 200 m groß ist, begann den Betrieb als Touristeneiland schon 1984. 1996 wurde die Anlage renoviert und mit mehr Komfort ausgestattet.

Die meisten der 76 klimatisierten Bungalows des **Veligandu Island Re-**

» Karte S. 135, Info S. 156-157

Foto: Pankaj Shah

sort sind auf Stelzen in die Lagune gebaut, 10 Wasserbungalows sind etwas größer und komfortabler ausgestattet, sie verfügen zusätzlich über Badewannen und geräumige Terrassen mit Meerblick; 54 haben zusätzlich Jacuzzis.Alle Zimmer haben Duschen, Minibar und Telefon mit internationaler Direktwahl.

Ein besonderes Merkmal von Veligandu ist die große Sandbank, die vom Inselstrand weit in die große Lagune hineinragt – ideal, um in der türkisfarbenen Lagune zu baden und in der Sonne zu relaxen. Die Sandbank wird von der Flut nicht überspült. Für aktive Urlauber eignet sich die Lagune hervorragend zum Windsurfen und Katamaransegeln, wer sich nicht viel bewegen will, kann sich im Spa verwöhnen lassen.

Aufgrund der exponierten Insellage am Außenriff steht der Tauchsport auf der Liste der Sportaktivitäten an erster Stelle. Die Tauchbasis bietet neben herrlichen Hausrifftauchgängen die gleichen atemberaubenden Tauchplätze wie Kuramathi an. Dank der Nord-Süd-Lage der Insel ist die eine Seite des Hausriffs meistens ohne Strömung und bietet somit beste Bedingungen für Schnorchler.

Das abendliche Unterhaltungsprogramm wird von einer kleinen Inseldisko bestritten, in der hin und wieder eine Live-Band auftritt. Weiterhin runden Ausflüge zu der nahegelegenen Einheimischeninsel Rasdhoo sowie Picknickexkursionen auf kleine, unbewohnte Inseln das Freizeitangebot ab.

Die Einheimischen- und Ausflugsinseln im Rasdhoo-Atoll

Rasdhoo

Die Insel zählt knapp 900 Einwohner und kann auf eine lange Geschichte zurückblicken. Sie ist schon seit Jahrhunderten bewohnt, und ihr Ursprung als Siedlung reicht bis in die Zeit des Buddhismus auf den Malediven zurück.

Rasdhoo ist die Atollhauptinsel. Früher befand sich das Verwaltungszentrum des gesamten Ari-Atolls auf Rasdhoo, heute ist die zentrale Verwaltung auf der Insel für das Rasdhoo-Atoll sowie einige Inseln des Nord-Ari-Atoll zuständig.

Urlauber von den Hotelanlagen Kuramathi und Veligandu besuchen die Insel, um Souvenirs zu erwerben. Am Ortsende ist eine Werft zu besichtigen, wo noch Dhonis auf traditionelle Art, nach den nur mündlich überlieferten Konstruktionsplänen der alten Handwerksmeister, gebaut werden.

Rasdhoo Madivaru

Rasdhoo Madivaru befindet sich unweit der Einheimischeninsel Rasdhoo. Das Eiland ist unbewohnt und war in der Vergangenheit eine recht große Insel, die sich jedoch durch den Einfluss von Wind, Wellen und Strömungen ständig verkleinerte. Das Wort *Rasdhoo* bedeutet in der maledivischen Sprache „Anfang einer Insel", und der Begriff *madi* steht für „Rochen".

Insbesondere im südlich gelegenen Kanal, dem Rasdhoo Kandu, finden sich zwischen Dezember und Mai zahlreiche Mantarochen ein, deren elegantes Erscheinungsbild viele Taucher begeistert.

Weiterhin ist das Gebiet für seine großen Hammerhaipopulationen bekannt. Für die Fischer, die früher gelegentlich auf Haifang gingen, war der Hammerhai schon immer besonders schwer zu erbeuten. Viele der Einheimischen glauben bis heute, dass sich tief unten im Meer eine große Höhle befindet, in der sich die Haie vorzugsweise aufhalten. Da der Meeresgrund außerhalb des Rasdhoo-Atolls jedoch steil in große Tiefen abfällt, wird der Wahrheitsgehalt dieser Geschichte wohl noch ziemlich lange im Dunkel des Ozeans verborgen bleiben.

NORD-ARI-ATOLL

Diamonds Athuruga Beach & Water Villas

Eröffnet 1990, Taucherinsel.
UNTERKUNFT: 71 Zimmer.
KATEGORIE: 4,5 Sterne.
TAUCHEN: Tauchbasis, PADI, SSI, Hausriff, für Schnorcheln geeignet.
TRANSFER: 30 Minuten Wasserflugzeug. ***INFO***: http://athurugabeach.diamondsresorts.com.

Bathala

Eröffnet 1983, Taucherinsel.
UNTERKUNFT: 46 Zimmer.
KATEGORIE: 3 Sterne.
TAUCHEN: Tauchbasis Werner Lau, PADI, Hausriff, für Schnorcheln geeignet.
TRANSFER: 20 Min. Wasserflugzeug.
INFO: www.aaresorts.com.mv.

Dhoni Island

Eröffnet 2003, Luxusinsel.
UNTERKUNFT: 6 Zimmer.
KATEGORIE: 5 Sterne.
TAUCHEN: Tauchbasis, PADI, kein Hausriff, nicht für Schnorcheln geeignet.
TRANSFER: 25 Min. Wasserflugzeug.
INFO: www.vermillionmaldives.com/resorts

Ellaidhoo Maldives

Eröffnet 1985, Taucherinsel.
UNTERKUNFT: 112 Zimmer.
KATEGORIE: 4 Sterne.
TAUCHEN: Tauchbasis, PADI, Hausriff, für Schnorcheln geeignet.
TRANSFER: 25 Minuten Wasserflugzeug.
INFO: www.cinnamonhotels.com

Gangehi Island Resort

Eröffnet: 1987.
UNTERKUNFT: 40 Zimmer.
KATEGORIE: 4 Sterne.
TAUCHEN: Tauchbasis, PADI, Hausriff, für Schnorcheln geeignet.
TRANSFER: 25 Min. Wasserflugzeug.
INFO: www.gangehi.com

» Karte S. 135, Info S. 156-157

Constance Halaveli Resort
Eröffnet 1981, familienfreundlich.
UNTERKUNFT: 86 Villen.
KATEGORIE: 5 Sterne.
TAUCHEN: Tauchbasis, PADI, Hausriff, für Schnorcheln geeignet.
TRANSFER: 30 Min. Wasserflugzeug.
INFO: www.constancehotels.com

Voi Maayafushi Resort
Eröffnet 1983, Taucherinsel.
UNTERKUNFT: 81 Zimmer.
KATEGORIE: 3,5 Sterne.
TAUCHEN: Tauchbasis, PADI, Hausriff, für Schnorcheln geeignet.
TRANSFER: 30 Min. Wasserflugzeug.
INFO: www.voihotels.com.

Madoogali Island Resort
Eröffnet 1988, ursprüngliche Barfuß-Insel, seit 2015 geschlossen.
UNTERKUNFT: 56 Zimmer. ***KATEGORIE:*** 4 Sterne.
TAUCHEN: Tauchbasis, PADI, Hausriff, für Schnorcheln geeignet.
TRANSFER: 30 Min. Wasserflugzeug.

Madivaru
Eröffnet 2007, Luxusinsel, z. Z. geschlossen.
UNTERKUNFT: 6 Luxuszelte.
KATEGORIE: 5 Sterne.
TAUCHEN: Tauchbasis, PADI, Hausriff, für Schnorcheln geeignet.
TRANSFER: 25 Min. Wasserflugzeug.

Constance Moofushi Resort
Eröffnet 1990, Luxusinsel.
UNTERKUNFT: 110 Zimmer.
KATEGORIE: 4 Sterne.
TAUCHEN: Tauchbasis, PADI, Hausriff, für Schnorcheln geeignet.
TRANSFER: 25 Min. Wasserflugzeug.
INFO: www.constancehotels.com, www.moofushiresort.com

Nika Island Resort
Eröffnet 1983, Luxusinsel.
UNTERKUNFT: 43 Zimmer.
KATEGORIE: 5 Sterne.
TAUCHEN: Tauchbasis, CMAS, PADI, Hausriff, für Schnorcheln geeignet.
TRANSFER: 25 Min. Wasserflugzeug.
INFO: www.nikaisland.com.

Velidhu Island Resort
Eröffnet 1989, Taucherinsel.
UNTERKUNFT: 100 Zimmer.
KATEGORIE: 4 Sterne.
TAUCHEN: Tauchbasis, PADI, NRC, Hausriff, für Schnorcheln geeignet.
TRANSFER: 20 Min. Wasserflugzeug.
INFO: www.velidhu.com.mv

W Maldives
Eröffnet 1982, Luxusinsel.
UNTERKUNFT: 78 Zimmer.
KATEGORIE: 6 Sterne.
TAUCHEN: Tauchbasis, Hausriff, für Schnorcheln geeignet.
TRANSFER: 30 Min. per Wasserflugzeug.
INFO: www.wmaldives.com.

RASDHOO-ATOLL

Kuramathi Island Resort
Eröffnet 1977, familienfreundlich; Ferienkomplex mit sehr umfangreichem Sport- und Unterhaltungsangebot, Kids Club; Biologische Station, Naturpfad, Bücherei. Arzt.
TAUCHEN: Tauchbasis, PADI, CMAS, NAUI, Hausriff, für Schnorcheln geeignet.
TRANSFER: 20 Min. Wasserflugzeug.
UNTERKUNFT: ca. 300 Zimmer.
KATEGORIE: 3-4 Sterne
Niedrigste Preisgr.: Garden/ Beach Villas.
Mittlere Preisgruppe: Deluxe Beach Villas, Water Villas.
Oberste Preisgr. Honeymoon Beach Villas.
INFO: www kuramathi.com

Veligandu Island Resort
Eröffnet 1984, ursprüngliche Barfuß-Insel.
UNTERKUNFT: 76 Zimmer.
KATEGORIE: 4,5 Sterne.
TAUCHEN: Tauchbasis, PADI, Hausriff, für Schnorcheln geeignet.
TRANSFER: 20 Min. Wasserflugzeug.
INFO: www.veliganduisland.com

Udo Kefrig

Air Taxis erreichen das Angaga Island Resort in nur 30 Minuten

Foto: Udo Keffig

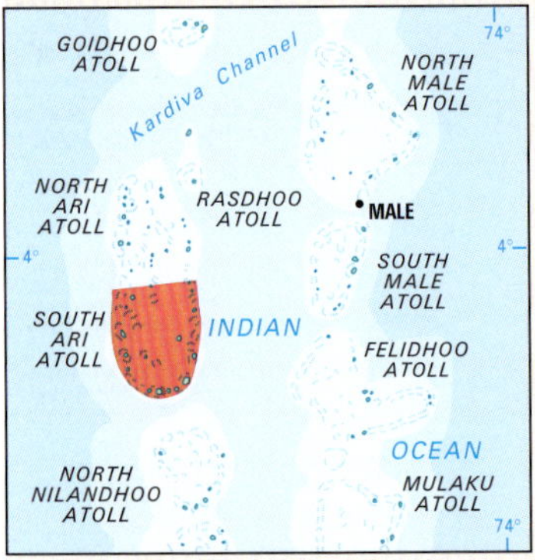

SÜD-ARI-ATOLL (ALIFU-ATOLL)

SÜD-ARI-ATOLL

Die Touristeninseln im Süd-Ari-Atoll

Angaga Island Resort (Angaagau)

Angaga liegt in der Mitte des südlichen Ari-Atolls und begann 1989 den Betrieb als Touristeninsel unter der Bezeichnung **Angaga Island Resort**. Vor der touristischen Eröffnung nannte sich das bildschöne Eiland Angaagau.

Wunderbare, schneeweiße Sandstrände umgeben die Insel, eine türkisblaue Lagune lädt zum Baden ein, und die dichte, üppige Vegetation mit Kokos- und Schraubenpalmen, Mangroven, Indischen Mandelbäumen, Bougainvilleas und Hibiskus verbreitet eine traumhafte Tropenatmosphäre. Zu Fuß lässt sich die 350 m x 150 m große Insel bequem in 15 bis 20 Minuten umrunden. Angaga ändert, wie viele andere Malediveninseln auch, saisonbedingt ihr Aussehen. Entsprechend der Windrichtung verlagern sich die Strände, die dann je nach Bedarf künstlich wieder „geschönt" werden.

Das artenreiche Hausriff eignet sich bestens zum Schnorcheln und Tauchen, obgleich Ende der Achtzigerjahre ein Befall durch korallenfressende Dornenkronen schwere Schäden am Riff verursachte. Von den Auswirkungen konnte sich das Riff aber glücklicherweise schnell wieder erholen.

Links: Früchte des Meeres – fachmännisch präsentiert.

Die individuell gestalteten Unterkünfte des Hotels sind als Einzelbungalows konzipiert. Alle 70 Zimmer einschließlich der 20 Wasserbungalows sind zweckmäßig ausgestattet und haben eine Veranda mit Meerblick.

Angaga bietet eine gute Mischung aus maledivischer und internationaler Küche an. Die Mahlzeiten werden meist als Büfett im Restaurant gereicht, das einen sehr schönen Blick auf die Lagune gewährt, vor allem bei Sonnenuntergang. Abends trifft man sich im Coffee Shop oder an der kleinen Inselbar. Angaga ist, von einigen spontan initiierten Ausnahmen abgesehen, eine bemerkenswert ruhige Insel ohne Diskolärm.

Sportliche Höhepunkte sind die täglichen Tauchausfahrten zu den erstklassigen Plätzen des südlichen Ari-Atolls. Sehr beliebt sind auch Schnorchelexkursionen in der Lagune und am Hausriff sowie Surfen, Wasserski, Kitesurfen, Segeln, Parasailing, Darts, Volleyball, Tischtennis und Badminton. Für Muskelprotze steht ein vollklimatisierter Fitnessraum zur Verfügung. Inselhüpfen und Nachtfischen sind weitere beliebte Freizeitbeschäftigungen.

Der Transfer vom 85 km entfernten

Foto: Hilton Maldives Resort & Spa

Flughafen dauert 25 Minuten mit dem Air Taxi.

Conrad Maldives Rangali Island (Rangali Finolhu)

Rangali (nicht zu verwechseln mit der fast namensgleichen Hotelinsel Rannalhi im Süd-Male-Atoll) befindet sich am südwestlichen Außenrand des Süd-Ari-Atolls. Im Sommer 1992 erfolgte die Fertigstellung der damals 150 Bungalows der Hotelanlage.

Der Name Rangali leitet sich von den Dhivehi-Wörtern *ran*, „Gold", und *gaa*, „Korallenstein", ab. Die Bezeichnung könnte von dem hellen Korallengestein herrühren, das auf dem Riff um die Insel besonders stark – beinahe golden – glänzt, wenn es von der Sonne beschienen wird.

Die Hotelanlage **Conrad Maldives Rangali Island** zählt zu den modernsten und schönsten der Malediven. Sie genießt einen ausgezeichneten Ruf und gehört zum Konzern der internationalen Hilton Hotels.

Mit der Umwandlung in ein Luxusresort wurde die kleine Nachbarinsel mit in das Resort einbezogen, sodass es sich in zwei Bereiche aufteilt. Da ist zum einen die Hauptinsel mit 40 Wasservillen, sechs Deluxe-Wasserbungalows und zwei Sunset Water Villas; eine eigene Welt bildet das Spa Retreat mit 21 Wasservillen. Die Nachbarinsel ist mit Rangali über einen Holzsteg und per Fähre verbunden; hier stehen 25 Strandvillen und 75 Deluxe-Villen.

Gleich 12 Restaurants erfüllen alle kulinarischen Wünsche der Gäste. Besonders spektakulär: das Ithaa-Unterwasserrestaurant. Es liegt 5 m unter der Meeresoberfläche und bietet während des Dinners einen Einblick in die faszinierende Unterwasserwelt. Von europäischer und asiatischer Küche über Grillspezialitäten bis zu kalorienbewusster Spa-Küche ist alles geboten.

Oben und rechts: Das Conrad Maldives Rangali Island. Im Ithaa-Unterwasserrestaurant – ein Adlerrochen beäugt die Gäste. Romantische Dinner-Inszenierung am Strand.

» Karte S. 166, Info S. 180-181

Foto: Hilton Maldives Resort & Spa

Zwei exklusive Spas – eines davon auf Stelzen, mit Glasboden, gemanagt von Chiva Som – sorgen mit Massagen, Ayurveda und vielem mehr ebenfalls fürs leibliche Wohl.

Das oval geformte Rangali misst etwa 800 m x 400 m. Ein 15 bis 40 m breiter, wunderbarer Sandstrand umzieht das ganze Eiland und garantiert herrliches Strandvergnügen. Rangali stellt zusammen mit dem benachbarten Inselchen gewissermaßen ein Miniatoll im großen Ari-Atoll dar.

Die Vegetation auf der Insel ist malediventypisch und üppig, ebenso die Fauna: Geckos, Schönechsen, Flughunde und verschiedene Vogelarten können beobachtet werden.

Die Nähe zum Außenriff und das herrliche, intakte Hausriff machten Rangali schnell zur Topadresse für Taucher und Schnorchler. Weitere Möglichkeiten zur Freizeitgestaltung bieten sich beim Surfen, Segeln, Angeln, Volleyball oder Tischtennis. Angeboten werden auch Yogakurse, Tanzstunden, Pilates-Gymnastik und sogar Weinproben.

Holiday Island Resort (Dhiffushi)

Die Insel mit dem ursprünglichen Namen Dhiffushi befindet sich im Süden des Ari-Atolls, eröffnete 1994 nach der Übernahme durch die LTI-Gruppe als **Holiday Island Resort** für die Touristen und wird heute von der Gruppe Villa Hotels betrieben. Dhiffushi begrenzt mit der Einheimischeninsel Maamigiliu und dem unbewohnten, landwirtschaftlich genutzten Eiland Ariyadhoo den Süden des Ari-Atolls.

Die Insel hat eine längliche Form, erstreckt sich von Ost nach West und misst 700 m x 140 m. Sie besitzt einen wundervollen Sandstrand und einen dichten tropischen Bewuchs mit vielen Palmen und bunten Pflanzen.

Nur 35 Minuten benötigt ein Flugzeug für die 97 km vom Flughafen bis zur Insel. Ein Speedboot braucht für die Gesamtstrecke etwa 2,5 Stunden.

Das Holiday Island Resort, das nach modernsten Gesichtspunkten für anspruchsvolle Gäste konzipiert wurde und damit genau im Trend der Zeit lag,

» Karte S. 166, Info S. 180-181

ist nach wie vor eine luxuriöse Zuflucht. Alle Einzel- und Doppelbungalows in direkter Strandnähe verfügen über Terrasse, Klimaanlage, Bad, Fernseher mit Videokanal, Musikanlage, Minibar, Safe und IDD-Zimmertelefon. Trotz der relativ hohen Bettenzahl (284) hat der Gast nicht das Gefühl, nur einer unter vielen zu sein. Die Insel bietet jedem Besucher sein ganz privates „hideaway".

Vier Bars laden zu kühlen Drinks ein, das offene Restaurant verwöhnt mit einer erstklassigen internationalen Küche, und im Coffee Shop kann man sich rund um die Uhr aufhalten.

Für ganz Unermüdliche öffnen sich am Abend die Türen der Inseldisko. Alternativ kann man sich von verschiedenen Animationen, von Live-Musik oder maledivischer Folklore in eine Traumwelt entführen lassen.

Tagsüber steht auf Holiday Island Sport auf dem Programm: Tauchen, Surfen, Segeln, Wasserski, Tennis (abends unter Flutlicht), Tischtennis, Billard und Volleyball. In einem klimatisierten Fitnesscenter kann man den Bizeps stählen, und wem es auf der Insel noch nicht warm genug ist, der kann sogar in einer Sauna mit Dampfbad schwitzen.

Auf Ausflügen zu den Nachbarinseln (z. B. Sun Island, s. S. 168), Rundflügen über das wunderschöne Atoll oder Tages-Shoppingtouren nach Male lässt sich Neues entdecken.

Holiday Island überzeugt mit einer gelungenen Mischung aus exklusivem Ambiente, tropischem Touch und abwechslungsreichem Freizeitangebot.

J Resort Kuda Rah

Die ovale, etwa 300 m lange und 130 m breite Insel, eröffnete 1991 als **J Resort Kuda Rah**. Sie liegt im Südosten des Ari-Atolls nahe der benachbarten Touristeninsel Vakarufalhi. Die Insel hat schöne tropische Vegetation und bietet einen herrlichen Sandstrand mit einer einladenden Badelagune. Das Hausriff, das mit atemberaubenden Steilwandtauchmöglichkeiten begeistert, liegt nur 15 m von der Insel entfernt und ist über zwei Einstiege problemlos zu erreichen. Auch die Umgebung von Kuda Rah besticht mit spektakulären Tauchplätzen an den vielen *thilas* und *giris*. Kuda Rah wird seit 2009 umgebaut und weiter luxusmodernisiert.

Der Airport liegt 100 km entfernt, ein Transfer umfasst 30 Flugminuten und anschließend noch 20 Minuten mit dem Dhoni.

Lily Beach Resort & Spa at Huvahendhoo

Lily Beach, eine lange, ovale Insel, liegt im Südosten des Ari-Atolls am Ende des Kanals Huvahendhoo Kandu. Bis 1994, als sich das Eiland für den Tourismus öffnete, trug die etwa 600 m lange und 110 m breite Insel den Namen Huvahendhoo. Die Insel ist an der Nordseite und im Westen von dichtem Buschwerk umsäumt. Es gibt jedoch noch keine großen Kokospalmen, weshalb das Management zahlreiche Jungpflanzen setzen ließ. Heute dehnt sich das Inselresort mit Pfahlbauten auf dem Wasser aus.

Im Osten erstreckt sich in Verlängerung der Poolbar ein herrlicher Strand mit schönen Bademöglichkeiten. Weitere Strandabschnitte befinden sich im Norden und im Westen. Kleine, auf dem Riffdach errichtete Mauern schützen die Insel vor weiterem Sandabtrag durch die starken Strömungen des Huvahendhoo-Kanals. Das Hausriff, das die ganze Insel umsäumt, hat Außenriffcharakter und ist deshalb ein besonders sehenswertes Tauch- und Schnorchelrevier mit großartigen Korallenformationen an der Nord- und Südseite.

Die 128 Unterkünfte des 2009 aufgewerteten **Lily Beach Resort** (5 Sterne) teilen sich in Superior-Villen, Wasserbungalows und De-Luxe-Suiten auf. Die

Rechts: Köstliche Desserts versüßen den Abend (Holiday Island Resort).

» Karte S. 166, Info S. 180-181

Foto: Udo Kefrig

Wasservillen auf der Südseite bieten einen eigenen Einstieg in die Lagune.

Alle Unterkünfte verfügen über eine Musikanlage, eine Terrasse und einen kleinen Garten. Außerdem sind sie mit einer Klimaanlage und einer Minibar ausgestattet. Offen und großzügig konzipiert sind auch die Rezeption, das Restaurant, der Coffee Shop und die Bar. Die Küche der Insel ist in erster Linie dem Geschmack des internationalen Publikums angepasst, das vornehmlich aus Deutschland, Großbritannien, Österreich und der Schweiz anreist. Auf dem Speiseplan stehen auch Leckereien der maledivischen und indischen Küche wie fangfrische Meeresfrüchte.

Das Sportangebot ist sehr umfangreich (Surfen, Angeln, Aerobic, Bodybuilding, Tennisplatz mit Flutlichtanlage), und Taucher können unter vielen artenreichen Korallenriffen wählen. Zur Erfrischung gibt es einen Swimmingpool, zur weiteren Abwechslung das beliebte „Inselhüpfen" und zur abendlichen Unterhaltung eine einmal wöchentlich stattfindende Disko. Für Kinder steht ein eigener kleiner Pool zur Verfügung.

Lily Beach kann nur mit einem All-Inclusive-Programm gebucht werden. Darin enthalten sind neben Unterkunft und Vollpension die Sportangebote, ein Tagesausflug und unbegrenzter Konsum von Getränken wie Tee, Kaffee, Wasser, Bier, Wein, Gin, Whiskey und Wodka. Lediglich das Tauchen und Fischen werden extra berechnet.

Centara Grand Island Resort & Spa (Machchafushi)

Machchafushi liegt im südöstlichen Teil des Ari-Atolls, nahe den Touristeninseln Twin Island, Vakarufalhi und Kuda Rah. Der Name bedeutet soviel wie „die entstehende Insel" und ist vielleicht eine Vorhersehung der touristischen Entwicklung, die ab 1992 auf Machchafushi begann.

Das nahezu dreieckige Eiland misst etwa 300 m x 200 m und verfügt über eine herrliche Badelagune sowie ein schönes Hausriff, das sich dicht am

Meerufenfushi
Alikoirah
Fushi Faru
Himandhoo
Faanu Mudugau
Himendhoo Dhekunu Kandu
Emas Thila
Constance Moofushi Resort
Moofushi
Diamonds Athuruga Beach & Water Villas
Athuruga
Genburugaa
Dhiggiri
Bodukaashihuraa
Maavaru Falhu
Dega Thila
Hathaaboahau
Haggnaa-meedhoo
Enboodhoo
Enboodhoo
Heenfaru
Kalhahandihuraa
Innafushi
Kudadhoo Falhu
Thudhufushi Falhu
Thudhufushi
Omadhoo Uthuru Kandu
Diamonds Thudhufushi Beach & Water Villas
Omadhoo
Omadhoo Dhekunu Kandu
Rahddhiggaa
Mandhoo Uthuru Kandu
Kunburudhoo
Mahibadhoo
Bulhaalhohi
Bulhaalhohi
Maafaru Falhu
Fottahleehau
Mandhoo
Huravalhi Kandu
Donhasanbee Falhu
Huravalhi
Hurasdhoo
Hurasdhoo
Theluveligaa
Hithi
Dhigu Thila
Angaagau
Lily Beach Resort & Spa at Huvahendhoo
Huvahendhoo
Mandhoo Dhekunu Kandu
Angaga Island Resort
Anagaga Thila
Vilamendhoo Island Resort
Vilamendhoo
Rangali
Ranveli Island Resort
Mirihi
Maafushivaru I. Res.
Villingilivaru
Maafushivaru
Conrad Maldives Rangali Island
Madivaru
Mirihi Island Resort
Centara Grand Isld. Resort & Spa
Lonubo
Viligilivaru Thila
Machchafushi
Dangethi
Gohraalhuhaa
Vakarufalhi
Vakarufalhi Island Resort
Hukurudhoo
J Resort Kuda Rah
Kuda Rah
Dhigurashu Kandu
Kudarah Thila
Huruelhi
Dhigurah Arches
Dhigurah Thila
Heygahathu Kandu
Sun Island Resort & Spa
Kudadhoo Etheru Faru
LUX South Ari Atoll
Dhigurah
Nalagurai-dhoo
Fenfushi
Dhiddhoofinolhu
Maamigili
Kuda-dhoo
Tholhufushi
Dhiddhoo
Dhiffushi
Hiyafushi
Holiday Island Resort
Villa Intl. Airport
Ariyadhoo
INDIAN
Maamigili Kandu
OCEAN
SÜD-ARI-ATOLL
0
5
10 km
© Nelles Verlag GmbH, München

Strand entlangzieht. Besonders bezaubernd wirkt auf die Besucher der auffällig dichte Bewuchs an herrlichen Kokospalmen. Erfreulicherweise sind etwa 80 % der gesamten Inselfläche naturbelassen.

Das Hotel wurde 2009 komplett umgebaut zum familienfreundlichen **Centara Grand Island Resort** und steht nun als „All Inclusive-Insel" mit 112 Bungalows in vier Kategorien einem breiten Publikum zur Verfügung. Mahlzeiten gibt es in Büfettform. Natürlich gehören auch ein schönes Spa und viele Sport- und Freizeitaktivitäten zum breiten Angebot des Hotels

Die Nähe der Insel zu den Top-Plätzen im südlichen Ari-Atoll garantiert unvergessliche Unterwassererlebnisse, so z. B. am großen Wrack der 1999 künstlich versenkten *Kudhima*, die unweit der Insel auf Grund liegt.

Mirihi Island Resort

Die Insel Mirihi ist ein winziger Fleck inmitten des südlichen Ari-Atolls, gerade einmal 350 x 50 m groß und länglich-oval geformt. Die Anlage eröffnete 1989 unter dem klangvollen Namen **Mirihi Island Resort**. Der Inselname leitet sich von der Mirihi-Pflanze *(Wedelia calendulacea biflora)* ab. Sie ist ein buschiges Kriechgewächs mit kleinen, gelben Blüten, das oft in der einheimischen Medizin Verwendung findet. Neben den Heilkräften sagt der maledivische Volksglaube der Pflanze nach, sie könne giftige Schlangen vertreiben. Die Malediver behaupten, dass es auf einer Insel keine Schlangen geben kann, wenn dort Mirihi-Pflanzen wachsen. Sie sterben angeblich sofort, wenn sie mit einem Mirihi-Zweig in Berührung kommen. Es gibt aber ohnehin nur sehr wenige Schlangen auf den Malediven.

Die Bebauung ist geschmackvoll in die üppige tropische Vegetation integriert und wird den Ansprüchen des modernen Tourismus gerecht, ohne dass die Insel etwas von ihrem ursprünglichen Charme eingebüßt hätte. Schöne Sandstrände und eine wunderbare, smaragdgrüne Lagune ermöglichen herrliches Badevergnügen. Das intakte Hausriff mit angefütterten und sehr zutraulichen Rochen verspricht erlebnisreiche Tauchabstiege. Die Rochen halten sich vorzugsweise an der Südseite des Hausriffs auf, während die Nordseite mit sehenswerten Korallenformationen besticht.

Mirihi offeriert 37 ähnlich ausgestattete Zimmer – 31 Wasservillen und sechs Strandbungalows. Alle besitzen eine Klimaanlage bzw. einen Deckenventilator, eine Minibar, Telefon sowie ein kleine Terrasse mit Meerblick.

Die hervorragende Küche von Mirihi ist dem internationalen Publikum angepasst. Für den kleinen Hunger zwischendurch steht zusätzlich ein Coffee Shop bereit. Am Abend sorgt die gemütlich eingerichtete Inselbar für eine entspannende Atmosphäre, und wer etwas mehr Bewegung bevorzugt, kann in der sporadisch stattfindenden Disko tanzen gehen.

Zum Freizeitangebot der Insel gehören Windsurfen, Schnorcheln, Tauchen, Segeln und Wasserski sowie Angeln, Volleyball und Tischtennis. Zum gezielten Stählen der Muskeln steht auf Mirihi ein Fitnesscenter zur Verfügung. Die abendliche Unterhaltung besteht aus Folkloretänzen, Beach Partys, Diskos und Strandbüfetts.

Ranveli Island Resort (Viligilivaru)

Die winzige, länglich-ovale Insel Ranveli, die auch noch unter dem alten Namen Villigilivaru bekannt ist, liegt im Südosten des Ari-Atolls mitten im Kanal Dhangethi Kandu. Südlich befindet sich die Einheimischeninsel Dhangethi.

Im Jahr 1991 eröffnete das **Ranveli Island Resort** unter dem Namen **Ranveli Village & Spa**.

Die Insel weist einen dichten Bewuchs mit tropischen Pflanzen, einen herrlichen Kokospalmenbestand und

Foto: Heike Sartorio

eine bemerkenswert große, geschützte Lagune auf. So wundert es kaum, dass schon in der Vergangenheit, lange bevor die Insel für den Tourismus geöffnet wurde, häufig Safari-Dhonis in der Nordbucht ankerten. Das nur 20 m vom Strand entfernte atemberaubende Hausriff begeistert Taucher und Schnorchler gleichermaßen.

Die 56 Zimmer auf Ranveli verteilen sich, nicht zuletzt wegen des Platzmangels, auf sieben doppelstöckige Viererbungalows, die als komplexe Einheit auf Stelzen vor der Lagune stehen. Alle Zimmer verfügen über Kühlschrank, Musikanlage, Minibar, IDD-Telefon und eine kleine Terrasse oder einen Balkon mit Meerblick. Zu den Einrichtungen von Ranveli gehören eine Inselboutique, eine Tauchbasis, ein Spa und ein Wassersportzentrum.

Die vorzügliche Küche der Insel ist in erster Linie auf den Geschmack des italienischen Publikums ausgerichtet. Morgens und mittags wird ein großes und reichhaltiges Büfett serviert, abends werden die Gäste am Tisch bedient.

Auf Ranveli kommt in puncto Freizeit keine Langeweile auf. Bevorzugte Aktivitäten sind Tauchen, Schnorcheln, Kanufahren, Surfen und Nachtfischen sowie Tischtennis, Volleyball und „Inselhüpfen".

Am Abend kann man sich hervorragend in der Pianobar, in der gemütlichen Lounge, bei Videovorführungen oder im Süßwasserpool entspannen. Weiterhin animiert die inseleigene Diskothek mit südländischem Temperament und manchmal ziemlich lautstark zum Tanzen.

Sun Island Resort & Spa (Nalaguraidhoo)

Nalaguraidhoo wurde nach der Übernahme durch die LTI-Gruppe Sun Island Resort benannt und wird heute von Villa Hotels betrieben. Die Insel liegt am südlichen Rand des Ari-Atolls west-

Oben: Ein Dhoni läuft Machchafushi durch die Laguneneinfahrt an. Rechts: An der Poolbar des Sun Island Resort.

» Karte S. 166, Info S. 180-181

Foto: JBE (PhotoPress)

lich des Holiday Island (s. S. 163) unter demselben Management. Der offizielle Betrieb der Anlage wurde im Herbst 1996 aufgenommen. Sun Island war das letzte Eiland im Süd-Ari-Atoll, das eine Baugenehmigung erhielt. Die Insel ist recht groß, von länglicher Form und von einem ausgedehnten Strand umgeben. *Nala* bedeutet „hübsch", und *guraa* steht für eine Papageienart.

Das **Sun Island Resort** ist derzeit mit 458 Zimmern das größte Hotelresort auf den gesamten Malediven. Die Insel selbst misst immerhin 1600 m x 700 Meter.

Die Zimmer teilen sich in vier unterschiedlichen Bungalowkategorien auf – 136 Deluxe-Villas, 218 Super-Deluxe-Villas, 36 Familienvillas, 64 Wasserbungalows und vier Presidential Water Suites. Alle Räume verfügen über Klimaanlage, Satellitenfernsehen und eine Filmauswahl, Internetanschluss, Minibar, Safe, Terrasse sowie diverse andere Annehmlichkeiten.

Bequem erreichbar sind die Unterkünfte mit Leihfahrrädern oder mit einem der Inselbusse, die auf den gepflasterten Wegen fahren.

Fünf Restaurants und sechs Bars sorgen – teilweise rund um die Uhr – für beste Verpflegung.

Die Dimensionen von Sun Island bieten auch noch viel Raum für Natur. Das Innere der Insel, aber auch die Bungalows und anderen Gebäude, sind in eine schöne dichte Vegetation mit einer abwechslungsreichen Tierwelt eingebettet.

Fast unüberschaubar ist das Sport- und Freizeitangebot, einschließlich eines neuen Luxus-Wellness-Bereichs mit Ayurveda-Anwendungen. Ausgedehnte Shoppingarkaden im Rezeptionsbereich, Dienstleistungsangebote jeglicher Art, bis hin zum inseleigenen Arzt und einer Apotheke, versprechen einen abwechslungsreichen und gänzlich unbeschwerten Urlaub.

Natürlich wird auch hier viel getaucht – die Tauchbasis befindet sich auf einer kleinen, über einen Steg erreichbaren Nachbarinsel. Besonders beliebt sind die Tauchfahrten zum Dhigurah Kandu.

» Karte S. 166, Info S. 180-181

Foto: Paul Spierenburg

Diamonds Thudhufushi Beach & Water Villas (Thudhufushi)

Thudhufushi, eine kleine Tropeninsel mit üppiger Vegetation, liegt an der Westseite des Ari-Atolls am Ende des großen Riffkomplexes Thudhufushi Falhu. *Thudu* bedeutet „Ecke“ oder „Punkt“ und weist auf die Lage der Insel am östlichen Rand des Thudhufushi Falhu hin.

Die ovale Insel von etwa 300 m x 150 m Fläche, seit 1990 als Thudhufushi Island Resort mit touristischem Betrieb, heißt heute **Diamonds Thudhufushi Beach & Water Villas**. Typisch sind der schöne Palmenbestand und die große Lagune, die sich um die Insel zieht. Schon aus der Luft ist das markante Hausriff erkennbar, das gute Tauch- und Schnorchelmöglichkeiten bietet.

Unweit von Thudhufushi liegt im Nordosten die winzige, unbewohnte Insel **Eboodhoo** mit üppig grünem, dichtem Bewuchs. Sie wird häufig von Tagesausflüglern besucht.

Die Unterbringung der Gäste, von denen etwa 10 % aus Deutschland kommen, erfolgt in 47 schön eingerichteten Strandbungalows und 25 Wasservillas. Klimaanlage, Minibar, Telefon und Musikanlage gehören zur Ausstattung, ebenso eine kleine Terrasse. Zwei Restaurants servieren vornehmlich internationale Gerichte, aber auch leckere Spezialitäten aus fangfrischem Fisch. Weiterhin gibt es auf Thudhufushi eine kleine Inselboutique mit landestypischen Souvenirs sowie ein Spa. In drei Bars kann man den Tag bei einem gepflegten Drink ausklingen lassen.

Das Wassersportzentrum bietet neben dem Tauchschulprogramm Schnorcheln, Surfen, Wasserski, Kanufahren und Segeln an. Weitere Aktivitäten sind Nachtfischen, Tischtennis und Volleyball sowie eine Disko für Nachtschwärmer. Wer die nähere Umgebung erkunden möchte, kann mit einer Island-Hopping-Tour Einheimischeninseln wie Innafushi oder unbewohnte Picknickinseln kennen lernen.

Oben: Picknick am Strand. Rechts: Der untergehenden Sonne nachsegeln …

» Karte S. 166, Info S. 180-181

Maafushivaru Island Resort

Maafushivaru, der alte Dhivehiname des Eilands, bedeutet „bewachsene Insel". Seit der touristischen Eröffnung 1991 nennt sich die ovale, tatsächlich dicht bewachsene Insel Twin Island. Sie ist 350 m x 250 m groß und hat einen bezaubernd schönen, zur Lagunenseite ausgerichteten Strand. Die Insel im Südosten des Ari-Atolls bildet mit den bekannten Touristenanlagen Machchafushi (Centara Grand Island) und Vakarufalhi eine Gruppe, zu der sich die derzeit geschlossene Hotelinsel Kuda Rah gesellt. Diese Region ist besonders durch zahlreiche Spitzentauchplätze bekannt, die sogar von entfernter liegenden Hotelinseln angelaufen werden.

Das **Maafushivaru Island Resort**, das von internationalen Gästen frequentiert wird, besitzt 48 Bungalows mit ausladenden Palmblattdächern. Die Unterkünfte unterteilen sich in drei Kategorien: in 22 Stelzen-Bungalows, die in der hübschen Lagune nahe dem gut zu betauchenden Hausriff stehen, und in zwei Kategorien von Einzelbungalows in Strandnähe. Alle Zimmer weisen einen guten Standard auf und sind mit Klimaanlage bzw. Deckenventilator, Minibar und IDD-Telefon ausgestattet. Jeder Bungalow verfügt über fließend warmes und kaltes Süßwasser aus der inseleigenen Meerwasserentsalzungsanlage, über eine zusätzliche Außendusche am Seiteneingang sowie über eine Terrasse mit Meerblick.

Die abwechslungsreiche, schmackhafte Küche ist stark mediterran geprägt, aber auch internationale Gerichte mit viel Fisch stehen immer wieder auf dem Speiseplan. Eine intime Bar und ein kleiner Coffee Shop runden das Angebot auf der eher ruhigen, erholsamen Insel ab.

Sport- und Freizeitaktivitäten werden sehr umfangreich angeboten, allen voran natürlich Tauchen und Schnorcheln. Beliebt sind auch Windsurfen, Segeln, Tischtennis, Kanufahren, Volleyball und

Foto: Friedrich Schmidt

Nachtfischen sowie Rundflüge über die einzigartige Inselwelt der Malediven. Per „Inselhüpfen" können die benachbarten Touristenanlagen, das nahe Eiland Lonubo und Einheimischeninseln erkundet werden. Für die abendliche Abwechslung sorgt eine kleine Diskothek.

Vakarufalhi Island Resort (Vakarufalhi)

Vakarufalhi ist eine hübsche, fast dreieckige Insel im Südosten des Ari-Atolls. Die 220 m x 240 m große Insel besticht mit dichter, abwechslungsreicher Vegetation von zahlreichen Kokospalmen. Sie wurde im Sommer 1994 eröffnet. Für viele zählt das paradiesische Eiland, das von einem herrlichen Strand umgeben ist, zu den schönsten Touristeninseln der Malediven.

Das **Vakarufalhi Island Resort** bietet 45 Beach Villas, 4 Garden Villas, eine Suite mit Pool und 25 moderne Water Villas. Originellerweise stehen in den abgeschlossenen Innengärten der Bun-

» Karte S. 166, Info S. 180-181

Foto: SATHIANPONG PHOOKIT (Shutterstock.com)

galows überdachte Open-Air-Toiletten. Eine Minibar zählt ebenfalls zum Standard der gepflegten Zimmereinrichtung. Die gediegene Atmosphäre setzt sich im Restaurants fort. Die sehr gute und abwechslungsreiche Küche verwöhnt vorwiegend den europäischen Gaumen – mindestens 40 % der Inselgäste kommen aus Deutschland.

Frühstück und Lunch werden als großes, opulentes Büfett gereicht, während abends gepflegt am Tisch serviert wird. Zur Abwechslung gibt es einmal wöchentlich ein Strand-Barbecue. Wer mag, kann sich tagsüber in den Coffee Shop oder abends in eine kleine Bar zurückziehen.

Sportlich steht auf Vakarufalhi das Tauchen im Vordergrund der Freizeitaktivitäten. Das intakte und über zwei Stege gut erreichbare Hausriff ist ein Innenriff und eignet sich hervorragend für leichte Tauchabstiege. Viele wunderschöne Riffe in der näheren Umgebung werden mit dem Tauchdhoni angefahren. Sehr beliebt sind auch Schnorchelausfahrten, Früh- und Nachtfischen sowie Windsurfen und Segeln. Weiteren Schwung in den Urlaub bringen Badminton, Aerobic, Tischtennis und Volleyball, Erholung und Entspannung verspricht das Spa. Abwechslung ergibt sich auch durch die Hotelangebote, an Exkursionen zu benachbarten Inseln oder Shoppingtouren nach Male teilzunehmen oder Vakarufalhi mit dem Flugzeug aus der Vogelperspektive kennen zu lernen. Abends kann man in der kleinen Disko oder auf Beach Partys tanzen gehen.

Vilamendhoo Island Resort & Spa (Vilamendhoo)

Vilamendhoo zählt zu den jüngeren Hotelinseln der Malediven. 1994 eröffnete das **Vilamendhoo Island Resort** auf dem 900 m langen und etwa 300 m breiten, lang gezogenen Eiland, das sich in Ost-West-Richtung erstreckt und

Oben und rechts: Vilamendhoo Island Resort – Wasservillen und lange Nächte in der Disko.

» Karte S. 166, Info S. 180-181

Foto: AAA Hotels & Resorts

von Sandstrand umgeben ist. Die Insel liegt an der südöstlichen Außenseite des Ari-Atolls in der Nähe weiterer Touristeninseln.

Da das Ari-Atoll kein langes, durchgehendes Außenriff besitzt, gibt es überall schmale Kanäle in das Atoll. Die Ost- und die Südostseite sind im Gegensatz zum Westen des Atolls nicht so stark der Brandung ausgesetzt und besitzen daher zahllose kleinere Riffformationen mit vielen Durchlässen und zierlichen Korallenstrukturen – ein Plus, das die tauchenden Gäste hier sehr zu schätzen wissen.

In der Vergangenheit ankerten regelmäßig Fischerboote vor Vilamendhoo, um frisches Wasser aufzunehmen.

Das verhältnismäßig große Eiland ist zu 90 % von dichter Vegetation überzogen. Kleine, schattige Wege, die schon in früheren Zeiten von Kokosnusspflückern und Holzsammlern ausgetreten wurden, führen durch das Inselinnere. Eine artenreiche Tierwelt mit Echsen, ungiftigen Schlangen, Beos, Reihern, Flughunden und Schmetterlingen aller Art vervollständigt das Bild dieser urwüchsig schönen Insel.

Bei der Konzeption der Anlage legte das Hotelmanagement Wert auf eine umweltgerechte Bebauung und achtete auf die harmonische Integration der Gebäude in die bestehende Landschaft, wie die 13 Garden Rooms zeigen sowie die 111 etwas größeren Beach Villas. Luxuriöser und mit Jacuzzi ausgestattet sind jeweils weitere 30 Beach Villas sowie die 30 Wasserbungalows. Alle Zimmer besitzen Minibar und Direktwahltelefon sowie halboffene Badezimmer.

Ein kleiner Shop bietet handgefertigte Souvenirs an, und sogar einen Schmuckladen gibt es auf der Insel.

Angesichts des überwiegend europäischen Publikums ist die Küche vornehmlich westlich ausgerichtet, zugleich aber auch maledivisch angehaucht. Sie genießt landesweit einen ausgezeichneten Ruf.

Die Freizeitmöglichkeiten umfassen neben dem Tauchen als Sportart Nummer eins auch Surfen, Segeln, Fischen und diverse Ballsportarten. Fit halten

» Karte S. 166, Info S. 180-181

Foto: Harald Mielke

auch die regelmäßig stattfindenden Diskoabende. Wer lieber nur zuschauen möchte, kann sich Vorstellungen von *bodu-beru*-Tänzern, Auftritte von Magiern oder Darbietungen von Feuertänzern aus Sri Lanka ansehen.

LUX South Ari Atoll (Dhiddhoofinolhu)

LUX Maldives liegt am südöstlichen Außenriff des Ari-Atolls. In der gleichen Lagune liegen nördlich die lang gestreckte Einheimischeninsel Dhigurah, südlich die kleinere Insel Dhiddhoo, von der sich der traditionelle Name der Touristeninsel ableitet: Dhiddhoo Finolhu (auch: Dhidhoofinolhu), „Sandbank von Dhiddhoo".

Die lang gestreckte Insel misst 1800 m x 200 m und wird fast vollständig von einem schönen Sandstrand umgeben. Eine ausgedehnte, flache Lagune lädt zum Baden ein. Da es in der Lagune kaum Korallenbewuchs gibt, ist sie hervorragend für Surfer und Wasserskiläufer geeignet. Auch Kinder können hier sicher und geschützt planschen.

Für Taucher und Schnorchler gibt es einen kostenlosen, mehrfach täglich stattfindenden Dhonitransfer zum 400 m entfernt gelegenen Hausriff. Mit etwas Glück erleben die Unterwasserbegeisterten hier ein besonderes Highlight: An der Südseite des Ari-Atolls ziehen häufig Mantas und Walhaie vorbei.

Zum Einkaufen von Souvenirs und zum Kennenlernen des maledivischen Alltagslebens werden Ausflüge zur Einheimischeninsel Dhigura angeboten.

Das einstige Dhiddhoofinolhu war die erste Touristeninsel im südlichen Ari-Atoll und damals die abgelegenste Hotelanlage der Malediven. Mit der Eröffnung 1987 benannte man die Insel in Ari Beach um.

Die heutige Hotelanlage **LUX South Ari Atoll** vereinigt das ehemalige White Sands, bzw. Ari Beach sowie die Wasserbungalowsiedlung Dhiddhoo Finolhu Water Village zu einem neuen Resort.

Oben: Erkundung der Ostküste von Vilamendhoo mit dem Kanu.

» Karte S. 166, Info S. 180-181

Die großzügige Anlage der schmalen, langen Insel verfügt über 87 Wasserbungalows, 45 Beach Villas, 48 Junior Suites am Strand und 12 Villas am Pool. Alle sind sehr geschmackvoll im landestypischen Stil eingerichtet und mit allen modernen Annehmlichkeiten ausgestattet.

Das kulinarische Angebot ist üppig und von hoher Qualität; dies gilt für alle sieben Restaurants, darunter mehrere A-la-carte-Restaurants und einen Coffee Shop. Auch ein romantisches „Dinner for two" am Strand ist möglich. Den kleinen Hunger zwischendurch stillt ein Stück frische, knusprige Pizza von der Veli Pool Bar.

Neben dem Tauchen stehen Schnorcheln, Billard, Tischtennis, Beach-Volleyball, Windsurfen und Katamaran-Segeln auf dem Sportprogramm. Ein Spa-Center lädt zum Entspannen in herrlicher Atmosphäre direkt am Strand ein.

Weitere Freizeit- und Unterhaltungsangebote umfassen eine Disko, regelmäßige Filmabende, Magie-Shows, Livemusik, Speedboot-Ausflüge, Kanu- und Tretbootverleih, Badminton sowie Hochsee- und Nachtfischexkursionen. Shoppen gehen kann man in drei Boutiquen. Ein Internetcafé hält neben IDD-Telefonen in allen Zimmern die Verbindung zur Außenwelt aufrecht – falls man dies auf einer solchen Trauminsel überhaupt wünscht …

Die Einheimischen- und Ausflugsinseln im Süd-Ari-Atoll

Ariyadhoo

Ariyadhoo ist die südlichste Insel des Atolls und teilt die Passage vom Atollinneren zur offenen See in die beiden Kanäle Ariyadhoo- und Maamigili Kandu. Das unbewohnte, dicht mit Palmen und Obstbäumen bestandene Eiland, von dem das Ari-Atoll seinen Namen erhielt, ist privat vermietet und wird vornehmlich landwirtschaftlich genutzt.

Im Jahr 1959 wurden vor Ort archäologische Ausgrabungen durchgeführt und Teile eines buddhistischen Klosters freigelegt. Zu hinduistischen Fundstücken zählt ein Shiva-Lingam (Phallusstatue) von 38 cm Länge und mit einem Basisumfang von 30 cm; erneute Ausgrabungen brachten 1988 weitere buddhistische und hinduistische Funde ans Tageslicht.

Bodukaashihuraa

Die winzige Insel ist unbewohnt und liegt am östlichen Saum des Atolls, in der Nähe des gleichnamigen Kandu. Der Name des Eilandes bedeutet soviel wie „Kokosnussinsel".

Bulhaalhohi

Die Insel an der Westseite des Atolls ist nur ein Zwerg unter den unbewohnten Eilanden des Ari-Atolls. Sie befindet sich etwa 4 km nordöstlich von der großen Einheimischeninsel Mandhoo. Auf Bulhaalhohi wachsen lediglich einige wenige Kokospalmen und ein paar Büsche.

Das Dhivehi-Wort *bulhaa* bedeutet „Katze", die Inselbezeichnung ist vermutlich eine Erinnerung an vergangene Zeiten, da es heute nachweislich keine Katzen mehr auf der Insel gibt.

Das Eiland besitzt eine schöne, sandige Bucht, die ein gefahrloses Anlaufen der Insel und ein sicheres Ankern gewährt. Bulhaalhohi erfreut sich bei Picknickausflüglern von den naheliegenden Touristeninseln sehr großer Beliebtheit. Im Südwesten bietet die Insel ausgezeichnete Schnorchel- und Tauchmöglichkeiten.

Dhangethi

Dhangethi, im Südosten des Atolls an der Außenseite gelegen, zählt rund 600 Einwohner und ist eine der malediventypischen Einheimischeninseln. In der Mitte der Insel steht als markantes Wahrzeichen des Eilandes ein gewalti-

Foto: Pankaj Shah

ger Nika- oder Banyan-Baum, der schon von weitem sichtbar ist. Niemand kann genau darüber Auskunft geben, wie alt dieser Baum ist; einige der Einwohner meinen, er sei bereits älter als 200 Jahre. Die auffällig langen Wurzeln, die sich über eine große Fläche ausbreiten, scheinen dies zu bestätigen.

Die Haupteinnahmequelle der Insulaner ist der Fischfang. Die jüngere Generation arbeitet jedoch vorzugsweise in lukrativeren Jobs auf den benachbarten Touristeninseln.

Dhiggiri

Die winzige Insel befindet sich im mittleren Bereich des östlichen Süd-Ari-Atolls. Dhiggiri ist unbewohnt, wird aber gern von Safarischiffen angelaufen, weil es ein ausgeprägtes, langes Riff mit wunderschönen Korallenformationen besitzt.

Oben: Auf vielen Einheimischeninseln werden kunstvolle Lackarbeiten angefertigt – ein schönes Urlaubssouvenir.

Dhiddhoo

Die Einheimischeninsel Dhiddhoo beherbergt nur 170 Einwohner und liegt im Südosten des Atolls in direkter Nachbarschaft zur Touristenanlage LUX South Ari Atoll. Laut maledivischen Überlieferungen gelten die Bewohner von Dhiddhoo als besonders stark und werden wegen ihrer schönen Haut bewundert. Diese Tatsache könnte auf eine Legende zurückführen, die besagt, dass einst in Inselnähe ein französisches Schiff am Riff zerschellte und die gestrandeten Seeleute auf Dhiddhoo blieben und sich mit der einheimischen Bevölkerung vermischten.

Dhigurah

Dhigurah befindet sich nördlich der Touristeninsel LUX South Ari Atoll am südöstlichen Rand des Atolls. Das Eiland macht seinem Dhivehi-Namen alle Ehre: die „lange Insel“ ist mit 3000 m die längste Insel im Ari-Atoll. Auf dem pittoresken Eiland leben 550 Malediver.

» Karte S. 166, Info S. 180-181

Dhigurah bezaubert mit einem langen Strand, einer geschützten Lagune und strohgedeckten Hütten, die sich mit dem dichten Laubwerk zu vermischen scheinen. Zur Zeit des Nordostmonsuns bietet die Lagune gute Ankermöglichkeiten für Safariboote. An der Südseite der Lagune liegen einige Sandbänke.

Enboodhoo

Die kleine, fast unscheinbare, unbewohnte Insel liegt an der Westseite im mittleren Atollabschnitt, etwa 3 km nordöstlich der unbewohnten Insel Innafushi. In dem Namen Eboodhoo steckt der Dhivehi-Begriff *emboo*, der eine kleine, an wild wachsenden Büschen (*Glochidion littorale*) gedeihende Frucht bezeichnet. Enboodhoo bietet einen schönen Baumbestand und eine sehr hübsche Bucht mit ausgezeichneten Schnorchel- und Tauchmöglichkeiten an den südlichen Riffen. Die Insel wird von den umliegenden Touristenanlagen aus gern zum Picknick aufgesucht. Sie besitzt bereits einen langen Steg, an dem die Ausflugsboote anlegen können.

Fenfushi

Fenfushi liegt im Süden des Ari-Atolls, nahe den Touristeninseln Sun- und Holiday Island. Der Name bedeutet soviel wie „Insel des guten Wassers". Die gut 800 Einwohner von Fenfushi gehen neben dem Fischfang vornehmlich handwerklichen Tätigkeiten nach.

Bekannt sind die Einheimischen für ihre Korallenschnitzereien, das Meißeln von Grabsteinen und den Bau von Moscheen. Die Freitags-Moschee von Fenfushi hat viel Ähnlichkeit mit der großen Moschee in Male und verdeutlicht beispielhaft das handwerkliche Geschick der Inselbewohner. Errichtet wurde sie unter der Regentschaft von Sultan Mohammed Ibn Al Haj Ali (1692-1701). Leider ist die traditionelle Schnitzkunst im Aussterben begriffen. Heutzutage beherrschen nur noch wenige Handwerker die alten Fertigkeiten. Inzwischen sind auf Fenfushi bereits einige moderne Grabsteine aus Beton zu sehen.

Haggnaameedhoo

Die Insel mit dem fast unaussprechlichen Namen („Han-ja-me-du") hat ca. 590 Einwohner und liegt in der Mitte des östlichen Atollrandes. Eine besondere Sehenswürdigkeit auf Haggnaameedhoo ist das Grab von Sultan Ibrahim III. (1585-1609). Er wurde 1609 von Malabar-Piraten ermordet, nachdem diese Male überfallen hatten.

Hiyafushi

Das unbewohnte Hiyafushi liegt im Südosten des Atolls auf einer Linie mit Kudadhoo und Dhiddhoo. *Hiya* bedeutet 69, möglicherweise ein Hinweis darauf, dass Hiyafushi einmal die 69ste Insel war, die man im Ari-Atoll zählte.

Hukurudhoo

Hukurudhoo befindet sich im Südwesten des Atolls nahe der Touristeninsel Rangali. Sie liegt wie ein Hindernis im gleichnamigen Kanal Hukurudhoo Kandu und teilt diesen in einen nördlichen und einen südlichen Abschnitt. Die unbewohnte Insel ist mit üppiger Vegetation überzogen. Früher, als sie besiedelt war, hieß sie Hukuruelhi.

Im Südwesten des Eilands, dessen Name sich von *hukuru*, „Freitag", ableitet, findet der aufmerksame Beobachter einen großen Felshaufen. Über diesen Hügel und seine Entstehung erzählen die Inselbewohner schon seit Jahrhunderten eine Geschichte, die erklären könnte, warum das Eiland heute unbewohnt ist.

„Es war zur Zeit der Hauptfangsaison, als die Fischer von Hukurudhoo an einem Freitag zum Fischen herausfuhren, statt in der Moschee zu beten. Dieses konnte von Allah nicht ungestraft blei-

Foto: Pankaj Shah

ben. Von Land aus wurde ein Wal beobachtet, der den Booten aufs Meer folgte. Als die Fischer nicht mehr in der Lage waren, zur Insel zurückzukehren, errichteten die Bewohner diesen Felshaufen, von dem sie nach den Booten Ausschau hielten. Nachdem die Fischer gänzlich verschwunden waren, machten sich Skepsis und Unruhe unter den Bewohnern breit, und man beschloss, auf eine andere Insel umzuziehen."

Naheliegender erscheinen jedoch Vermutungen, nach denen die Steinanhäufungen das Ergebnis von Wirbelstürmen sein könnten, denn das der Insel vorgelagerte Riff erstreckt sich weit in südwestliche Richtung, genau dorthin, woher die Zyklone kommen.

Hurasdhoo

Hurasdhoo, das von vielen Fregattvögeln als Rastplatz aufgesucht wird, befindet sich im südlichsten Drittel des Atolls auf einer gedachten Linie zwischen der Ferienanlage Angaga und der Einheimischeninsel Mandhoo. Hurasdhoo wird als Ananasinsel bezeichnet, denn der unbewohnte Flecken Land erwies sich in der Vergangenheit als fruchtbarstes Eiland in der Umgebung. Deshalb züchtete man auf der Insel für einige Zeit Ananas. Nachdem die Pflanzen mehr und mehr verwilderten, lockt heute der süße Geruch nur noch zahllose Krabben an, die an den Ananas knabbern. Aus der Distanz ist die Insel leicht an einer markanten Kokospalme in ihrer Mitte zu erkennen. Hurasdhoo ist dank der gut zu meisternden Einfahrt in die Lagune ein beliebtes Ziel für Ausflügler von den nahegelegenen Hotelinseln.

Huruelhi

Die winzige Insel Huruelhi nördlich des Kanals Heygahathu Kandu im Südwesten des Atolls ist unbewohnt und nur mit einer spärlicher Vegetation überzogen. Bei Besuchen sind deshalb ausreichender Sonnenschutz und eine Kopfbedeckung besonders wichtig!

Innafushi

Auf dem unbewohnten Innafushi gibt es nur wenig Vegetation. Die Insel liegt auf der Mittellinie des Atolls an der Westseite, nördlich des Ferieneilandes Thudhufushi.

Kudadhoo

Kudadhoo, eine kleine, unbewohnte Insel, befindet sich im Süden des Ari-Atolls dicht am Außenriff und wird an ihrer Südseite vom Kanal Ariyadhoo Kandu begrenzt.

Kuda Finolhu

Kuda Finolhu, die „kleine Insel", ist ein baumloses Eiland mit Buschwerk, das etwa 8 km östlich von Enboodhoo liegt.

Oben: Beachtlicher Tagesfang – eine riesige Makrele. Rechts: Schönechsen kann man auf vielen Inseln beobachten.

» Karte S. 166, Info S. 180-181

Foto: Reinhard Dirscherl

An der westlichen Atollaußenseite erstreckt sich das große Riff **Maavaru Falhu** mit einzigartigen Korallenlandschaften und guten Ankermöglichkeiten.

Kunburudhoo

Bei dieser Insel handelt es sich um ein langes, bewohntes Eiland im zentralöstlichen Bereich des Atolls. Der Name leitet sich von dem Dhivehi-Wort *Kunburu* ab, das eine Kriechpflanze bezeichnet, die auf sandigem Untergrund wächst.

An seiner Westseite besitzt Kunburudhoo ein sehr langes Riff, an dem man hervorragend tauchen kann.

Maamigili

Maamigili ist eine große Insel, die am Südende des Ari-Atolls zu finden ist und über 2200 Einwohner hat. Sie liegt am für Taucher interessanten Maamigili Kandu und beschreibt den südöstlichen Endpunkt des etwa 15 km langen Fenfushi Faru, das als längstes Riff im Atoll gilt. Auf der Insel werden Kalksteinblöcke produziert sowie Korallen und Sand gefördert. Es gibt eine Moschee aus dem 17. Jahrhundert. Der **Villa International Airport** auf Maamigili ist der Heimatflughafen der maledivischen-Fluggesellschaft *Flyme*.

Mahibadhoo

Mahibadhoo im Zentrum des östlichen Randes des Außenriffs ist die Hauptinsel des Süd-Ari-Atolls. Hier residiert die Atollverwaltung. Hauptwirtschaftszweige sind das Handwerk und der Fischfang; auf der Insel gibt es ein Fischverarbeitungszentrum und einige Kühlhäuser. Auf Mahibadhoo leben knapp 2100 Menschen.

Mandhoo

Mandhoo ist eine recht große Einheimischeninsel, auf der ca. 370 Malediver leben. Sie befindet sich im Süden der Westseite des Atolls. Eine reichhaltige Vegetation mit großen Bäumen kennzeichnet die Insel. Auf Grund des frucht-

» Karte S. 166, Info S. 180-181

baren Bodens wird auf Mandhoo vorzugsweise Gemüse angebaut. Die Einwohner sind als sehr gute Fischer weit über die Atollgrenzen hinaus bekannt.

Auf Mandhoo, das bereits seit langer Zeit besiedelt ist, fand man bei archäologischen Ausgrabungen buddhistische Relikte. Bei den großen Gesteinhaufen, in denen man grub, handelt es sich wahrscheinlich um *hawittas*, die aus Korallenschutt bestehen. Der britische Kolonialbeamte H. C. P. Bell befasste sich ab 1879 mit den frühen buddhistischen Einflüssen auf den Malediven. Dabei entdeckte er die *hawittas*, die er für Überreste von Stupas hielt, da sie den buddhistischen *dagoba*-Schreinen in Sri Lanka ähnelten. Aufgrund dieser Funde nahm er an, dass bereits mit frühen Einwanderern (ab 500 v. Chr.) der Buddhismus auf die Malediven kam.

Omadhoo

Die längliche Insel Omadhoo liegt im Zentrum des Ostrandes des Süd-Ari-Atolls. Omadhoo teilt den gleichnamigen Kanal in den Omadhoo Dhekunu- und den Omadhoo Uthuru Kandu. Sie gilt als sehr alte Einheimischeninsel, deren etwa 850 Bewohner vom Fischfang leben.

Rahddhiggaa

Rahddhiggaa befindet sich im Inneren des Atolls, etwa 5 km nordöstlich von Bulhaalhohi. Die Insel ist klein, unbewohnt und nur spärlich bewachsen. Sie bietet gute Ankermöglichkeiten innerhalb der Lagune und einen bequemen Zugang zum Sandstrand.

Tholhufushi

Das kleine Tholhufushi liegt ganz im Süden des Ari-Atolls in direkter Nachbarschaft zur Touristeninsel Sun Island, der vorläufig letzten Ferieninsel, die im Süd-Ari-Atoll entstehen durfte.

i

Angaga Island Resort

Eröffnet 1989, Taucherinsel.
UNTERKUNFT: 70 Zimmer.
KATEGORIE: 4 Sterne.
TAUCHEN: Tauchbasis, PADI, Hausriff, für Schnorcheln geeignet.
TRANSFER: 25 Min. Wasserflugzeug.
INFO: www.angaga.com.mv

Holiday Island Resort

Eröffnet 1994, familienfreundlich.
UNTERKUNFT: 142 Zimmer
KATEGORIE: 4 Sterne.
TAUCHEN: Tauchbasis, PADI, Hausriff per Boot erreichbar, für Schnorcheln bedingt geeignet.
TRANSFER: 35 Min. Wasserflugzeug.
INFO: www.villahotels.com.

J Resort Kuda Rah

Eröffnet: 1991, Luxusinsel.
UNTERKUNFT: 60 Zimmer.
KATEGORIE: 5 Sterne.
TAUCHEN: Tauchbasis, PADI, SSI, Hausriff, für Schnorcheln geeignet.
TRANSFER: 30 Min. Wasserflugzeug, dann 20 Min. per Dhoni. Wird derzeit modernisiert.
INFO: www.jresorts.com

Lily Beach Resort & Spa at Huvahendhoo

Eröffnet 1994, familienfreundlich.
UNTERKUNFT: 128 Zimmer.
KATEGORIE: 5 Sterne.
TAUCHEN: Tauchbasis, PADI, Hausriff, für Schnorcheln geeignet.
TRANSFER: 25 Minuten Wasserflugzeug.
INFO: www.lilybeachmaldives.com

Centara Grand Island Resort (Machchafushi)

Eröffnet 1992, familienfreundl. Taucherinsel.
UNTERKUNFT: 112 Zimmer.
KATEGORIE: 5 Sterne.
TRANSFER: 25 Minuten per Wasserflugzeug.
INFO: www.centarahotelsresorts.com

» Karte S. 166, Info S. 180-181

Mirihi Island Resort

Eröffnet 1989, Taucherinsel.
UNTERKUNFT: 37 Zimmer.
KATEGORIE: 4 Sterne.
TAUCHEN: Tauchbasis, PADI, Hausriff, für Schnorcheln geeignet.
TRANSFER: 30 Minuten Wasserflugzeug oder 2 Stunden Speedboot.
INFO / KONTAKT: www.mirihi.com, info@mihiri.com.

Conrad Maldives Rangali Island

Eröffnet 1992, Luxusinsel.
UNTERKUNFT: ca. 160 Zimmer.
KATEGORIE: 5 Sterne.
TAUCHEN: Tauchbasis, PADI, Hausriff, für Schnorcheln geeignet.
TRANSFER: 30 Minuten Wasserflugzeug.
INFO / KONTAKT: http://conradhotels3.hilton.com; mlehi.maldives@conradhotels. com

Ranveli Island Resort

Eröffnet 1991, Luxusinsel. Überwiegend italienische Gäste.
UNTERKUNFT: 56 Zimmer.
KATEGORIE: 4 Sterne.
TAUCHEN: Tauchbasis, PADI, Hausriff, für Schnorcheln geeignet.
TRANSFER: 25 Minuten Wasserflugzeug.
INFO: www.ranveliislandresort.com

Sun Island Resort & Spa

Eröffnet 1996, familienfreundlich.
UNTERKUNFT: 458 Zimmer.
KATEGORIE: 5 Sterne.
TAUCHEN: Tauchbasis, PADI, kleines Hausriff, für Schnorcheln bedingt geeignet.
TRANSFER: 35 Min. per Wasserflugzeug.
INFO: www.villahotels.de

Diamonds Thudufushi Beach & Water Villas

Eröffnet 1990, Taucherinsel.
UNTERKUNFT: 72 Zimmer.
KATEGORIE: 4 Sterne.
TAUCHEN: Tauchbasis, PADI, Hausriff, für Schnorcheln geeignet.
TRANSFER: 30 Minuten Wasserflugzeug.
INFO / KONTAKT: http://thudufushibeach.diamondsresorts.com

Maafushivaru Island Resort

Eröffnet: 1991, Taucherinsel.
UNTERKUNFT: 48 Zimmer.
KATEGORIE: 4 Sterne.
TAUCHEN: Tauchbasis, PADI, Hausriff, für Schnorcheln geeignet.
TRANSFER: 25 Minuten Wasserflugzeug.
INFO: www.maafushivaru.com

Vakarufalhi Island Resort

Eröffnet 1994, ursprüngliche Barfuß-Insel.
UNTERKUNFT: 75 Zimmer.
KATEGORIE: 4 Sterne.
TAUCHEN: Tauchbasis, PADI, Hausriff, auch für Schnorcheln geeignet.
TRANSFER: 25 Min. Wasserflugzeug oder zwei Stunden Speedboot.
INFO / KONTAKT: www.vakaru.com, info@vakaru.com

Vilamendhoo Island Resort & Spa

Eröffnet 1994, Taucherinsel.
UNTERKUNFT: 184 Zimmer.
KATEGORIE: 4 Sterne.
TAUCHEN: Tauchbasis, PADI, Hausriff, für Schnorcheln geeignet.
TRANSFER: 25 Minuten Wasserflugzeug.
INFO / KONTAKT: www.vilamendhooisland.com

LUX South Ari Atoll

Eröffnet 1987, familienfreundliche Insel.
UNTERKUNFT: 190 Zimmer.
KATEGORIE: 5 Sterne.
TAUCHEN: Tauchbasis, PADI, kein Hausriff, auch für Schnorcheln geeignet.
TRANSFER: 25 Minuten Wasserflugzeug.
INFO / KONTAKT: www.luxresorts.com

Duncan Willetts (Camerapix)

Letzte Reinigungsarbeiten an den Dhonis
in der Abenddämmerung

Foto: Volkmar E. Janicke

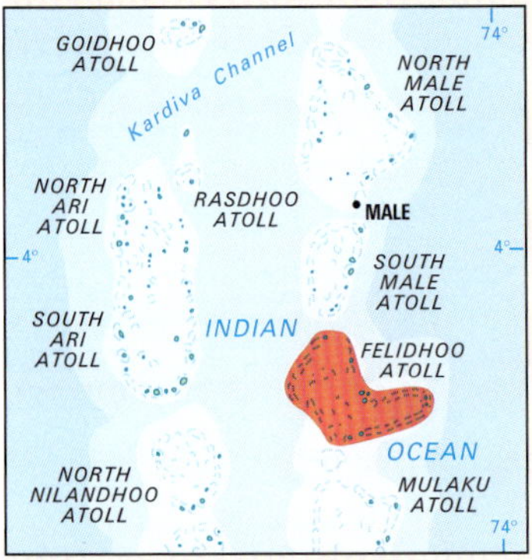

VAAVU-ATOLL (FELIDHOO-ATOLL)

DAS VAAVU-ATOLL

Das Vaavu-Atoll (Felidhoo-Atoll) liegt südlich des Süd-Male-Atolls an der Ostseite des maledivischen Archipels. Vom Süd-Male-Atoll trennt es der etwa 14 km breite Kanal Fulidhoo Kandu. Das Vaavu-Atoll besitzt – mit etwas Fantasie betrachtet – die Form eines Stiefels, dessen Spitze nach Osten zeigt. Es ist 42 km lang und mit 55 km Breite das breiteste Atoll der Malediven. Den östlichsten Punkt stellt Fotteyo Muli dar, eine auffällig spitze Rifferweiterung des östlichen Riffkomplexes Fotteyo Falhu. Dieses über 60 km lange, an keiner Stelle unterbrochene Riffsystem, das die Südseite des Atolls umzieht, beginnt am letzten Durchlass im Osten, dem Hurras Kandu, und erstreckt sich bis zum Rakeedhoo Dhekunu Kandu, dem ersten Kanal an der Südseite. Die Ost- und Westseiten sind, wie bei anderen Atollen auch, von zahlreichen Kanälen durchschnitten, die Schiffen einen bequemen Zugang in das flache Atollinnere ermöglichen.

Im Vaavu-Atoll gibt es fünf Einheimischeninseln: Rakeedhoo, Thinadhoo, Fulidhoo, Felidhoo und Keyodhoo. Daneben verzeichnet das Statistische Jahrbuch der Malediven 18 unbewohnte Inseln, von denen bis heute zwei, Dhiggiri und Alimatha, als Touristeninseln genutzt werden. Die zahlreichen Sandbänke und kleinen Sandinseln, auf denen teilweise Büsche und Sträucher wachsen, werden nicht mitgezählt.

Links: Kleinstunternehmer auf Felidhoo.

4,5 km südlich des Vaavu-Atolls schließt sich das Vattaru Falhu, ein weiteres Atoll, an. Das Miniaturatoll misst lediglich 9 km im Durchmesser und besitzt nur einen Riffsaum mit wunderschönen Korallengärten an der Südseite. Weitere 4,5 km südlich liegt das Meemu-Atoll, das durch die historisch bedeutenden Ausgrabungen des berühmten Forschers Thor Heyerdahl weltbekannt wurde.

Die Touristeninseln im Vaavu-(Felidhoo-)Atoll

Alimathà Island Resort (Alimatha)

Zur Zeit sind Alimatha und Dhiggiri die einzigen Touristeninseln im Vaavu-Atoll. Alimatha nahm bereits 1975 den Betrieb auf und zählt damit zu den ersten Hotelinseln der Malediven. Das fast kreisrunde Eiland liegt im Nordosten des Atolls, unweit des Außenriffs am Ende des Dhiggiri Kandu, und hat einen Durchmesser von 280 m. Ein Schnellboot benötigt 1,5 Std., ein Wasserflugzeug 20 Min. für die 65 km vom Flughafen Hulhule bis zur Insel.

» Karte S. 187, Info S. 191

Foto: Udo Kefrig

Im **Alimathà Island Resort** stehen 96 Zimmer in Strandbungalows sowie 34 in Wasserbungalows zur Verfügung. Sie sind im landestypischen Stil möbliert und haben Duschen mit warmem und kaltem Wasser, Klimaanlage, Minibar und Terrasse. Superior Bungalows verfügen außerdem über Meerblick. Größer und edler ausgestattet sind die Wasserbungalows.

Alimatha wird stark von italienischem Publikum frequentiert, was sich in der ausgezeichneten Küche mit einer großen Auswahl an leckeren Gerichten niederschlägt. Alimatha wird als All-inclusive-Ziel angeboten (Getränke sind jedoch nur eingeschränkt inklusive).

Alimatha bietet dem Besucher gute Schnorchelmöglichkeiten sowie schöne Tauchgänge auf der Südseite des nur 100 m entfernten Hausriffs. Zusätzlich liegen nahe der Insel attraktive Tauchplätze längs des Außenriffs, die mit dem Boot schnell erreichbar sind. Die oft strömungsreichen Außenriffpassagen erfordern allerdings eine gewisse taucherische Routine. In der näheren Umgebung von Alimatha, auf den naheliegenden Riffen von Kudadhiggaru Falhu und Kolhudhiffushi Falhu, gab es früher zwei weitere Inseln, die das Meer bereits fortspülte.

Weitere sportliche Aktivitäten umfassen Segeln, Surfen, Wasserski, Fischen sowie Volleyball und Fußball am breiten Strand. Des weiteren stehen ein Whirlpool, eine Sauna und ein Fitnesscenter für Sport und Erholung bereit. Die vorgelagerte, klare Lagune eignet sich nur bedingt zum Schwimmen, da einige Steinkorallen bis dicht unter die Wasseroberfläche reichen.

Oben: Keine Angst vor Langeweile – Volleyballmannschaften sind schnell gebildet.

Dhiggiri Island Resort (Dhiggiri)

Dhiggiri bedeutet übersetzt zwar „langer Korallenfleck", ist aber ein kleines, rundes Eiland und nur 350 m x 250 m groß. Das Eiland befindet sich wenige Kilometer nördlich von Alimatha nahe am nordöstlichen Außenriff, was

» Karte S. 187, Info S. 191

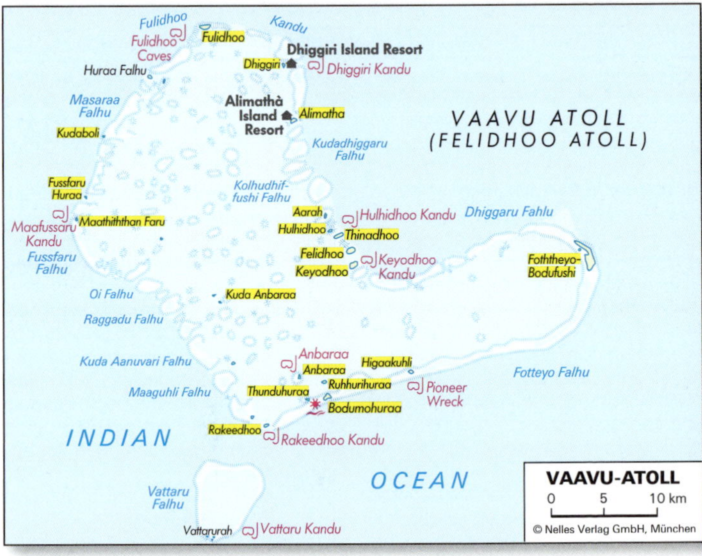

besonders Taucher wegen der dort vorbeiziehenden Großfische schätzen. Die Insel besitzt einen schönen, leicht abfallenden Sandstrand. Eine üppige Vegetation mit vielen Palmen und Büschen vermittelt tropische Urlaubsatmosphäre. Das **Dhiggiri Island Resort** öffnete 1982 seine Pforten. 20 der 45 klimatisierten, hübschen Einzelbungalows sind über der Lagune auf Stelzen erbaut und bieten einen direkten Einstieg ins Meer. Auch Dhiggiri wird gern von Italienern besucht. Zwei Restaurants servieren ausgezeichnete Gerichte.

Dhiggiri besitzt ein schönes, auf 20 m abfallendes Hausriff, an dem man gut schnorcheln kann. Vier Einstiege ermöglichen einen leichten Zugang. Taucher können mit etwas Glück die seltenen Mantarochen „vorbeischweben" sehen. Da es im Felidhoo-Atoll nur zwei Touristeninseln gibt, trifft man kaum andere Taucher und findet fast unberührte Tauchgründe vor. Besonders die Plätze am Außenriff begeistern mit unglaublichem Artenreichtum. Zur Zeit des Südwestmonsuns sind wegen des Planktonaufkommens Walhaibegegnungen möglich. Im weiteren Sportangebot stehen auf Dhiggiri Surfen, Segeln, Wasserski, Volleyball, Darts und Tischtennis.

Für die 60 km zwischen Dhiggiri und Hulhule benötigt ein Schnellboot etwa 90 Minuten, mit dem Air Taxi dauert der Transfer knapp 25 Minuten.

Die Einheimischen- und Ausflugsinseln im Vaavu-Atoll

Anbaraa

Die mittelgroße, unbewohnte Insel liegt im Südwesten innerhalb des Felidhoo-Atolls am Anbaraa Kandu, etwa 15 Bootsminuten von der weiter südlich gelegenen Einheimischeninsel Rakeedhoo entfernt. Anbaraa ist eine malediventypische Bilderbuchinsel, auf der einige Kokospalmen wachsen. Ein bezaubernder Strand lässt tropische Urlaubsträume wahr werden. Kein Wunder also, dass dieses Eiland gern auf Ausflügen und für Strandbarbecues besucht wird. Auch bietet es gute, geschützte Ankermöglichkeiten. Der Inselname leitet sich von dem Wort *ambra* ab. Ambra ist die wertvolle organische Ausscheidung der Pottwale, die manchmal an die Strände gespült wird und schlagartigen Reichtum für den glücklichen Finder bedeutet.

Aarah

Diese Insel liegt am Ostrand des Atolls, etwas weiter nördlich als das benachbarte Eiland Hulhidhoo und von diesem nur durch den Hulhidhoo Kandu mit seinen spektakulären Tauchplätzen getrennt. Aarah ist unbewohnt und entstand erst kürzlich als Ergebnis der Launen des Meeres. Folglich weist das Eiland noch wenig Bewuchs auf. Die Insel wird von einem flachen Saumriff umgeben, das den bequemen Zugang für Boote und Besucher erheblich beeinträchtigt.

Bodumohuraa

Bodumohuraa befindet sich im Süden des Atolls, östlich von Rakeedhoo, der südlichsten Atollinsel. Das Eiland liegt etwa 7 km westlich der Insel Higaahuraa auf dem Riff Fotteyo Falhu. Auch Bodumohuraa ist unbewohnt, aber dicht bewachsen. Die Insel verfügt auf ihrer Südseite über einen wunderschönen Strand und begeistert die Besucher mit einer flachen Badelagune.

Felidhoo

Die Einheimischeninsel Felidhoo im Osten des Atolls am gleichnamigen Felidhoo Kandu ist die zentrale Verwaltungsinsel des Atolls. Sie gab dem Felidhoo-Atoll seinen Namen und zählt ca. 550 Einwohner. Die Bewohner sind weithin für ihre *bodu-beru*-Tänze bekannt. Tagsüber gehen sie dem Fischfang nach. Ein alles überragender Funkmast auf der Insel stellt eine markante Navigationshilfe für die Seeschifffahrt dar.

Rechts: Junge Mädchen auf Fulidhoo tanzen einen bandiyaa (Topf-Tanz).

Foththeyo-Bodufushi

Foththeyo-Bodufushi, eine große, unbewohnte Insel, liegt am östlichen Rand des Felidhoo-Atolls. Das markante, weithin sichtbare Wahrzeichen von Foththeyo-Bodufushi ist ein großer Funkmast. Der Doppelname leitet sich aus der Tatsache ab, dass es sich ursprünglich um zwei Inseln, um Foththeyo und das benachbarte Bodufushi handelte, die irgendwann, wie es so oft auf den Malediven passiert, durch Wind, Wellen und Strömungen zusammenwuchsen.

Fulidhoo

Die Einheimischeninsel Fulidhoo liegt an der Nordspitze des Atolls und zählt knapp 500 Einwohner. Sie ist eine typisch maledivische Insel mit hübschen Korallenhäusern und gemütlichem Dorfleben. Unter den schattenspendenden Kokospalmen stehen etliche mit Palmenwedeln gedeckte Fischerhütten, die sich entlang des Strandes verteilen. Fulidhoo besitzt einen gut anzulaufenden Hafen, den Safariboote gern als nächtlichen Ankerplatz nutzen. Diesen Hafen kannten in der Vergangenheit bereits die einheimischen Fischer, und sie nutzten ihn, wenn sie sich auf dem Weg von Male in die südlichen Atolle befanden.

Die Einwohner Fulidhoos sind für ihren *bandiyaa*- oder Topf-Tanz bekannt, der von jungen Mädchen dargeboten wird. Die *bodu-beru*-Tänze hingegen sind traditionsgemäß Männersache und ebenfalls ein beliebter abendlicher Zeitvertreib der Einheimischen.

Im Osten der Insel steht ein hohes Leuchtzeichen, das den Beginn des Atolls markiert.

Einer Legende zufolge kamen einst

» **Karte S. 187, Info S. 191**

Foto: Pankaj Shah

die kriegerischen Redin auf die Insel, während sich die Bewohner zum Freitagsgebet in der Moschee befanden. Die Redin gelten in der maledivischen Geschichte als eine sagenumwobene Volksgruppe, die Feuer und Götzen verehrte. Sie zündeten die Moschee an, und alle Einwohner der Insel verbrannten, bis auf eine Person. Der Grabstein dieses angeblichen Überlebenden, der einige Jahre nach der Tragödie starb, ist heute noch zu sehen.

Fussfaru Huraa

Diese kleine, unbewohnte Insel liegt an der Nordwestseite des Atolls in der Nähe des großen, nach Westen ausgedehnten Riffkomplexes Fussfaru Falhu. Fussfaru bedeutet in der Landessprache „unsichtbares Riff". Selbst für erfahrene Dhonikapitäne, die sich von Westen nähern, ist es nahezu unmöglich, genau zu sagen, wo das Atoll beginnt, da es in diesem Abschnitt keine markanten Inseln gibt, die den Weg weisen und den exakten Standort bestimmen lassen.

Higaakuhli

Das unbewohnte Higaakuhli ist eine kleine Insel im Süden des Atolls am langen Riff von Fotteyo Falhu. Der Name Higaakuhli bedeutet soviel wie „bewegter See". In der Nähe der Insel liegt das Wrack der *Pioneer*, eines Frachters, der sich mit allgemeiner Stückgutladung auf dem Weg von Colombo nach Male befand. Das Schiff rammte am 13. Mai 1958 das Riff, lief auf Grund und ging später unter.

Hulhidhoo

Hulhidhoo liegt im Osten des Atolls nördlich von Felidhoo. Die schmale, nicht besiedelte Insel mit dichtem Baum- und Buschbestand wird von einem Saumriff umgeben, das an den Nord- und Südseiten hervorragende Schnorchelmöglichkeiten bietet. Der atolleinwärts gerichtete Kanal Hulhidhoo Kandu besticht mit atemberaubenden Korallenformationen.

Hulhi bedeutet übrigens in der Lan-

Foto: Duncan Willetts (Camerapix)

dessprache Dhivehi „Kokosnuss" oder „Frucht, die in ihrem Inneren nichts zu essen bietet".

Keyodhoo

Keyodhoo ist eine Einheimischeninsel in unmittelbarer Nachbarschaft von Felidhoo. Die im Osten des Atolls gelegene Insel zählt ca. 670 Einwohner und bietet sicheres Ankern in der vorgelagerten Lagune. Safariboote füllen hier oft ihre Wasservorräte auf.

Auf dieser Insel gibt es mit einer kleinen **Tauchschule** (www.murakadiving.com) und mehreren **Gästehäusern** neuerdings die Chance für einen individuellen Malediven-Urlaub.

Kuda Anbaraa

Das winzige Eiland liegt innerhalb des Atolls, etwa 6 km nördlich von Anbaraa. Auf der Insel wachsen nur einige Palmen. Kuda Anbaraa ist lediglich ein fotogenes, unbewohntes Ausflugsziel für Touristen.

Kudaboli

Kudaboli, eine weitere unbewohnte Insel, findet man im Nordwesten des Atolls auf dem Riff von Masaraa Falhu. Der Name der beliebten Ausflugsinsel bedeutet in Dhivehi soviel wie „Insel der kleinen Muscheln". Kleine Muscheln kommen am Strand in erstaunlicher Formenvielfalt vor. In unmittelbarer Nähe von Kudaboli liegt im Diggaluvashee Kuda Kandu ein sehenswertes Riff.

Maathiththan Faru

Maathiththan Faru ist ein Riff an der Westseite des Vaavu-Atolls. Hier erhebt sich eine namenlose Insel ohne Bäume mit einem großen Funkmast.

Der nahegelegene Maafussaru Kandu gilt als eine der schönsten Korallenlandschaften in diesem Bereich des Atolls.

Oben: Viel Geschicklichkeit ist nötig, um ein Seil zu drehen.

» Karte S. 187, Info S. 191

Rakeedhoo

Rakeedhoo liegt an der Südspitze des Atolls, am gleichnamigen Kanal und bekannten Tauchplatz Rakeedhoo Kandu. Die Insel zählt rund 360 Bewohner und hat die typische Atmosphäre einer Einheimischeninsel. Oft gehen Safariboote abends auf der geschützten Nordseite der Insel vor Anker, wenn die Gäste am frühen Morgen im Rakeedhoo Kandu einen Tauchgang planen.

Ruhhurihuraa

Die fast unscheinbare Insel Ruhhurihuraa befindet sich innerhalb des Atolls an der Südseite, etwa 2 km nördlich von Thunduhuraa. Das kleine Ruhhurihuraa ist unbewohnt und mit einigen Kokospalmen bewachsen, worauf der Inselname Ruh huri, „es sind Kokospalmen vorhanden", aufmerksam macht.

Thinadhoo

Thinadhoo liegt auf der Ostseite des Atolls und zählt etwas über 200 Einwohner. Es ist neben Felidhoo, Fulidhoo, Keyodhoo und Rakeedhoo das fünfte bewohnte Eiland im Atoll und wird auch Mas Thinadhoo genannt. In den südlichen Atollen steht das Wort thina für die weibliche Brust, mas bedeutet „Fisch" und weist auf den hier vorhandenen Fischreichtum hin. In der Nähe der Insel liegen bekannte und attraktive Tauchplätze, wie die atemberaubenden Überhänge und Höhlen im Kanal Hulhidhoo Kandu.

Thunduhuraa

Die Insel Thunduhuraa liegt im Süden auf der Innenseite des Riffs von Fotteyo Falhu. Thunduhuraa ist eine kleine Sandbankinsel, die zum Faulenzen und Sonnenbaden einlädt. Da die wenigen Büsche kaum Schatten spenden, sollte man ausreichend Sonnenschutz mitnehmen!

Alimathà Island Resort

Eröffnet 1975, familienfreundlich.
BUNGALOWS: 96 Beachbungalows und 34 Wasserbungalows, Klimaanlagen, Ventilatoren, Kalt- und Warmwasserduschen (Süßwasser), Kühlschrank, kleine Terrasse zur Meerseite mit zwei Liegestühlen.
KATEGORIE: 3 Sterne.
EINRICHTUNGEN: Bar mit Disko (einmal wöchentlich Live-Musik) und Sonnenterrasse, Restaurant, Inselboutique, Coffee Shop, Wassersportzentrum (u. a. Verleih von Kanus, Hochseefischen auf Anfrage), Meerwasserentsalzungsanlage.
TAUCHSCHULE: italienisch, deutsch, englisch, französisch, PADI, Hausriff (Außenriff) 100 m vor der Tauchschule, zum Schnorcheln geeignet, nächste Dekompressionskammer auf Bandos (Nord-Male-Atoll) in 70 km Entfernung.
TRANSFER: 65 km, Speedboot 90 Minuten, Flugzeug 20 Minuten.
INFO: www.tgidiving.com; alimatha@dhivehinet.mv.

Dhiggiri Island Resort

Eröffnet 1982, ursprüngliche Barfuß-Insel.
BUNGALOWS: 25 Einzelbungalows am Strand mit Klimaanlagen oder Ventilatoren, Kalt- und Warmwasserduschen (Süßwasser), kleiner Terrasse mit Meerblick, 20 Stelzenbungalows über dem Wasser mit Terrasse, alle mit Klimaanlage und direktem Einstieg ins Meer.
KATEGORIE: 3,5 Sterne.
EINRICHTUNGEN: Bar (einmal wöchentlich Live-Musik), zwei Restaurants, Inselboutique, Windsurfbasis, Hochseefischen auf Anfrage, Meerwasserentsalzungsanlage, Regenwasseraufbereitung.
TAUCHSCHULE: deutsch, englisch, französisch, italienisch, PADI, Hausriff (Innenriff) 30 m vor der Tauchschule mit vier markierten Einstiegsstellen, zum Schnorcheln geeignet, nächste Dekompressionskammer auf Bandos (Nord-Male-Atoll) in 60 km Entfernung.
TRANSFER: 60 km, Speedboot 90 Minuten, Flugzeug 25 Minuten.
INFO: www.tgidiving.com; manager@dhiggiriresort.com.

» Karte S. 187

Foto: Christian Mietz

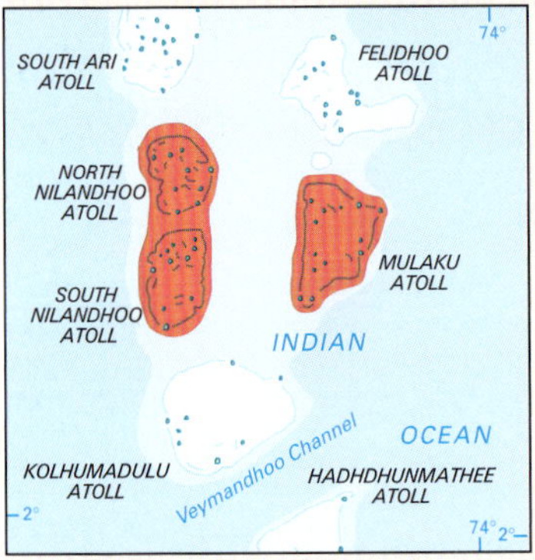

FAAFU-ATOLL, DHAALU-ATOLL UND MEEMU-ATOLL

FAAFU-ATOLL (NORD-NILANDHOO-ATOLL)

Das Faafu-Atoll, auch Nord-Nilandhoo (oder Nilandhe)-Atoll genannt, schließt sich südlich ans Ari-Atoll an, es ist bohnenförmig, ca. 32 km lang und 24 km breit. Seine Außengrenzen bilden 20 größere und kleinere Farus, an denen Kandus unterschiedlicher Breite ins Atoll führen. Im Westen sind die Kanäle breiter und weniger zahlreich, auf der Ostseite ist es umgekehrt.

Im flachen Inneren des Atolls sind etliche Farus mit großen Lagunen und Giris verstreut, dazwischen liegen acht Inseln, von denen das bewohnte **Bileiydhoo** im Südosten die größte ist, **Nilandhoo** fungiert als Hauptinsel. Insgesamt gibt es im Faafu-Atoll, in dem etwa 4700 Malediver leben, 18 unbewohnte und fünf bewohnte Inseln.

Das recht große **Filitheyo**, das im Osten in Außenriffnähe liegt, lockt als beliebtes Urlaubsresort vor allem Taucher an. Kaum bekannt sind Details über das Wrack der *Duras* vor der Insel **Himithi** – das Schiff lief am 12. April 1777 am Inselriff auf und versank. Gänzlich unbekannt und Herausforderung für künftige Tauchergenerationen ist der Untergangsort der *St. Claire Paramatta*, die laut Überlieferung mit elf Mann Besatzung 1855 am Laamu-Atoll strandete und zerbrach.

Eine der wichtigsten archäologischen Stätten der Malediven befindet sich auf Nilandhoo, der südlichsten Insel des Atolls. Hier legte der Norweger Thor Heyerdahl einen ausgedehnten, vermutlich hinduistischen Tempelkomplex mit einer Grundfläche von 170 m x 115 m frei. Auf dem Gelände befindet sich zudem die zweitälteste Moschee der Malediven, erbaut von Sultan Mohamed Ibn Abdullah (1141-1166).

Links: Soldatenfische und Glasfische glitzern im Scheinwerferlicht.

Die Touristeninsel im Faafu-Atoll

Filitheyo Island Resort (Filitheyo)

Das dreieckige Filitheyo liegt direkt am Außenriff, misst etwa 1000 m x 500 m und wartet mit einen herrlichen Bestand an Palmen, tropischen Büschen und exotischen Pflanzen auf. Gummibäume, Scaviolabüsche und Mangroven dominieren das traumhafte Eiland und spenden angenehmen Schatten. Bewusst hat man dschungelartige Areale im Inselinneren erhalten, die nicht zu begehen sind. Zahlreiche Vogelarten, Fliegende Hunde, Echsen und Insekten haben auf der Insel ihr Zuhause.

Filitheyo umzieht ein wunderbarer Sandstrand, jedoch ist die vorgelagerte Lagune oft mit Korallengestein durch-

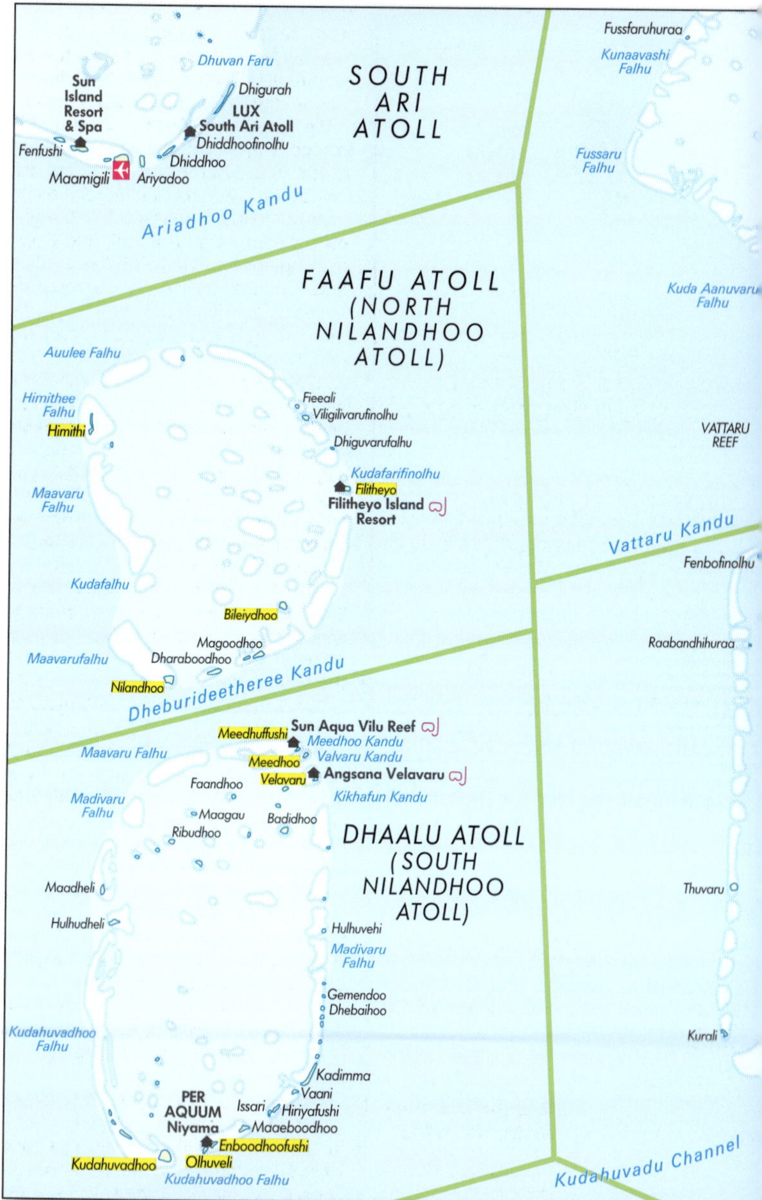
SOUTH ARI ATOLL
Dhuvan Faru
Sun Island Resort & Spa
Dhigurah
LUX South Ari Atoll
Dhiddhoofinolhu
Fenfushi
Dhiddhoo
Maamigili
Ariyadoo
Ariadhoo Kandu
Fussfaruhuraa
Kunaavashi Falhu
Fussaru Falhu
Kuda Anuvaru Falhu
FAAFU ATOLL (NORTH NILANDHOO ATOLL)
Auulee Falhu
Himithee Falhu
Himithi
Fieeali
Viligilivarufinolhu
Dhiguvarufalhu
VATTARU REEF
Kudafarifinolhu
Filitheyo
Filitheyo Island Resort
Maavaru Falhu
Vattaru Kandu
Fenbofinolhu
Kudafalhu
Bileiydhoo
Magoodhoo
Dharaboodhoo
Maavarufalhu
Raabandhihuraa
Nilandhoo
Dheburideetheree Kandu
Meedhuffushi
Sun Aqua Vilu Reef
Meedhoo Kandu
Maavaru Falhu
Meedhoo
Valvaru Kandu
Velavaru
Angsana Velavaru
Faandhoo
Kikhafun Kandu
Madivaru Falhu
Maagau
Badidhoo
Ribudhoo
DHAALU ATOLL (SOUTH NILANDHOO ATOLL)
Maadheli
Thuvaru
Hulhudheli
Hulhuvehi
Madivaru Falhu
Gemendoo
Dhebaihoo
Kudahuvadhoo Falhu
Kurali
Kadimma
Vaani
PER AQUUM Niyama
Issari
Hiriyafushi
Maaeboodhoo
Enboodhoofushi
Kudahuvadhoo
Olhuveli
Kudahuvadhoo Falhu
Kudahuvadu Channel

setzt, sodass ungehindertes Schwimmen nur bei Flut und dann auch nur an bestimmten Plätzen möglich ist. Badeschuhe sind in jedem Fall zu empfehlen.

Die moderne Bebauung des **Filitheyo Island Resort** wurde so geschickt in die Natur integriert, dass die Landbungalows von der Seeseite nicht erkennbar sind. Insgesamt 125 Bungalows gliedern sich in Einzel- und Doppelbungalows sowie in 16 Wasservillas in der Lagune. Die 5-Sterne-Unterkünfte lassen an Komfort nichts zu wünschen übrig; die großen, komfortablen, voll klimatisierten Zimmer besitzen eine Terrasse und ein teilüberdachtes Freiluftbad. Jedes Haus ist mit Minibar, Telefon, Farbfernseher und Stereoanlage ausgestattet und hat seinen eigenen Zugang zum Strand. Die Wasserbungalows auf der Südseite der Insel bieten noch mehr Komfort, z. B. ein Sonnendeck mit einem eigenen Einstieg in die Lagune und einen Whirlpool im Bad.

Die Küche lockt mit einheimischen Gerichten, asiatischer oder internationaler Küche. Barbecues am Strand, Drinks an der Bar und Snacks im Coffeeshop sorgen für Abwechslung.

Für aktive Gäste bietet Filitheyo ein großes Freizeit- und Sportprogramm. Neben dem Tauchen, für das die Insel und ihre Top-Plätze bekannt sind, kann sich der Urlauber im klimatisierten Sportcenter fit halten. Surfer und Segler finden im Wassersportcenter moderne Boards und Top-Kat-Katamarane.

Tischtennis, Badminton, Billard und Volleyball runden neben Ausflügen zu Einheimischeninseln, Schnorchelexkursionen und Ausfahrten zum Nachtfischen das Freizeitprogramm ab.

DHAALU-ATOLL (SÜD-NILANDHOO-ATOLL)

Das Dhaalu-Atoll, auch Süd-Nilandhoo-Atoll genannt, ist auf der Karte in der südlichen Verlängerung des Nord-Nilandhoo- bzw. des Ari-Atolls zu finden. An seiner westlichen Seite er-

» Karte S. 194-195, Info S. 199

Foto: Harald Mielke

streckt sich der Indische Ozean, an seiner Ostseite liegt das Meemu-Atoll.

Das länglich-ovale Dhaalu-Atoll, auf britischen Seekarten auch als „Jewellers Islands" verzeichnet, misst 38 km in der Länge und erstreckt sich 23 km in die Breite. Das Atoll mit der Hauptinsel **Kudahuvadhoo** besteht aus 49 unbewohnten und sieben Einheimischeninseln. Ein großer Teil der Westseite des Atolls ist durch ein ausgedehntes Riff markiert, das Kudahuvadhoo Falhu, das bereits im Süden seinen Anfang nimmt. Der Nordwesten und Norden präsentiert sich als Ansammlung einzelner großer Farus mit ausgedehnten Lagunen, die sich teils zum Atollinneren öffnen. Die Ostseite des Dhaalu-Atolls weist weitere große Riffkomplexe mit lang gezogenen Inseln auf. Im Inneren des Atolls kumulieren einige Eilande im Norden und im Südwesten, während sonst Farus, Giris und Thilas das Profil kennzeichnen. Durchgehend breite Kanäle finden sich auf der Westseite, allerdings sind es nur wenige. Etwa doppelt so viele und auch zum Teil schmalere Kandus finden sich im Osten des Atolls. Das Atoll wird im Norden vom Faafu-Atoll durch den etwa 5 km breiten Dheburideetheree Kandu getrennt. Im Süden ist es der knapp 10 km breite Kudahuvadhoo Kandu, der als Barriere zwischen dem Atoll und seinem südlichen Nachbarn, dem Thaa-Atoll, liegt.

Zwei Resorts haben sich an der Nordostseite etabliert: das **Vilu Reef Beach & Spa Resort** auf Meedhuffushi sowie das **Velavaru Island Resort** auf der Insel **Velavaru**. Das Luxusresort **Per Aquum Niyama** erstreckt sich über die beiden durch einen Steg verbundenen Eilande **Enboodhoofushi** und **Olhuveli**. Für Taucher interessant dürfte neben der fantastischen Unterwasserwelt auch die Suche nach dem Wrack der 1339 BRT großen britischen *Liffey* sein. Am 3. August 1879 streifte sie das Riff der Hauptinsel und versank. Dieses Riff wurde auch der *Utheemu J.* zum Verhängnis: Sie rammte es am 15. Juli 1960.

Oben: Vorbereitung zur Massage im balinesisch geprägten Spa des Filitheyo Island Resort.

» Karte S. 194-195, Info S. 199

Touristeninseln im Dhaalu-Atoll

Angsana Velavaru (Velavaru)

Velavaru schließt sich im Süden an die Einheimischeninsel Meedhoo an. Wie diese liegt die kleine, keilförmige Insel auf einem ovalen Riff, besitzt aber im Nordwesten noch eine große Innenlagune. Der Name des Robinson-Eilands leitet sich vom Dhivehi-Wort *veela* (Schildkröte) ab, denn früher kamen diese Tiere hier häufig an Land, um ihre Eier abzulegen. In der Umgebung sind sie unter Wasser häufig zu beobachten.

Velavaru ist unweit von zwei weiteren, unbewohnten Inseln gelegen und grenzt im Südosten an einen sehr breiten Kanal, den Kihafun Kandu. In seiner Mitte erheben sich eine längliche Riffstruktur und ein winziges Faru. Aber auch die nördlichen Kanäle um die Insel Meedhoo und das Außenriff nahe des Nachbarresorts Vilu Reef liegen in Reichweite. Gleiches gilt für das Atollinnere mit seinen noch nicht gänzlich erschlossenen Tauchgründen und ebenso für das Hausriff, das ebenfalls Teil des nordöstlichen Außenriffs ist. Allerdings ist es nicht unmittelbar vom Strand aus zu erreichen, sodass Ausfahrten für Taucher und Schnorchler angeboten werden.

Das luxuriöse **Angsana Velavaru Island Resort** bietet neben 33 Wasservillen, 1 km entfernt von der Insel, 79 Villas in fünf Kategorien: Beach Front Villa (mit Meerblick und Veranda), Beach Front Jet Pool Villa (zusätzlich mit Jet Pool), Deluxe Beachfront Pool Villa (mit eigenem Pool und Garten), Velavaru Villa (323 m^2, Pool, Garten) und Angsana Villa (473 m^2, eigener Strand, Pool, Jet Pool, Garten). Alle Villen sind äußerst komfortabel ausgestattet und verfügen über Klimaanlage, Außen- und Innendusche, Sonnenliegen und vieles mehr.

Drei Restaurants, eines davon auf dem Wasser, und eine Bar bewirten die Gäste mit europäisch-asiatischer Küche und erfrischenden Drinks. Das exklusive Angsana-Spa verwöhnt Körper und Seele. Tauchen und Schnorcheln stehen an erster Stelle der Wassersportangebote; auch Windsurfen, Segeln und Kanufahren sind beliebt.

Sun Aqua Vilu Reef (Meedhuffushi)

Die mittelgroße Insel liegt an der Nordostspitze des Dhaalu-Atolls, am Ende eines ausgedehnten Riffs. Die Südostseite grenzt an einen schmalen Kanal, den Meedhoo Kandu. Ihm gegenüber liegt die Einheimischeninsel **Meedhoo**, an deren Südostseite sich ein weiterer, etwas ausgedehnterer Kanal, der Veelavaru Kandu, anschließt. Somit teilt Meedhuffushi einen breiten Zugang in das Atoll in zwei Kandus auf.

Die Tauchplätze sind vielversprechend: zum einen durch die Lage am Meedhoo Kandu, durch die am Inselriff mit attraktiven Strömungen und somit auch mit vielen Fischen zu rechnen ist; zum anderen durch das Riff, auf dem die Insel liegt, das nördliche Außenriff im Atoll. Hier trifft man häufig auf Großfische. Ebenfalls attraktiv ist das Hausriff unmittelbar vor der Insel. Auch das Innere des Dhaalhu-Atolls lockt mit seinen Farus und Thilas.

Meedhuffushi, das als **Sun Aqua Vilu Reef** vermarktet wird, präsentiert sich als moderne, luxuriöse Anlage mit fast umlaufendem Strand, Lagune und dichtem tropischem Bewuchs. 100 Zimmer in Strandvillen, Jacuzzi-Strandvillen und Honeymoon-Wasservillen sind komfortabel und sehr geschmackvoll eingerichtet. Luxuriöse Krönung ist die Grand Reef Suite.

Das Essen ist delikat und besteht zu einem guten Teil aus Fisch und Meeresfrüchten. Verwöhnprogramm pur bietet das Spa. Für sportliche Abwechslung sorgen der Tennisplatz mit Flutlicht, Volleyball, Badminton, Tischtennis und Darts, vor allem aber Aktivitäten auf und unter Wasser – neben dem Tauchen auch Segeln und Angeln.

MEEMU-ATOLL (MULAKU-ATOLL)

Das Meemu-Atoll, auch als Mulaku-Atoll bekannt, schließt sich südlich ans Felidhoo-Atoll an und ist von ihm durch den breiten Vattaru Kandu getrennt. Vor der touristischen Erschließung war das Atoll, das 47 km lang und bis zu 31 km breit ist, lediglich ab und an Anlaufpunkt für Safariboote. Seine Form gleicht einem Ohr.

Im Vergleich zu anderen Atollen ist das Meemu-Atoll von ausgedehnten Riffsystemen umgeben. Dies betrifft vor allem den Norden, Osten und Süden. So gibt es von Nord über Ost bis nach Südwest nur drei große Kanäle, die ins Atoll führen, von denen zwei noch in je zwei kleinere Abschnitte unterteilt werden. Nur die Westseite des Atolls ist zwischen den kleineren Farus von vielen Kanälen durchsetzt. Trotz ihrer Länge liegen auf dieser Seite nur fünf unbewohnte Inseln. Die Mehrheit der teils sehr großen Inseln, samt der Hauptinsel Mulee, konzentriert sich auf den Osten und Südosten. Alle Inseln liegen recht geschützt auf den beiden umfangreichen Riffkomplexen. Auf der Ostseite gibt es nur einen breiten Kanal, der sich in zwei kleinere Kandus aufteilt, **Mulah** und **Mulee Kandu**. Nahebei liegen die Resortinseln **Cinnamon Hakuraa Huraa** und **Medhufushi**. Die nebeneinanderliegenden Eilande **Gasveli**, **Dhekunuboduveli** und **Kudausfushi** im Südwesten werden die nächsten Touristeninseln sein.

Oben: Leuchtend rote Blüten des Meer-Hibiskus schmücken viele Resorts.

Die Außenrifflage garantiert taucherische Highlights, aber auch das Innerste des Meemu-Atolls sollte man nicht unterschätzen. Es hat zwar keine Inseln, dafür aber gibt es Giris, flache Lagunen und Farus. Und wo diese zu finden sind, sind auch die Thilas mit ihrem großen Reichtum an Fischen nicht weit. Vor der Hauptinsel **Mulee** (Muli) versank am 17. März 1844 die portugiesische Karacke *Prazer de Allegria*, von der bis heute keine Spur gefunden wurde.

Die Touristeninseln im Meemu-Atoll

Cinnamon Hakuraa Huraa (Hakuraahuraa)

Die Insel Hakuraahuraa war im Meemu-Atoll das erste Eiland, auf dem der Tourismus einzog. Die mit üppiger tropischer Vegetation bedeckte Insel ist sehr lang und von einer ausgedehnten, seichten Lagune umgeben. Allerdings besitzt sie nur auf einer Seite einen großen Sandstrand. Für Schnorchler ist die Lagune weniger ideal; sie müssen einen fast 500 Meter langen Steg hinausgehen, bevor sie im hüfttiefen Wasser stehen. Die Kante des Hausriffs ist erst nach weiteren 400 Metern erreicht.

Die Insel wurde vom Tsunami Jahr 2004 schwer getroffen und später dann als **Cinnamon Hakuraa Huraa** wiedereröffnet. Sie ist nur locker bebaut und dicht bewachsen. 80 Bungalows stehen

» Karte S. 194-195, Info S. 199

auf Stelzen über der Lagune, zehn am Strand. Die schönen, geräumigen Zimmer sind mit Klimaanlage, Minibar und und Sitzecke ausgestattet. Vom eigenen Sonnendeck führt eine Treppe direkt in die Lagune hinein.

Die beiden Restaurants bieten reichhaltige Büffets mit internationalen und maledivischen Leckereien.

In 20 bis 60 Bootsminuten erreicht man 30 faszinierende Tauchplätze – Giris, Thilas, Kanäle, sogar ein Wrack. Da das Meemu-Atoll noch recht unberührt ist, trifft man hier häufig auch auf Großfische wie Mantas und Walhaie.

Medhufushi Island Resort (Medhufushi)

Die längliche Insel, die Ende der Neunzigerjahre für den Tourismus geöffnet wurde, ist etwa 1000 x 200 m groß. Dicht bewachsen und von einer herrlichen Lagune umgeben, ist sie der ideale Ausgangspunkt zu den vielen Tauchplätzen am Rand des südöstlichen Meemu-Atolls wie auch zu den Thilas im Atollinneren.

Das **Meedhufushi Island Resort** wurde vom Tsunami Ende 2004 schwer getroffen. 2007 eröffnete das Fünf-Sterne-Resort neu. 112 elegante, exklusiv eingerichtete Villen verschiedener Kategorien, auf dem Wasser oder am Strand, bieten Unterkunft. In den beiden Restaurants werden zu jeder Mahlzeit üppige Büfetts aufgebaut; die Lagunen-Bar ist ein stimmungsvoller Ort für ein erfrischendes Getränk.

Die Freizeitaktivitäten sind vielfältig: Schwimmen im Süßwasserpool, Massagen im Spa, Beach Volleyball, Badminton, Surfen, Segeln und vieles mehr stehen auf dem Programm.

In der Werner-Lau-Tauchbasis werden Kurse für jede Leistungsstufe angeboten; Ausfahrten ins Atollinnere und an die Außenseite versprechen spektakuläre Erlebnisse, während die Insellagune optimal für Tauchanfänger und Schnorchler geeignet ist.

FAAFU-ATOLL

Filitheyo Island Resort

Eröffnet 1999, Taucherinsel.
KATEGORIE: 4 Sterne.
TAUCHEN: Tauchbasis, PADI, CMAS, Hausriff, für Schnorcheln geeignet.
TRANSFER: 35 Min. Flugzeug, dann 10 Min. Boot.
INFO: www.aaaresorts.com.mv

DHAALU-ATOLL

Angsana Velavaru

Eröffnet 1998, Luxusinsel.
KATEGORIE: 5 Sterne.
TAUCHEN: Tauchbasis, PADI, nur per Boot zugängliches Hausriff, für Schnorcheln wenig geeignet.
TRANSFER: 45 Min. Flugzeug.
INFO: www.angsana.com

Sun Aqua Vilu Reef

Eröffnet 1998, Luxusinsel.
KATEGORIE: 4,5 Sterne.
TAUCHEN: Tauchbasis, PADI, Hausriff, für Schnorcheln geeignet.
TRANSFER: 35 Min. Flugzeug.
INFO: http://sunaqua.com/vilureef.

MEEMU-ATOLL

Cinnamon Hakuraa Huraa

Wiedereröffnet 2010, Taucherinsel.
KATEGORIE: 4 Sterne.
TAUCHEN: Tauchbasis, PADI, Hausriff, für Schnorcheln geeignet.
TRANSFER: 45 Min. Flugzeug.
INFO: www.cinnamonhotels.com

Medhufushi Island Resort

Eröffnet 2007, Taucherinsel.
KATEGORIE: 5 Sterne.
TAUCHEN: Tauchbasis, PADI, CMAS, SSI, für Schnorcheln geeignet.
TRANSFER: 40 Minuten Flugzeug.
INFO: www.aaaresorts.com.mv

» Karte S. 194-195

Ankunft auf Eydhafushi, der Hauptinsel des Baa-Atolls

Paul Spierenburg

Foto: Paul Spierenburg

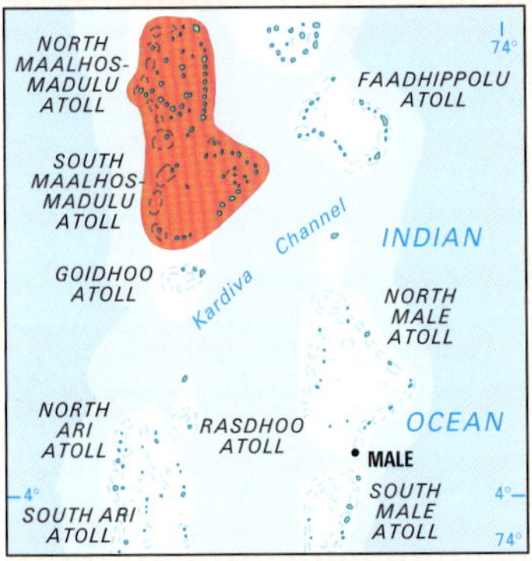

RAA-ATOLL UND BAA-ATOLL

RAA-ATOLL UND BAA-ATOLL

Das Raa-Atoll (Nord-Maalhosmadulu-Atoll) ist wenig erschlossen. Getrennt ist das Atoll von dem benachbarten Baa-Atoll durch den schmalen Hani Kandu, der von Südwest nach Nordost verläuft.

Das intensiver erschlossene Süd-Maalhosmadulu-Atoll liegt ca.100 km nördlich vom Ari- und südwestlich vom Lhaviyani-Atoll. An das Atoll schließt sich südlich das kleine Goidhoo-Atoll an. Verwaltet werden beide unter dem Namen Baa-Atoll.

Zu den Besonderheiten des Süd-Maalhosmadulu-Atolls zählt ein 1,8 km breiter Kanal, der sich im nördlichen Teil mitten durch das Atoll zieht. Er begeistert durch die senkrecht bis auf 200 m tief abfallenden Steilwände viele Taucher. Der Kanal heißt im Westen Kuda Kanduolhi, im Osten Kudarikilu Kandu. Das Süd-Maalhosmadulu-Atoll ist 42 km lang und 32 km breit. Es umfasst 75 Inseln – 13 bewohnte, 62 unbewohnte und neun exklusive Hotelinseln: im Osten Anantara Kihavah, Four Seasons Landaa Giraavaru und Reethi Beach; im Südosten Amilla Fushi, Dusit Thani (Mudhdhoo), Kihaad Maldives (Kihaadupparu) und Soneva Fushi; in der Mitte Royal Island; im Südwesten Coco Palm Dhuni Kolhu. Im Atoll leben etwa 12 000 Einheimische, die Hauptinsel Eydhafushi hat ca. 2800 Einwohner.

Die drei südlichen Inseln im eiförmigen Goidhoo-Atoll, Fulhadhoo, Fehendhoo und Goidhoo, wurden 1962 offizielle Gefängnis- und Verbannungsinseln für Straftäter. Zur Monsunzeit wird das 8,5 km lange und 17,5 km breite Goidhoo-Atoll, das nur durch den Kanal Doru Kandu im Süden zugänglich ist, gern als geschützter Ankerplatz aufgesucht.

Links: Mittagsimbiss im Schatten (Soneva Fushi Resort & Spa).

Die Touristeninseln im Raa-Atoll

Loama Resort Maamigili

Das Resort liegt in der Mitte des Atolls in der Nähe des westlichen Außenriffs. Etwa die Hälfte der Unterkünfte sind Wasservillas, die Häuser auf der Insel haben eigenen Strandzugang. Sechs Restaurants, ein Wellnesszentrum, Tauchen Schnorcheln und Kinderprogramm bietet das Fünf-Sterne-Resort; etwas Besonderes ist das Museum mit 300 maldivischen Artefakten sowie eine Kunstgalerie. (www.loamahotelsandresorts.com).

Adaaran Select Meedhupparu

Das **Adaaran Select Meedhupparu** (früher: Pearl Island) ist eine weitläufige Vier-Sterne-Anlage mit 215 Zimmern

» Karte S. 205, Info S. 211

in Chalets, eingebettet in dichte, abwechslungsreiche Vegetation, sowie zehn Wasserbungalows. Die Räume besitzen allen Komfort. Die heimelige Atmosphäre wissen die Gäste zu schätzen, viele kommen immer wieder.

Variantenreich ist die opulente internationale Küche, umfangreich das Sportangebot. Entspannung suchende Gäste können sich mit speziellen Ayurveda-Anwendungen verwöhnen lassen, ebenso durch balinesische Massagen oder Schönheitsbehandlungen.Auf Taucher warten in dem noch kaum erschlossenen Atoll abwechslungsreiche Giris, Farus und Thilas. Die Anreise per Wasserflugzeug dauert ca. 40 Minuten.

Furaveri Island Resort und Spa

Das 2015 eröffnete **Furaveri Island Resort und Spa** bietet relativ große Villen, die gut in die Natur eingebettet sind, und ein Wellness-Center. Die üppig bewachsene Insel ist 23 ha groß und von einem weißen, flach abfallenden Sandstrand umgeben. Die Umgebung ist ideal für Schnorchel- und Tauchausflüge. Man kann Schildkröten, Adlerrochen und kleine Riffhaie sehen. Jeden Abend um 18:30 ist Haifischfütterung. In den fünf Restaurants gibt es u. a. asiatische, internationale, europäische und mexikanische Küche. Das Haupt-Buffet-Restaurant Jaafaeiy ist wie ein traditionelles Malediven-Bootshauses gestaltet und bietet täglich Live-Kochstationen. Romantisch sind die Dinner am Strand.

Transferzeit: ca. 20 Minuten Flug oder 45 Minuten mit dem Schnellboot.

Die Touristeninseln im Baa-Atoll

Amilla Fushi Resort

Die rund 80 Unterkünfte des Sechs-Sterne-Inselchens, davon rund 50 auf dem Wasser, sind regelrechte Häuser ab 200 m², am ungewöhnlichsten: die fünf Baumhäuser in luftigen 12 m Höhe (www.amilla.mv). Wassersport ist hier, im Biospärenreservat nahe dem Ostrand des Baa-Atolls und dem berühmten Blue Hole, angesag. Das renommierte Tauchzentrum Dive Butler (www.divebutlerinternational.com) ist auch auf Ungeübte eingestellt.

Coco Palm Dhuni Kolhu

Das **Coco Palm Dhuni Kolhu** ist geschickt in die dichte, tropische Vegetation eingebettet und vom Meer her so gut wie unsichtbar. Natürliche Baumaterialien fanden Verwendung bei den Bungalows, deren Interieur stilvoll-luxuriös und dennoch dezent erscheint. Zur Wahl stehen 57 Beach-Villas, 27 De-Luxe-Villas, teils mit kleinem Privatpool, sowie 12 Wasserbungalows und zwei komfortable Suiten.

Beim Essen hat man die Qual der Wahl zwischen einem Restaurant mit internationalen Gerichten, einem mit asiatischer Küche und einem Grill-Restaurant am Strand. Zwei Bars laden zum entspannten Sundowner ein.

Die Insel gleicht mit ihrer dichten Vegetation einem botanischen Garten; verschiedene Pflanzen der maledivischen Flora wurden hier angesiedelt und sind mit Schildern gekennzeichnet.

Lehrreich sind die Exkursionen und Arbeiten des Insel-Biologen, dem die Gäste gern folgen. Wer sportlich aktiv sein möchte, kann sich bei Volleyball, Tennis oder Billard sowie auf und unter Wasser austoben.

Dusit Thani Maldives (Mudhdhoo)

Die thailändische Hotelgruppe bietet 94 sehr luxuriös ausgestattete, strohgedeckte Häuschen über dem Wasser und am schönen Sandstrand (www.dusit.com). Den Tag verbringt man u.a. mit Tennis spielen, Führungen des ansässigen Meeresbiologen, Genuss der raffinierten Thai-Küche und natürlich mit großartigen Tauchgängen in der näheren Umgebung (Blue Hole, Hanifaru Bay, Nähe zum östlichen Außenriff).

» Karte S. 205, Info S. 211

RAA ATOLL (NORTH MAALHOSMADULU ATOLL)
Madooni Faru
Dhiga Faru
Ekulhivaru
Kedhikulhudhoo
Huivani
Kuramaadhoo
Kuredhivaru
Vaadhoo
Kedhivaru
Maafunafaru
Digu Faru
Rasgetheemu
Lhohi
Kuda Faru
Agolhitheemu
Maavelavaru
Vavathi
Orivaru
Miladhoo
Loafaru
Hulhudhuffaaru
Ekurufushee Faru
Maanenfushi
Gaaudoodhoo
Manadhoo
Medhafushi
Liboakandhoo
Dhigurah
Ifuru
Bodufushi
Maa Faru
Loama Resort at Maamigili
Ugulu
Ugoofaaru
Badaidhidhdhoo
Velidhoo
Maamigili
Lundhufushi
Vattaru
Dhuvaafaru
NOONU ATOLL (SOUTH MILADHUNMADULU ATOLL)
Dhinnaa Faru
Maakurathu
Dhikkuredhdhoo
Kudakurathu
Bodu Faru
Rasmaadhoo
Innamaadhoo
Vandhoo
Bodufushi
Kudafushi
LHAVIYANI ATOLL (FADHIPPOLHU ATOLL)
Kottefaru
Kukulhudhoo Faru
Neyo
Maduvvari
Iguraidhoo
Meedhupparu
Felivaru
Fainu
Furaveri Island Resort & Spa
Adaaran Select Meedhupparu
Madivaru
Kinolhas
Boduhuraa
Vavvaru
Fenfushi Faru
Gaagadufaruhuraa
Dhidhdhoo
Maamunagaufinothu
Bathalaa
Kanifushi
Hani Kandu
Vinaneiyfaruhuraa
Maafilaafushi
Voavah
Anhenunfushi
Four Seasons Resort at Landaa Giraavaru
Kudarikilu
Hanikandufaru
Kihavah Huravalhi
Kamadhoo
Kuda Kanduolhi
Anantara Kihavah Villas
Milaidhoo
Reethi Beach Resort
Kashifaru
Dhakandhoo
Fonimagoodhoo
Amilla Fushi Resort
Finolhas
Vandhoomaafaru
Ahivafushi
Fares
Mabaru
Dusit Thani Maldives
Kihaadhoo
Muddhoo
Kihaadhupperu
Maahuruvalhi
Dhonfanu
Kihaad Maldives
Nibiligaa
Mendhoo
Horubadhoo
Dharavandhoo Kandu
Royal Island Resort & Spa
Dharavandhoo
Maa Faru
Maalhos
Dharavandhoo Bodu Kandu
Vakkaru
Hebaridhoo
Bodugaafalhu
Soneva Fushi
Soneva Fushi Resort & Spa
Eydhafushi
Maaddoo
Eboodhoo
Muthaafushi
Ohgali
Miriyandhoo
Coco Palm Dhuni Kolhu
Dhunikolhu
BAA ATOLL (SOUTH MAALHOSMADULU ATOLL)
Kalhunaiboli
Thulhadhoo
Hithaadhoo
Kanifushi
Bodufinolhu
Maamaduvvari
Olhugiri
INDIAN
GOIDHOO ATOLL
Fulhadhoo
Fehendhoo
Innafushi
OCEAN
Goidhoo
Maafushi
Doru Kandu
Fehenfushi
RAA-ATOLL / BAA-ATOLL
0 10 km

Foto: Paul Spierenburg

Four Seasons at Landaa Giraavaru

Landaa Giraavaru liegt im Nordosten des Atolls an der Nordseite des Kudarikilu Kandu. Im Westen der dicht mit Palmen bewachsenen Insel erstrecken sich einige Sandablagerungen. Das Eiland ist von einer herrlichen Lagune mit Steinkorallenformationen umgeben.

2006 eröffnete das **Four Seasons at Landaa Giraavaru**. 102 exklusiv ausgestattete Water- und Beach-Villas sind geschmackvoll und schlicht mit Naturmaterialien eingerichtet. Im arabischen Restaurant „Al Barakat" über dem Wasser kann man sich nach Mezze und Grillspezialitäten zu einer Wasserpfeife niederlassen. Italienische Köstlichkeiten bietet das „Blu", Gegrilltes unter freiem Himmel genießt man im „Fuego Grill".

Taucher finden im Biosphärenreservat nahe der Insel besondere Unterwasserparadiese vor, und Schnorchler und Surfer kommen ebenso auf ihre Kosten.

Das exklusive Spa bietet Ayurveda-Anwendungen und Yoga-Stunden. Aktiv sein kann man im 50-Meter-Pool, auf dem Tennisplatz, im Fitnessraum oder beim Insel-Jogging.

Kihaad Maldives (Kihaadhupperu)

Die mittelgroße, ovale Insel (500 m x 200 m) liegt im Südosten des Baa-Atolls, etwa 30 Flugminuten von Hulhule entfernt. 1998 eröffnet und 2000 vom Club Valtur übernommen, befindet sie sich nun in maledivischer Hand.

Das Feriendorf auf **Kihaadhupperu** bietet 110 Zimmer und Suiten in komfortablen Bungalows im Inselgrün und am Strand, 10 Deluxe-Villas am und im Wasser und zwei Wasservilla-Suiten. Bei der Einrichtung der Zimmer legte man Wert auf die Verwendung von natürlichen Materialien. Jede Wasservilla hat auf der Terrasse zur Meerseite einen kleinen Pool. Zudem verfügen alle Zimmer über Massivholzmöbel, besitzen

Oben: Soneva Fushi verwöhnt seine Gäste mit exklusiver Innenausstattung. Rechts: Robinson-Feeling für ein paar Stunden bietet eine benachbarte unbewohnte Insel.

» Karte S. 205, Info S. 211

Foto: Paul Spierenburg

eine Klimaanlage, IDD-Telefon, Internet-Anschluss, Stereoanlage, TV und DVD, Tee- und Kaffeezubereitungsmöglichkeit sowie teilweise offene Bäder mit Badewanne und Dusche.

Die Küche ist international und wird in Büfettform gereicht. Zur weiteren Infrastruktur der Insel gehören zwei Restaurants, Spa, Jacuzzi, Swimmingpool, Souvenirgeschäft, eine Tauchschule und ein Wassersport-Center. Zum Freizeitangebot zählen neben Tauchen und Schnorcheln (das Hausriff ist nur 40 bis 120 Meter entfernt), Windsurfen, Katamaransegeln, Wasserski, Banana Riding, Kanus, Nachtfischen, Tischtennis, Volleyball, Badminton, Billard und diverse Brettspiele; außerdem gibt es ein Fitnesszentrum. Auch Touren zu Nachbarinseln werden angeboten.

Anantara Kihavah Villas (Kihavah Huravalhi)

In dem fantastischen Tauchgebiet des nördlichen Baa-Atolls, nahe der bewohnten Insel Kudarikilu, bietet das elegante Resort **Anantara Kihavah Villas** Luxus und Intimität in 78 geräumigen Villen, über Wasser und am Strand. Ein Pool gehört zu jedem Bungalow. Von Meereskreaturen durch Panoramafenster beäugt, genießt man kulinarische Köstlichkeiten beim Underwater Dining im Unterwasserrestaurant.

Reethi Beach Resort (Fonimagoodhoo)

Das herzförmige **Reethi Beach** (600 m x 200 m) liegt im nordöstlichen Baa-Atoll nahe des Außenriffs (Flug ab Hulhule 35 Min.). Das Eiland ist dschungelartig bewachsen und hat umlaufende breite Sandstrände. Die 80 Inselunterkünfte sind geschickt hinter tropischen Büschen und Bäumen versteckt, dazu gibt es 50 Strand- und 30 Water Villas. Die drei Zimmerkategorien (Reethi Villa, Deluxe Villa und Water Villa) sind geschmackvoll und naturnah gestaltet. Nur 15 % der Insel sind bebaut. Fünf Restaurants und drei Bars bieten abwechslungsreichen Genuss.

Das sportliche Angebot ist breit. Taucher schätzen hier das ausgedehnte, fast senkrecht abfallendes Hausriff über die ganze Westseite, das sich als steiles Riff über 3000 m nach Nordosten fortsetzt. Das Baa-Atoll besitzt v.a. an seiner Nord- und Ostseite viele Inseln, Farus und Riffe sowie 20 Kanäle, die viele Tauchalternativen ermöglichen. Auch das Innere des Atolls mit seinen großartigen Korallenformationen und zahlreichen Thilas ist spannend zu betauchen.

Royal Island Resort & Spa (Horubadhoo)

Die 2001 eröffnete 5-Sterne-Anlage **Royal Island** (800 m x 200 Meter) bietet mit dichter tropischer Vegetation und schönem, umlaufendem Sandstrand ideale Voraussetzungen für einen Urlaub erster Klasse. Man bemühte sich, einheimisches Baumaterial zu verwenden. Baden ist sowohl bei Ebbe als auch bei Flut ohne Probleme möglich, der breite Sandstrand bietet viel Platz. Insgesamt hat das Resort 150 Bungalows am Strand, die etwas zurückversetzt errichtet und durch dichtes Grün voneinander abgegrenzt wurden. Die 148 Royalsuiten haben ein halb offenes Badezimmer mit Badewanne und Außendusche, Föhn, Klimaanlage, Ventilator, Minibar, Sat-TV, Telefon, Internet, Safe, Tee- bzw. Kaffekochmöglichkeit und Terrasse mit Sitzmöbeln und Strandliegen. Noch mehr Luxus bieten die zwei Präsidentensuiten mit Jacuzzi, PC mit Internet und großem Terrassenbereich.

Soneva Fushi (Sonevafushi / Kunfunadhoo)

Soneva Fushi ist eine der größten und exklusivsten Inseln der Malediven. Aus der Luft gleicht der dichte tropische Bewuchs einem grünen Teppich, der die 65 Bungalows, die sich auf der 1,4 km langen und 400 m breiten Insel verteilen, kaum erkennen lässt. Die Insel umsäumt ein schmaler Sandstrand; im Inneren des Dickichts leben Vögel, Nagetiere und Eidechsen. Im Osten der Insel ist ein breites Riff mit einer schönen Lagune vorgelagert.

Als 1983 das Kunfunadhoo Island Resort mit 50 Betten eröffnete, dauerte der Dhoni-Transport vom 112 km entfernten Flughafen Hulhule fast zwei Tage. Die Anlage schloss später wegen ihrer isolierten Lage und eröffnete mit verbessertem Transfer 1995 unter dem Namen **Soneva Fushi Resort & Spa**. Heute dauert der Flug mit dem Wasserflugzeug nur etwa 30 Minuten.

Es gibt 16 unterschiedliche Bungalowkategorien, die einen stolzen Preis haben: Eine Nacht inklusive Vollpension kostet zwischen 450 und 2000 Euro. Die „günstigen" Rehendi Rooms mit 48 m^2 Fläche sind mit Klimaanlage, HiFi-System und weiteren Annehmlichkeiten ausgestattet. Am schicksten wohnt man in der großen Crusoe Suite mit Butlerservice, eigenem Weinkeller und Pool, oder im Jungle Reserve mit vier Schlafzimmern, eigenem Spa, Fitnessraum, Bibliothek und ebenfalls mit Weinkeller und Pool. Die Restaurantküche entspricht dem Luxusanspruch von Soneva Fushi und.

Trotz des Luxusambientes ist die Atmosphäre auf Soneva Fushi entspannt und leger – „no news no shoes" lautet die Wohlfühl-Formel.

Tennisplatz, Observatorium und Wassersportcenter gibt es, auch eine Tauchbasis. Von den wunderschönen Tauchplätzen sind besonders eindrucksvoll die Kanäle, *kandus*, im Südosten des Atolls um Soneva Fushi. Sie bestechen mit farbenprächtigen Korallenformationen und Großfischbegegnungen. Im Resort stehen auch Schnorcheln, Segeln, Windsurfen, Volleyball, Tischtennis auf dem Programm.

Rechts: Diese typischen Flechtstühle erfreuen sich überall großer Beliebtheit.

» Karte S. 205, Info S. 211

Foto: Pankaj Shah

Die Einheimischen-und Ausflugsinseln im Baa-Atoll

Bathalaa

Bathalaa, ein unbewohntes Inselchen ohne Palmen und mit wenig Buschwerk, liegt im nördlichen Bereich des Atolls. Wunderschöne Strände und eine lange Sandbank, die sich im Westen in die Lagune zieht, prägen das Inselbild.

Dharavandhoo

Dharavandhoo am östlichen Außenriff des Atolls teilt den Zugang zum inneren Atollbereich in zwei Kanäle, den Dharavandhoo Kandu und den Dharavandu Bodu Kandu. Die 2150 Einwohner leben von Fischfang und der Produktion kunsthandwerklicher Artikel; seit 2012 haben sie einen Flugplatz.

Dhonfanu

Die kleine bewohnte Insel im Osten des Baa-Atolls hat ein breites Saumriff. Die geschützte Nordseite eignet sich als Ankerplatz für Safariboote.

Eydhafushi

Eydhafushi ist mit 2800 Einwohnern die Hauptinsel des Baa-Atolls und das Warenumschlags- und Transportzentrum des Atolls. Die große Moschee wurde bereits unter Sultan Mohammed Mu-inud-uddin I. (1799-1835) erbaut.

Finolhas

Diese urwüchsige tropische Insel liegt im Atollinneren an der Ostseite. Das lang gestreckte Finolhas ist unbewohnt, erfreut aber mit vielen Kokospalmen und einem traumhaften Strand.

Hithaadhoo

Die 1200 Bewohner von Hithaadhoo sind für ihre strenge Gläubigkeit bekannt. Hithaadhoo wird von einem breiten, ringförmigen Saumriff umgeben, das im Süden eine große Lagune bildet.

» Karte S. 205, Info S. 211

Foto: Paul Spierenburg

Kamadhoo

Kamadhoo liegt im Nordosten des Atolls direkt am Giraavaru Kandu. Das bewohnte Eiland (400 Einw.) wird auch von Fischern anderer Inseln aufgesucht, die hier ihre Boote reparieren.

Kanifushi

Das unbewohnte Kanifushi zählt zu den größeren Inseln am Südrand des Baa-Atolls. Der schönste Strandabschnitt des Eilandes befindet sich an der Nordseite. Bei Niedrigwasser kann man zu den benachbarten Inseln Medhufinolhu und Ufulingili und zwei vorgelagerten Sandbänken hinüberwandern.

Kudarikilu

Die Einheimischeninsel Kudarikilu (ca. 540 Einwohner) liegt an der Südostseite des nördlichen Atollabschnitts, am Kanal Kudarikilu Kandu. Die bis dicht an den Strand mit Palmen bewachsene Insel liegt in einer herrlichen, flachen Lagune. Es gibt eine alte Moschee und einen Friedhof. Kudarikilu trägt bei den Einheimischen den Beinamen *Bomuge Haasdhisaa*, „Bombeninsel“: 1915 trug sich auf der Insel eine Tragödie zu, als eine Grundmine an den Strand spülte.

Oben: Unbekümmertes Spiel der Jungen auf Maalhos.

Maalhos

Die Einheimischeninsel Maalhos (550 Einw.) am südöstlichen Atollrand ist vornehmlich von Handwerkern und Fischern bewohnt. Der östliche Bereich des Eilandes ist dicht bewachsen. Besucher können in diesem Dschungel den Inselstein, *huraagandhu*, besichtigen. Früher soll dieser Korallenblock mit einem Durchmesser von etwa 60 cm so hoch wie eine Palme gewesen sein.

Maamaduvvari

Die mittelgroße, längliche Insel Maamaduvvari im Süden des Baa-Atolls

» Karte S. 205, Info S. 211

erfreut Badegäste ebenso wie Taucher und Schnorchler. Eine wunderbare Lagune zieht sich an der Nordwestseite der Insel entlang. Die schönsten Riffpassagen findet man im Süden.

Milaidhoo

Die kleine, unbewohnte Insel Milaidhoo liegt im Nordosten des Atolls südwestlich von Kamadhoo. Sie wird von einem Riff umsäumt, das mit seinen Formationen von Hart- und Weichkorallen auf dem Riffdach ideal für Schnorchler und Taucher ist.

Olhugiri

Olhugiri ist die erste Insel, an der sich Seefahrer orientieren, wenn sie das Atoll von Süden anfahren. Das unbewohnte Eiland ist dicht bewachsen und ein Refugium für Vögel und Schildkröten. Ein schmales Saumriff zieht sich im Osten und Norden nahe der Insel entlang. An der Ostseite gewährt ein tiefer Kanal Einlass in die Lagune.

Vinaneiyfaruhuraa

Das winzige Eiland Vinaneiyfaruhuraa befindet sich südöstlich neben Bathalaa am Bathalaa Kanduohli an der Nordspitze des Vinaneiy-Faru-Riffs. Vinaneiyfaruhuraa eignet sich hervorragend dafür, auf einer einsamen Malediveninsel die Seele baumeln zu lassen.

Voavah

Voavah liegt im nordöstlichen inneren Teil des Baa-Atolls und ist vor der offenen See durch das Vinaneiy-Faru-Riff gut geschützt. Besucher, die an einem einsamen Plätzchen mit unberührter Natur Erholung suchen, finden einen paradiesischen Strand mit zwei großen Sandbänken, die sich zu beiden Seiten weit in die Lagune hineinziehen.

RAA-ATOLL UND BAA-ATOLL

Coco Palm Dhuni Kolhu

Eröffnet: 1998, ursprüngliche Barfuß-Insel.
UNTERKUNFT: 98 Zimmer.
KATEGORIE: 5 Sterne.
TAUCHEN: Tauchbasis, PADI, Hausriff, für Schnorcheln geeignet.
TRANSFER: 30 Min. Wasserflugzeug.
INFO: www.cocopalm.com.mv

Four Seasons Resort at Landaa Giraavaru

Eröffnet: 2006, Luxusinsel.
UNTERKUNFT: 102 Villen. ***KATEGORIE***: 5 Sterne.
TAUCHEN: Tauchbasis, PADI, Hausriff, für Schnorcheln geeignet.
TRANSFER: 40 Min. Wasserflugzeug.
INFO: www.fourseasons.com/maldiveslg

Kihaad Maldives

Eröffnet: 1998, Luxusinsel.
UNTERKUNFT: 110 Zi. ***KATEGORIE***: 5 Sterne.
TAUCHEN: Tauchbasis, PADI, Hausriff, Schnorcheln. ***TRANSFER***: 30 Min. Airtaxi.
INFO: www.kihaad.com

Adaaran Select Meedhupparu

Eröffnet: 2000, familienfreundlich.
UNTERKUNFT: 214 Zi., 1 Suite. ***KATEGORIE***: 4 Sterne. ***TAUCHEN***: Tauchbasis, PADI, Hausriff per Boot erreichbar, Schnorcheln.
TRANSFER: 40 Min. Airtaxi.
INFO: www.adaaran.com/selectmeedhupparu

Reethi Beach Resort (Fonimagoodhoo)

Eröffnet: 1998, Taucherinsel.
UNTERKUNFT: 160 Zimmer. ***KATEGORIE***: 4,5 Sterne. ***TAUCHEN***: Tauchbasis, PADI, Hausriff per Boot erreichbar, für Schnorcheln geeignet.
TRANSFER: 35 Min. Airtaxi.
INFO: www.reethibeach.com

Royal Island Resort & Spa

Eröffnet: 2001, familienfreundlich.
UNTERKUNFT: 150 Zi. ***KATEGORIE***: 5 Sterne. ***TAUCHEN***: Tauchbasis, PADI, SSI, Hausriff, Schnorcheln. ***TRANSFER***: 35 Min. Airtaxi.
INFO : www.royal-island.com

Soneva Fushi

Eröffnet: 1983, Luxusinsel.
UNTERKUNFT: 65 Villen. ***KATEGORIE***: 5 Sterne.
TAUCHEN: Tauchbasis, Hausriff, Schnorcheln.
TRANSFER: Wasserflugzeug 30 Min.
INFO: www.soneva.com/soneva-fushi

» Karte S. 205

Foto: Duncan Willetts (Camerapix)

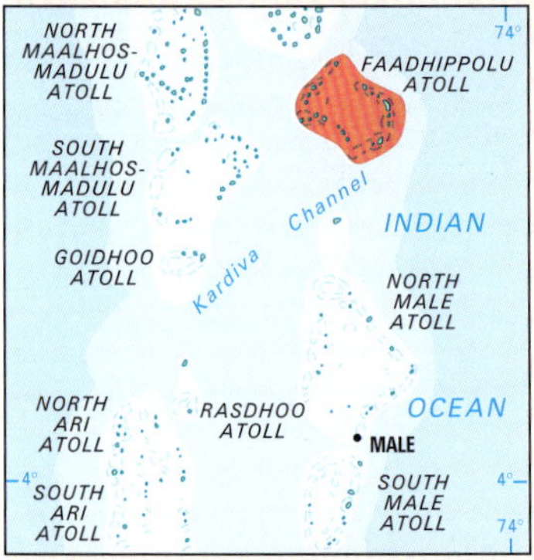

LHAVIYANI-ATOLL (FAADHIPPOLU-ATOLL)

DAS LHAVIYANI-ATOLL

Nördlich des Nord-Male-Atolls und des komplexen Riffgebietes von Gaafaru Falhu liegt das 120 km von der Hauptstadt entfernte Lhaviyani-Atoll (Faadhippolu-Atoll). Mit dem Wasserflugzeug erreicht man das 37 km breite und 35 km lange Atoll in 45 Minuten. Die Inseln des Atolls sind wie auf einer Perlenkette am Atollrand angeordnet. An der Ostseite liegt ein über 30 km langes, schützendes Barriereriff. An den anderen Seiten durchschneiden viele, allerdings schmale Kanäle, *kandus*, die Riffe. Deshalb dient die einfacher zu befahrende, südliche, 7,5 km breite Passage zwischen Aligau und Lhossalafushi als Haupteinfahrt ins geschützte Atoll. Hier liegt nur noch die kleine Insel Maduvvari als unübersehbares Hindernis. Im Atollinneren gibt es keine Inseln. Der westlichste Punkt, die Insel Kanifushi, ist mit einem Leuchtfeuer für die Seeschifffahrt markiert. Der nördliche Zugang zum Atoll ist der 500 m breite Kureddhoo Kanduohli. Er liegt östlich der gleichnamigen Touristeninsel.

Insgesamt liegen 49 unbewohnte und fünf bewohnte Inseln sowie acht Touristenresorts im Atoll, davon eines im Entstehen.

Links: In einer Hausgemeinschaft leben meist mehrere Generationen zusammen.

Die Menschen im Atoll leben überwiegend vom Fischfang und der Thunfischproduktion, für die sogar Gastarbeiterinnen aus Sri Lanka angeheuert werden. Früher waren die Haupterwerbsquellen das Segelweben und die Kokosbastherstellung.

Die Touristeninseln im Lhaviyani-Atoll

Hurawalhi Island Resort

Das 400 mal 165 m große, 2016 eröffnete Inselresort verlängert sich optisch durch die lange Doppelreihe seiner 60 Wasservillen, weitere 30 Villas ziehen sich am nördlichen Strand entlang. Drei Restaurants verwöhnen die Gäste; eines davon liegt sogar in einem gläsernen Tunnel 5,8 m tief im Lagunenwasser (www.hurawalhi.com).

Das animiert zum Schnorcheln oder Tauchen; ein Meeresbiologe ist ständig vor Ort. Berühmt ist die Gegend u. a. für Mantas, Riffhaie und Riesenschildkröten.

Komandoo Maldives Island Resort (Komandhoo)

Komandhoo ist eine 500 m x 100 m kleine Resortinsel gegenüber Hinnavaru im inneren Ringbereich des Atolls, quasi die ruhigere Schwester des be-

» Karte S. 214, Info S. 219

LHAVIYANI ATOLL
(FAADHIPPOLU
ATOLL)
Baraveli Kandu
Kureddhoo Caves
Kureddhoo Express
Fehigili
Kalhumanjehuraa
Musleiygihuraa
Medhaadihuraa
Kuredu Resort Maldives
Kureddhoo
Kanuhuraa
Kanuhura Maldives
Kanuhuraa Corner
Huravalhi Island Resort
Huravalhi
Dhumashi Faru
Shipyard
Gaaerifaru
Komandhoo
Komandoo Maldives Island Resort
Hinna-varu
Felivaru
Fushifaru
Fushifaru Thila
Fushifaru Giri
Madhiriguraidhoo
Guraidhoo Corner
Palm Beach Resort & Spa
Vihafaru
Mey-yyafushi
Faadhoo
Selhlhifushi
Maidhoo
Hiriyaadhoo
Maavaa Kandu
Madivaru
Veyah Kandu
Naifaru
Veyvah
Vavvaru
Maahaa
Dhiyaneri Falhu
Maaolhu
Dhiffushi
Dhiddhoo
Hudhufushi
Kalhuoiyfinolhu
Kanifushi
Olhukolhu Kandu
Maafilaafushi
Medhafushi
Atmosphere Kanifushi
Maabinhuraa
Bodufaahuraa
Maa Kanduolhi
Kurendhoo
Lhohi
Lhossalafushi
Cocoon Maldives
Ookolhufinolhu
Maduvvari
Thilamaafushi
Olhuvelifushi
Aligau
INDIAN
Kaashidhoo Bodu Kandu
OCEAN
LHAVIYANI - ATOLL
0
5 km
© Nelles Verlag GmbH, München

nachbarten Kuredu. Die Insel zeichnet sich durch einen schönen Bestand an Kokospalmen und dichten Büschen sowie durch einen herrlichen umlaufenden Sandstrand aus. Die angrenzende Lagune eignet sich perfekt für Schnorchler und Wasserratten. Das Resort verfügt über 65 Bungalows (Beach Villas, Jacuzzi Beach Villas, Jacuzzi Water Villas) aus finnischer Kiefer. Sie vermitteln skandinavisches Design-Feeling, modern und minimalistisch, aber dennoch voller Wärme und Individualität.

Nightlife findet auf Komandhoo kaum statt, eine Tatsache, die viele Erholungssuchende zu schätzen wissen. Im Dunyie Spa kann man sich von Kopf bis Fuß verwöhnen lassen. Auch Taucher kommen gern auf die Insel, schon allein wegen des nahen Hausriffs, aber auch ob der vielen Unterwasserattraktionen im Umkreis: 40 Plätze sind in maximal 10-40 Bootsminuten erreichbar, weitere Spots locken mit Delfin- und Mantabegegnungen. Auch Surfer und Segler sind auf diesem kleinen Eiland häufige Gäste.

Kuredu Resort Maldives (Kuredhoo)

Kuredu zählt mit einer Ausdehnung von 1500 m x 350 m zu den größten Touristeninseln der Malediven und bietet sogar einen **Golfplatz** (6-Loch, Par 3). Es war die erste Ferienanlage im Lhaviyani-Atoll. Die lang gezogene Insel liegt an der Nordeinfahrt des Atolls, am Kuredhoo Kanduohli. Kuredu bezaubert mit dichtem Palmen- und Buschbewuchs, besitzt einen herrlichen Sandstrand, der in unterschiedlicher Breite das ganze Eiland umgibt, sowie eine schöne Lagune, die mit nur wenigen Korallen bestanden und somit ideal zum Baden und zum Surfen ist.

Schon 1978 errichtete man das Kuredu Camping Resort, das nach der Renovierung 1988 in Kuredu Island Resort umbenannt wurde und heute als **Kuredu Resort Maldives** über 388 Zimmer verfügt. Die Transfers vom Airport erfolgen per Wasserflugzeug oder Speedboot.

Kuredu kann auch als All-inclusive gebucht werden (außer Cocktails). Die Küche orientiert sich mit internationalen Gerichten an den Wünschen des Publikums, das zu 50 % aus dem deutschsprachigen Raum stammt. Dennoch kommt die maledivische Kochkunst mit Meeresfrüchten nicht zu kurz. Die Mahlzeiten werden vornehmlich als Büfett gereicht, abends teilweise auch mit Tischservice. Man kann aber auch à la carte speisen und zwischen Thai-Küche, italienischer Küche und Grillspezialitäten wählen.

Zu den beliebtesten Sportarten auf Kuredu zählt natürlich das Tauchen. Alle Tauchplätze sind aufgrund des geringen Touristenaufkommens und der großen Entfernung zu den herkömmlichen Routen der Safariboote noch nahezu unberührt.

Neben vielen atemberaubenden Riffen runden zwei große, in geringen Tiefen betauchbare Wracks an der Westseite der Insel das hervorragende Angebot an Unterwasserattraktionen ab.

Im Kuredhoo Kanduohli, dem 250 m breiten Kanal westlich der Insel, können häufig Schildkröten beobachtet werden. Die Riffe im Kanal fallen terrassenartig auf über 25 m Tiefe ab, große Fächergorgonien wachsen hier. An den strömungsexponierten Außenriffstellen, für deren Betauchung man etwas Erfahrung braucht, ziehen oft Großfische, z. B. Graue Riffhaie, vorbei. Wegen der starken Strömungen ist der Kanal als „Kureddhoo Express" bekannt.

Das weitere Sportprogramm umfasst neben Schnorcheln, Windsurfen und Segeln auch Fußball, Tischtennis, Badminton und Tennis sowie Hochsee- und Nachtfischen. Wer mag, kann den Fitnessraum nutzen, sich im Spa von Kopf bis Fuß verwöhnen lassen oder im Souvenir- und Juweliershop nach Mitbringseln suchen.

Auch „Inselhüpfen" (*Island Hopping*, Ausflüge von Insel zu Insel) ist als Frei-

» Karte S. 214, Info S. 219

Foto: One&Only Kanuhura, Maldives

zeitbeschäftigung beliebt. Animation, Disko, Kabarett und Beach Partys ergänzen das Bild einer attraktiven Ferieninsel mit abwechslungsreichem Angebot in einer sonst recht einsamen Region des maledivischen Archipels.

Kanuhura Maldives (Kanuhuraa)

Kanuhuraa liegt an der Nordostspitze des Lhaviyani-Atolls, benachbart der Touristeninsel Kuredu, 125 km von Male entfernt (ca. 40 Min. mit dem Wasserflugzeug). Die Insel, die etwa 1000 m x 200 m misst, ist mit ihrer üppigen Vegetation, darunter vielen Kokospalmen, besonders hübsch; sie hat einen umlaufenden, traumhaften Sandstrand und liegt an einer großen, flachen Lagune. Das luxuriöse Sun Resort **Kanuhura**, im Jahr 2016 neu gestaltet, ist in eine parkähnliche Anlage eingebettet. Die 80 Beach-Bungalows, Suiten und Wasservillen bestechen durch ihre geschmackvolle Ausstattung. Vier Restaurants und mehrere Bars stehen den Gästen zur Verfügung. Das Resort bietet ein großes Sportangebot samt Pool und Spa. Zielgruppe ist der wohlhabende „Gypset" (aus Gipsy und Jet-Set), der seinen „unkonventionellen Lebensstil mit zeitlos elegantem Ambiente kombinieren" will.

Taucher können erlebnisreiche Tage verbringen, denn bedingt durch die Nähe zum Außenriff, das bis über 2000 Meter abfällt, sind Begegnungen mit Großfischen keine Seltenheit. Zudem sind viele Plätze noch fast unberührt, denn das Resort liegt relativ weit abseits von anderen Touristeninseln. Über 40 Spots, die alle binnen 10 bis 60 Minuten erreichbar sind, hat die Tauchbasis auf ihrer Angebotsliste, einschließlich der beiden Wracks am **Shipyard**.

Atmosphere Kanifushi

Allein schon die erstaunliche 2 km lange, schmale Insel am Westzipfel des Atolls gibt dem All-inclusive-Resort eine besondere Note und den Urlaubern in

Oben: Freiluft-Bäder sind Teil der Gästebungalows (Kanuhura).

» Karte S. 214, Info S. 219

den 132 sehr geräumigen Unterkünften viel individuellen Spielraum. Von den vier Restaurants bietet eines ausschließlich vegetarische Kost. Groß ist das Gesundheits- und Wellnesszentrum, das auch ayurvedische Anwendungen durchführt. Segeln, Schnorcheln und Tauchen sind neben zahllosen Aktivitäten im „Clubhaus" besonders attraktiv (https://atmosphere-kanifushi.com).

Cocoon Maldives (Ookolhufinolhu)

Mobiliar in minimalistischem Design kennzeichnet das Interieur der 150 edlen Villen, die geschickt im üppigen Bewuchs der Insel versteckt oder aufs Wasser gesetzt sind. Delfine, Schildkröten oder Mantarochen erlebt man in der Umgebung des lang gestreckten Tropeninselchens, dessen weiße Strände in der azurblauen Lagune leuchten. Drei Restaurants, Wellnesszentrum, Wassersport, Tauchen und Schnorcheln in atemberaubender Meeresumgebung halten die Urlauber beschäftigt (www.cocoonmaldives.de).

Palm Beach Resort & Spa (Madhiriguraidhoo)

Palm Beach Island, das bis zu seiner Erschließung und dem Ausbau für den internationalen Tourismus Ende der 1990er-Jahre in der Landessprache Madhiriguraidhoo oder Guraidhoo genannt wurde, gilt als eine der landschaftlich schönsten Inseln, die das Lhaviyani-Atoll und der maledivische Archipel zu bieten hat. Das etwa 1,6 km lange Eiland wird von einem ausgedehnten Riffkomplex umsäumt, der zwischen offenem Wasser und Strand eine herrliche Badelagune eingrenzt.

Die recht große Insel am nordöstlichen Rand des Atolls umzieht ein wunderschöner, insgesamt 3,6 km langer Sandstrand und sie erhebt sich, überraschend für die Malediven, gleich einige Meter über das Meeresniveau. Auffällig ist ihr üppiger Bewuchs mit tropischen Sträuchern und Palmen, der trotz der Bebauung mit 136 Villas und den Resorteinrichtungen erhalten blieb.

Golfern stehen ungewöhnliche Trainingsmöglichkeiten zur Verfügung. Tauchspots gibt es reichlich, sie sind gut und weit verteilt. Alle können von Palm Beach binnen maximal 70 Minuten erreicht werden, die meisten jedoch innerhalb einer halben Stunde. Besonders hervorzuheben ist das **Fushivaru Thila** nördlich der Insel, das erste Unterwasser-Naturschutzgebiet im Atoll.

Die Einheimischen- und Ausflugsinseln im Lhaviyani-Atoll

Dhiddhoo

Dhiddhoo, eine lange, schmale Insel im Südwesten des Atolls, wird manchmal noch unter dem traditionellen Namen Olhukolhu Dhiddhoo geführt. Die unbewohnte Insel hat einen sehr dichten Bewuchs, darunter einige Kokospalmen. Bei Niedrigwasser erheben sich um Dhidhdhoo viele Sandbänke, die sich bis zum **Olhukolhu Kandu**, einer der wichtigen Einfahrten ins Atoll im Osten der Insel, erstrecken.

Dhiffushi

Die längliche Insel Dhiffushi liegt im Osten des Atolls und bildet mit Selhlhifushi, Hiriyadhoo und Maidhoo eine komplexe Insellandschaft. Dhiffushi war früher bewohnt. Reste einer alten Moschee und eines Brunnens zeugen von besiedelten Zeiten.

Felivaru

Am westlichen Atollrand liegt die Insel Felivaru, auf der sich eine große Fischfabrik befindet. Sie wurde 1977 in Kooperation mit den Japanern in Betrieb genommen, befindet sich aber heute in maledivischem Besitz. Die Fischweiterverarbeitung stellt die Haupterwerbsquelle des Lhaviyani-

Foto: Duncan Willetts (Camerapix)

Atolls, des fischreichsten Atolls der Malediven, dar. Viele Fischer, besonders von den Inseln Naifaru und Hinnavaru, liefern ihren Thunfischfang in der Fabrik auf Felivaru ab, wo er zu Konserven für den Export verarbeitet wird.

Hinnavaru

Etwas weiter nordöstlich der Fabrikinsel Felivaru liegt am Westrand des Atolls die 4500 Einwohner zählende Insel Hinnavaru. Das sehr dicht besiedelte Eiland, dessen Bewohner sich auf den Fischfang spezialisiert haben, brachte es im Lauf der Zeit zu einem gewissen Wohlstand, der weitere Arbeitskräfte anzog und die Bevölkerungszahl schnell steigen ließ. Mit der zunehmenden Prosperität gehen auch bislang unbekannte Umweltprobleme einher: Als Folge der Einleitung ungeklärten Schmutzwassers in die Lagune nimmt das Algenwachstum stetig zu.

Oben: Die Bewohner von Naifaru sind bekannt für kunsthandwerkliches Geschick.

Kurendhoo

Kurendhoo ist eine 1800 Einwohner zählende Einheimischeninsel, die von der maledivischen Bevölkerung auch Loakurendhoo genannt wird. Sie liegt im Südwesten des Atolls an der Einfahrt des Maa Kanduolhi.

Maafilaafushi

Dieses große und lange Eiland liegt gleich einem Sperrriegel im Südwesten des Atolls am Kanal Ohlhukolhu Kandu. Die Insel war bereits im späten Mittelalter während der Herrschaft von Sultan Mohammed Imaaduddeen I. (1620-1648) besiedelt. Die Einwohner verließen aber aus nicht überlieferten Gründen Maafilaafushi wieder und zogen auf die Insel Naifaru. Im Dickicht von Maafilaafushi befinden sich noch heute stumme Zeugen der Vergangenheit, wie die Ruinen einer Moschee und ein Friedhof mit alten Grabsteinen.

Vor einigen Jahren entschied die Regierung in Male, Maafilaafushi wieder

» Karte S. 214, Info S. 219

zu besiedeln, um die übervölkerten Nachbarinseln Naifaru und Hinnavaru zu entlasten. Doch trotz Dschungelrodung und verbesserter Infrastruktur erfolgte die Neubesiedlung nur zögerlich, da einmal verlassene Inseln nach maledivischem Aberglauben auch zukünftig besser unbewohnt bleiben sollten. Erste Spuren der neuen Zivilisation zeigen sich aber schon an der Wasserqualität der einst so klaren Lagune, in der heute aufgrund ungeklärter Abwässer bereits dichte Seegrasfelder stehen.

Madivaru

Madivaru ist eine sehr schmale, halbmondförmige Insel im Westen des Atolls nahe der Hauptinsel Naifaru. Versteckt und unauffällig beherbergt das Eiland den Nationalen Sicherheitsdienst der Malediven, eine Art Kombination aus Armee und Polizei.

Naifaru

Die sehr dicht besiedelte Insel Naifaru liegt im Westen des Atolls am Veyah Kandu und zählt gut 5000 Einwohner. Wegen der dichten Besiedelung wird sie von ihren Bewohnern scherzhaft „Klein Male" genannt. Die Haupteinnahmequellen der Bewohner von Naifaru sind zur Zeit Fischfang und verschiedene kunsthandwerkliche Tätigkeiten für die Souvenirmärkte und -läden des Landes. Besondere Fähigkeiten sagt man den Handwerkern in der Bearbeitung von Schwarzen Korallen und Perlmutt nach.

Olhuvelifushi

Olhuvelifushi ist eine kleine, lediglich 550 Einwohner zählende Einheimischeninsel im Südosten des Atolls, die von den noch kleineren Inseln Thilamaafushi (unbewohnt) und Ookolhufinolhu (Cocoon Maldives) umrahmt wird.

Hurawalhi Island Resort

Eröffnet 2016.
UNTERKUNFT: 90 Zimmer.
KATEGORIE: Fünf Sterne.
TAUCHEN: PADI, Schnorchel.
TRANSFER: 40 Minuten Airtaxi.
INFO: www.hurawalhi.com.

Komandhoo Maldives Island Resort

Eröffnet 1998, Taucherinsel.
UNTERKUNFT: 65 Zimmer.
KATEGORIE: Fünf Sterne.
TAUCHEN: Tauchbasis, PADI, Hausriff, für Schnorcheln geeignet.
TRANSFER: 40 Minuten Airtaxi.
INFO: www.komandoo.com

Kuredu Resort Maldives

Eröffnet 1978, familienfreundlich.
UNTERKUNFT: 388 Zimmer.
KATEGORIE: Vier Sterne.
TAUCHEN: Tauchbasis, PADI, Hausriff, für Schnorcheln geeignet.
TRANSFER: 40 Min. Airtaxi.
INFO: www.kuredu.com

Kanuhura Maldives

Eröffnet 2000, Luxusinsel.
UNTERKUNFT: 80 Zimmer.
KATEGORIE: Fünf Sterne.
TAUCHEN: Tauchbasis, PADI, kein Hausriff, bedingt auch für Schnorcheln geeignet.
TRANSFER: 40 Minuten Airtaxi.
INFO : www.kanuhura.com

Palm Beach Resort & Spa (Madhiriguraidhoo)

Eröffnet 2000, familienfreundlich.
UNTERKUNFT: 136 Zimmer.
KATEGORIE: 4 Sterne.
TAUCHEN: Tauchbasis, CMAS, PADI, Hausriff, für Schnorcheln geeignet.
TRANSFER: 35 Minuten per Airtaxi.
INFO: www.palmbeachmaldives.com

» Karte S. 214

HAA ALIFU ATOLL (NORTH THILADHUNMATHEE ATOLL)
IHAVANDHIPPOLHU ATOLL
Thuraakunu
Inafinolhu
Vagaaru
Uligamu
Madulu
Berimmadhoo
Gaamathikulhudhoo
Medhafushi
Mulhadhoo
Maafinolhu
Manafaru
Ja Manafaru
Huvarafushi
Huvahandhoo
Ihavandhoo
Kelaa
Kelaa Kandu
Gallandhoo
Dhigu Faru
Dhapparu
Dhidhoo
Naridhoo
Hideaway Beach Resort & Spa
J Resort Alidhoo
Filladhoo
Captain Pentalis
INDIAN
Maarandhoo
Alidhoo
Maaduni Faru
Dhonakulhi
Utheemu
Maafahi
Baarah
Faridhoo
Hodaafushi
The Barefoot
Naivaadhoo
Finey
Hanimaadhoo
Nellaidhoo
Hirimaradhoo
Kanamana
Nolhivaranfaru
Naagoashi
Muiri
Kuribi
Kuburudhoo
Nolhivaram
Kudamuraidhoo
Milaa Faru
Kulhuduffushi
HAA DHAALU ATOLL (SOUTH THILADHUNMATHEE ATOLL)
Adharan Faru
Vaikaradhoo
Kumundhoo
Vaikaramuraidhoo
Neykurendhoo
Maavaidhoo
Gonaa Faru
SHAVIYANI ATOLL (NORTH MILADHUNMADULU ATOLL)
Kaditheemu
Neyo
Noomaraa
Goidhoo
Maamakunudhoo
Fushi Faru
Fushifarurah
MAAMAKUNUDHOO ATOLL
Feydhoo
Feevah
Faro Doru
Bileffahi
Foakaidhoo
Nalandhoo
Madidhoo
Gaakoshinbi
Milandhoo
Narudhoo
Maakadoodhoo
Naainfarufinolhu
Maroshi
Farukolhu
Gaagandu Faru
Huras Faru
Lhaaimagu
Funadhoo
Kilissa Faru
Viceroy Maldives (closed)
Kabaalifaru
Vagaru
Eriyadhoo
OCEAN
Kuda Faru
Komandhoo
Ekasdhoo
Dhigu Rah
Zitahli Resorts & Spa Dholhiyadhoo
NOONU ATOLL (SOUTH MILADHUNMADULU ATOLL)
Dhiguvelldhoo
Keekimini
Bolissa Faru
Dholhiyadhoo
RAA ATOLL (NORTH MAALHOSMADULU ATOLL)
Alifushi
Ekulhivaru
Dhigu Faru
Kedhikulhudhoo
Roxy Maldives Resort
Maalhendhoo
Madooni Faru
Kuramaadhoo
Orimasvaru
Kudafunafaru
Landhoo
Vaadhoo
Dhathaa Faru
Velaa Private Isld.
Digu Faru
Rasgetheemu
Lhohi
Maafaru
Kuda Faru
Maavelavaru
Orivaru
Miladhoo
Mandarin Oriental
Hulhudhuffaaru
Medhafushi
Manadhoo
Maanenfushi
Fodhdhoo
Sun Siyam Iru Fushi
Liboakandhoo
Ifuru
Bodufushi
Allhuras Kandu
Badaidhiddhoo
Randheli
Cheval Blanc
Ugoofaaru
Velidhoo
Vattaru
Lundhufushi
Dhuvaafaru
Raafushi
Baraveli Kandu
HAA-ALIFU-ATOLL, SHAVIYANI-ATOLL UND NOONU-ATOLL
0 5 10 km
© Nelles Verlag GmbH, München

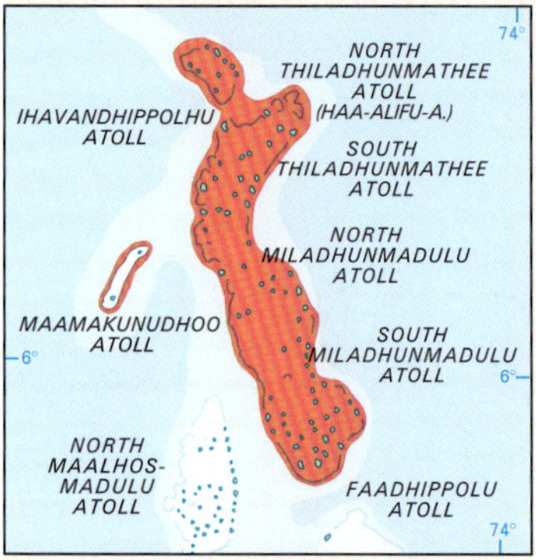

HAA-ALIFU-ATOLL, SHAVIYANI-ATOLL UND NOONU-ATOLL

Der riesige, lang gezogene Atollkomplex im hohen Norden der Malediven umfasst vier Atolle mit einer Kette von mehr als 200 Inseln und einer Nord-Süd-Ausdehnung von mehr als 140 km. Das Gebiet ist in vier Verwaltungseinheiten aufgeteilt: Haa-Alifu- und Haa-Dhaalu-Atoll (Nord- und Süd-Thiladhunmathee-Atoll), Shaviyani- und Noonu-Atoll (Nord- und Süd-Miladhunmadulu-Atoll). Vier Atolle haben sich für den Tourismus geöffnet.

HAA-ALIFU- / HAA-DHAALU-ATOLL (NORD- / SÜD-THILADHUNMATHEE-ATOLL)

Die Struktur des Haa-Alifu-Atolls, etwa 280 km nördlich von Male, erschließt sich dem Betrachter nicht gleich, da die Grenze zwischen Nord- und Süd-Thiladhunmathee-Atoll, eher willkürlich gezogen ist. Charakteristisch für das zweitnördlichste Atoll der Malediven – nur das Ihavandhippolhu-Atoll liegt weiter nördlich – sind ausgedehnte Riffkomplexe mit breiten Kanälen dazwischen sowie große, längliche Inseln. Die Eilande inmitten des Atolls sind meist rund oder oval. Die im Atoll gelegene kleine Insel **Alidhoo**, die nahe dem Außenriff gelegene Insel **Dhonakulhi**, **Naridhoo**, das bananenförmige Eiland **Hodaafushi**, bereits im Nordosten des Süd-Thiladhunmathee-Atolls (Haa Dhaalu), sowie das lang gestreckte **Kudamuraidhoo** und **Naagoashi** (beide Süd-Thiladhunmathee-Atoll) sind für den Tourismus freigegeben.

Haupt- und Verwaltungsinsel des Haa-Alifu-Atolls ist **Dhiddhoo**. Das Atoll, in dem knapp 20 000 Menschen leben und das 26 unbewohnte und 16 bewohnte Inseln aufweist, war für die Malediver stets eine wichtige Region. Hier befindet sich **Utheemu**, Geburtsinsel des Nationalhelden Muhammad Thakurufaan (s. S. 51). Sein ehemaliger Palast zeugt vom Lebensstil reicher Malediver in vergangener Zeit (16. Jh.).

Aus den Tagen des Zweiten Weltkriegs ist ein Relikt auf **Kelaa** im nordöstlichen Atollbereich zu finden: die Reste eines britischen Militärpostens.

Schon einige Schiffe scheiterten an den tückischen Riffen: Im kleinen Atoll **Maamakunudhoo** (Makunudhoo) im südwestlichen Dhaalu-Atoll strandete 1658 die englische *Persia Merchant* unter Kapitän Roger Williams. Mit dem Schiff versanken auch acht Truhen mit Silber und Gold, die, genauso wie die Überreste des Wracks, bis heute nicht gefunden wurden. Weiterhin ging an diesem Miniatoll 1819 der britische Dreimaster *Hayston* unter – auch von ihm gibt es bis heute keine Spur.

Im äußersten Nordwesten des Ihavandhippolhu-Atolls (das nördlichste der Malediven), nahe der Insel **Inafinol-**

» Karte S. 220

Foto: Sakis Papadopoulos

hu, rammte die britische 4657 BRT große *Oceana* auf ihrer Fahrt von Kalkutta nach River Plate am 19. Juli 1917 das Außenriff und versank. Im Nordosten des Haa-Alifu-Atolls, nahe der Insel **Dhapparu**, lief am 4. Juni 1961 der 3132 BRT große Frachter *Captain Pentalis* auf das Inselriff.

Taucher erwarten unberührte Plätze und spannende Wrackexpeditionen. An Bedeutung gewinnen wird der **Flughafen** auf **Hanimaadoo**, im Nordosten des Süd-Thiladhunmathee-Atolls, wo sich das **Barefoot Eco Hotel** befindet (www.thebarefoot.com).

Die Touristeninseln im Haa-Alifu-Atoll

J Resort Alidhoo

2007 eröffnete auf Alidhoo das exklusive Cinnamon Island Alidhoo und steht nun als **J Resort Alidhoo** unter dem Management der renommierten Gruppe der J Resorts (www.jhotelsresorts.com). Die Gäste der Fünf-Sterne-Anlage kommen in 46 Strandbungalows, 45 Duplex-Villen, einer Wasservilla und einer Presidential Suite unter. Drei Restaurants und zwei Bars gibt es.

Im Spa liegt der Schwerpunkt auf Ayurveda- und Kräutertherapien, aber auch Massagen und Bäder aller Art sorgen für Entspannung. Im Spa-Garten gedeihen Heilpflanzen.

Hideaway Beach Resort & Spa

Dhonakulhi wird seit 2005 als luxuriöses Resort **Hideaway Beach Resort & Spa** (www.hideawaybeachmaldives.com) vermarktet. Die halbmondförmige Insel ist 1,4 km lang, dicht bewachsen und hat einen mehr als 3 km langen Sandstrand sowie ein unberührtes Hausriff. 103 Villen und Suiten sind mit Naturmaterialien wie Holz und Stein gestaltet und äußerst geschmackvoll eingerichtet. Die nobelste ist der Hideaway Palace auf 1420 m^2, komplett mit Pools,

Oben: Kinderbetreuung im Island Hideaway auf Dhonakulhi

» Karte S. 220

Privatstrand und Garten. Sogar die „bescheideneren" Funa Pavilions mit 176 m^2 haben Sonnendeck, Strandblick und luxuriöse Einrichtung.

Der Schwerpunkt der vorzüglichen Küche liegt auf asiatischen Gerichten. Die Meeru Bar hat ein großes Angebot an Malt Whiskys. Beim Juwelier und im Hideaway Bazaar kann man sich dem Edel-Shopping hingeben. Wunderschön ist auch das luxuriöse Spa. Außerdem ist das Resort stolz, die erste **Marina** der Malediven zu besitzen: Mehr als 20 Jachten finden hier Platz.

Ja Manafaru

Im Jahr 2012 löste sich die Waldorf-Astoria-Gruppe von dem 2007 auf dem ovalen Manafaru eröffneten The Beach House at Manafaru. Es ist nun als **Ja Manafaru** (www.jaresortshotels.com) weiterhin eine äußerst luxuriöse Zuflucht mit 83 Villen. Um die betuchten Gäste bemühen sich individuelle Servicekräfte. Mehrere Restaurants, etliche Freizeitaktivitäten unter und über Wasser sowie ein grandioses Spa sorgen dafür, dass es auf der Trauminsel an nichts fehlt.

SHAVIYANI-ATOLL (NORD-MILADHUNMADULU-ATOLL)

Das Shaviyani-Atoll 200 km nördlich von Male ist die südliche Verlängerung des Süd-Thiladhunmathee-Atolls. Einzelne Riffe und Inseln verteilen sich locker im Atoll, unterbrochen durch zahlreiche breite Kandus. 16 Eilande sind bewohnt, 35 unbewohnt.

Funadhoo, vor der Ablösung durch **Milandhoo** 2009 die Hauptinsel, ist seit Langem besiedelt.

Auf **Kaditheemu** wurde die bisher älteste Thaana-Inschrift am Türrahmen der Hauptmoschee gefunden (1588).

Auf **Nalandhoo** geben Relikte von zwei Stupas (Hawittas) – sowie eine weitere auf der Fischerinsel **Lhaimagu** – Hinweise auf den Einfluss des Buddhismus, lange bevor der Islam den maledivischen Archipel erreichte und die Vorgängerreligion verdrängte.

Die Touristeninseln im Shaviyani-Atoll

Die Insel **Kabaalifaru** ist für künftige touristische Nutzung freigegeben. Auf **Vagaru** schloss 2015 das luxuriöse **Viceroy Maldives**. Die auf **Gaakoshibee** seit 2009 geplante Marriott-Anlage mit 100 Villas wurde bislang nicht verwirklicht. Das Inselresort **Zitahli Dholhiyadhoo**, eine luxuriöse 5-Sterne-Anlage mit 100 Wasser- und Inselbungalows, kommt nicht recht in die Gänge.

NOONU-ATOLL (SÜD-MILADHUNMADULU-ATOLL)

Das etwa 170 km nördlich von Male gelegene Noonu-Atoll besticht vor allem im Atollinneren durch bezaubernde Inseln, die für touristische Erschließung geradezu prädestiniert sind. Der Ansatz dafür zeigt sich bereits mit den neuen Resorts wie dem **Sun Siyam Iru Fushi** (www.thesunsiyam.com) auf Medhafushi, dem **Roxy Maldives Resort** auf Kudafunafaru, dem **Cheval Blanc Randheli**, dem **Velaa Private Island** und dem noch nicht eröffneten **Mandarin Oriental** auf Maavelavaru.

Der Außenriffbereich zeigt besonders im Osten vereinzelte, aber große Inseln, die durch sehr breite Kanäle voneinander getrennt sind. Die Hauptinsel des Atolls ist **Manadhoo**.

Landhoo am östlichen Außenriff im Norden des Archipels ist ein Zentrum maledivischer Steinmetzkunst und für seine schönen Bauten aus Korallengestein und für eine alte Stupa bekannt.

Für Taucher interessant wäre – wenn es je gefunden würde – das Wrack der *George Reid*, eines britischen Segelschiffs mit 115 BRT, das am 25. September 1872 auf dem Weg von London nach Galle das südwestliche Riff des Miladhunmadulu-Atolls rammte.

» Karte S. 220

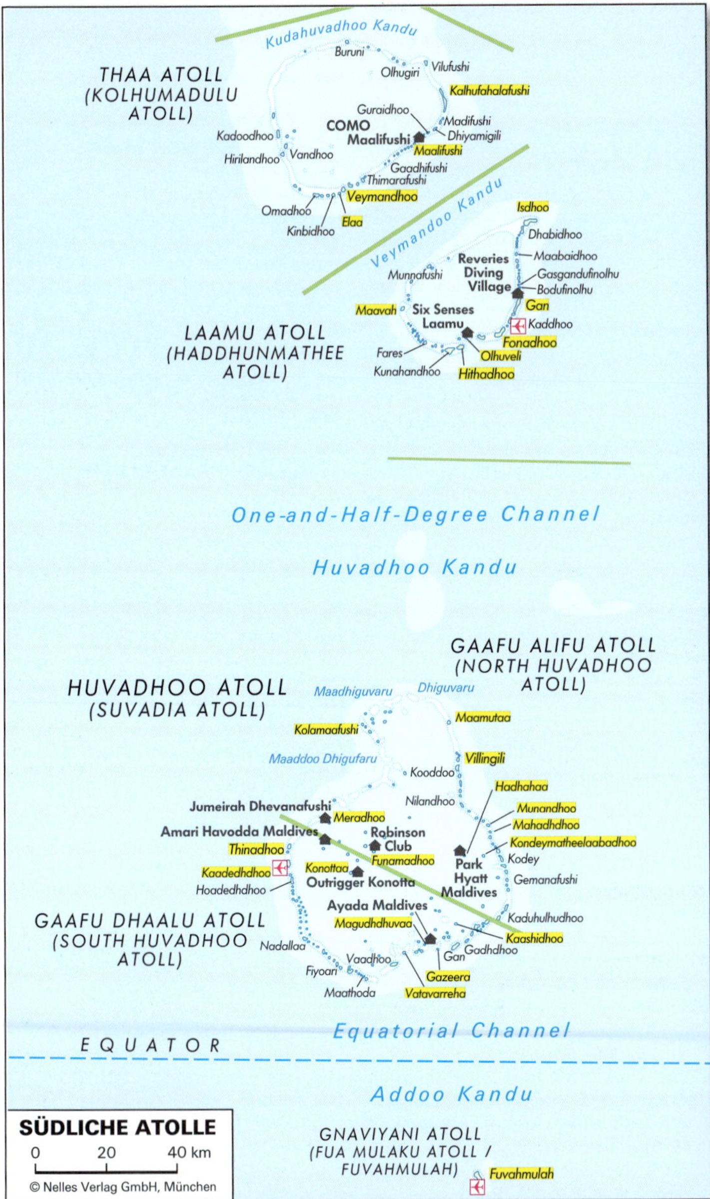
Kudahuvadhoo Kandu
THAA ATOLL (KOLHUMADULU ATOLL)
Buruni
Olhugiri
Vilufushi
Kalhufahalafushi
Guraidhoo
COMO Maalifushi
Madifushi
Dhiyamigili
Maalifushi
Kadoodhoo
Hirilandhoo
Vandhoo
Gaadhifushi
Thimarafushi
Veymandhoo
Omadhoo
Elaa
Kinbidhoo
Veymandoo Kandu
Isdhoo
Dhabidhoo
Maabaidhoo
Reveries Diving Village
Gasgandufinolhu
Bodufinolhu
Munnafushi
Gan
Maavah
Six Senses Laamu
Kaddhoo
LAAMU ATOLL (HADDHUNMATHEE ATOLL)
Fonadhoo
Fares
Olhuveli
Kunahandhoo
Hithadhoo
One-and-Half-Degree Channel
Huvadhoo Kandu
GAAFU ALIFU ATOLL (NORTH HUVADHOO ATOLL)
HUVADHOO ATOLL (SUVADIA ATOLL)
Maadhiguvaru
Dhiguvaru
Maamutaa
Kolamaafushi
Maaddoo Dhigufaru
Villingili
Kooddoo
Hadhahaa
Jumeirah Dhevanafushi
Nilandhoo
Munandhoo
Meradhoo
Mahadhdhoo
Amari Havodda Maldives
Robinson Club
Kondeymatheelaabadhoo
Thinadhoo
Kodey
Funamadhoo
Park Hyatt Maldives
Kaadedhdhoo
Konottaa
Outrigger Konotta
Gemanafushi
Hoadedhdhoo
Ayada Maldives
Kaduhulhudhoo
GAAFU DHAALU ATOLL (SOUTH HUVADHOO ATOLL)
Magudhdhuvaa
Kaashidhoo
Nadallaa
Gan
Gadhdhoo
Vaadhoo
Fiyoari
Gazeera
Maathoda
Vatavarreha
Equatorial Channel
EQUATOR
Addoo Kandu
SÜDLICHE ATOLLE
0 20 40 km
© Nelles Verlag GmbH, München
GNAVIYANI ATOLL (FUA MULAKU ATOLL / FUVAHMULAH)
Fuvahmulah

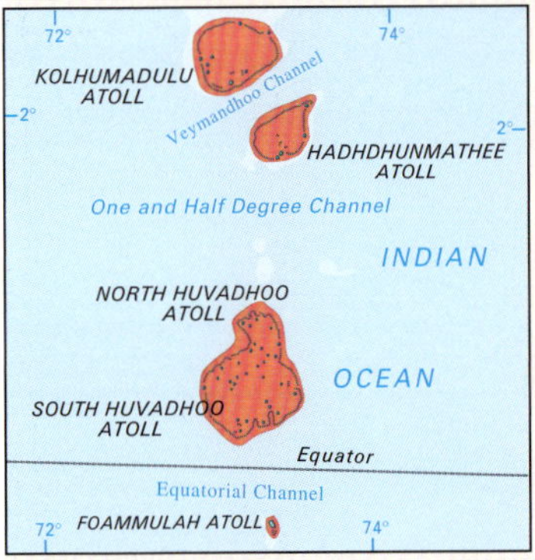

NEUE RESORT-INSELN IM SÜDEN

THAA-ATOLL
LAAMU-ATOLL
HUVADHOO-ATOLL
GNAVIYANI-ATOLL

Die Freigabe neuer Inseln für den Tourismus soll die Zahl der offiziellen maledivischen Touristeninseln auf 159 erhöhen; derzeit sind etwa 100 bewirtschaftet. Die neuen Hotelinseln befinden sich in touristisch unberührten Atollen, entweder weit im Norden oder weit im Süden des Archipels.

Zwar verfügen die Malediven über viele weitere Inseln, die touristisch interessant wären, doch die Regierung ist bemüht, den Fremdenverkehr nur behutsam und ökologisch verträglich auszuweiten. Dieser lobenswerte Aspekt ist jedoch nur eine Seite der Medaille; ihre Kehrseite ist schnöder ökonomischer Natur: Erst wenn die bestehenden Resorts profitabel arbeiten, rechnet sich eine weitere Expansion. An jedem neuen (und belegten) Bett auf den Malediven verdient die Regierung des Inselstaates kräftig mit (*bedtax* pro Nacht/Person).

Der Trend geht dahin, bestehende und neue Resortinseln mehr im Luxussegment – fünf, am besten sechs Sterne – anzusiedeln. Die Eilande aus den touristischen Gründertagen, die urigen „Barfuß-Inseln", sind auf dem Rückzug, und dies dürfte kaum im Sinn europäischer Durchschnittsverdiener sein. Andererseits werden so die Malediven dauerhaft als hochwertige Tourismusdestination fernab von Massenauftrieb und Umweltsünden etabliert.

THAA-ATOLL (KOLHUMADULU-ATOLL)

Das Thaa-Atoll, etwa 200 km südlich von Male, schließt sich südlich an das Dhaalu-Atoll (Süd-Nilandhoo-Atoll) an. Es hat eine rundliche Form und umfasst etwa 700 km^2 Meeresoberfläche; 13 der 66 Inseln sind bewohnt. Auffällig sind lang gezogene, schmale Inseln im Osten und Süden sowie ausgedehnte Farus, die fast das gesamte Atoll umschließen. Es gibt nur wenige Zugänge ins Atollinnere; die flachen Riffe bis dicht unter die Oberfläche machen das Navigieren schwierig. Besonders der nördlich des Atolls verlaufende **Kudahuvadhoo Kandu** ist für tückische Strömungen bekannt. Diesen fiel die 1339 BRT große *Liffey* zum Opfer, als sie am 3. August 1879 auf einem Riff im Süden von **Kudahuvadhoo** (Dhaalu-/Süd-Nilandhoo-Atoll) strandete.

Weitere Inselkonzentrationen befinden sich im Westen des Thaa-Atolls. Im Inneren hingegen gibt es kaum Inseln. Die Hauptinsel ist **Veymandhoo**.

Das einzige Resort des Thaa-Atolls ist das **COMO Maalifushi**, 2010 als Luxusresort The Regent eröffnet, mit 50 Villen und einem eleganten Süßwasserpool (www.comohotels.com). Das längliche Kalhufahalafushi am östlichen und das herzförmige Elaa am südlichen Außenriff sind auch für Tourismus freigegeben.

» Karte S. 224

Foto: Udo Kefrig

LAAMU-ATOLL (HADDHUNMATHEE-ATOLL)

Das sich ca. 40 km x 25 km von Südwest nach Nordost erstreckende tropfenförmige Laamu-Atoll (225 km von Male) schließt sich südlich an das Thaa-Atoll an, von dem es der 26 km breite **Veymandhoo Kandu** trennt; er ist für starke Strömungen (bis 4 km/h) bekannt. Auch dieses Atoll in Höhe des 2. Breitengrades zeigt viele umsäumende Farus; die meisten Inseln konzentrieren sich im Osten und Süden.

Hauptinsel ist **Fonadhoo**, **Hithadhoo** hat ein Fischereizentrum; größere Eilande sind **Isdhoo** im Nordosten und **Gan** im Osten (nicht zu verwechseln mit Gan im Seenu- / Addhoo-Atoll). Im Laamu-Atoll wohnen auf 12 von 82 Inseln ca. 14 000 Menschen. Es war vor über 2000 Jahren besiedelt, das zeigen buddhistische Funde u. a. auf Gan.

Wracktaucher kommen im Westen des Atolls an der Einheimischeninsel **Maavah** voll auf ihre Kosten. Hier strandete und sank am 3. Juni 1873 die *Franceois*, eine französische Bark, die in Bordeaux registriert war. Auch vor Isdhoo liegt ein Wrack, das der 5583 BRT großen *Lagan Bank*. Dieser britische Frachter lief mit einer Ladung aus Jute und Sackleinen am 13. Januar 1938 auf ein Riff und sank.

Auch im Laamu-Atoll hält der Tourismus Einzug. Auf **Olhuveli**, einem Eiland unweit von Hithadhoo und dem kleinen Flughafen der Insel Khaddhoo, ist 2010 das exklusive **Six Senses Laamu** (www.sixsenses.com) entstanden. Auf **Gan** bietet das kleine Hotel **Reveries Diving Village** gemütliche Unterkünfte sowie Angel- und Tauchaktivitäten an (http://reveriesmaldives.com).

HUVADHOO-ATOLL (SUVADIA-ATOLL)

Das Huvadhoo- oder Suvadia-Atoll zählt mit 70 km Länge und 55 km Breite zu den größten Atollen der Welt. Die

Oben: Tanzgarnelen – schön anzuschauen, aber schwer zu fotografieren.

» Karte S. 224

geografische Einheit ist jedoch verwaltungstechnisch zweigeteilt: in das nördliche **Gaafu-Alifu-Atoll** (Nord-Huvadhoo-Atoll) und das südliche **Gaafu-Dhaalu-Atoll** (Süd-Huvadhoo-Atoll).

Das Atoll liegt südlich des Laamu-Atolls, getrennt durch den Huvadhoo Kandu oder **One-and-a-Half-Degree Channel**, eine breite Meerenge, die für starke Strömungen und raue See berühmt-berüchtigt ist.

Südlich des Huvadhoo-Atolls erstreckt sich der breite Äquatorial-Kanal, in dem das Gnaviyani-Atoll (Fua-Mulaku-Atoll) mit seiner einzigen Insel **Fuvahmulah** liegt, die für den Tourismus freigegeben wurde. Ihm folgt gen Süden nur noch das Seenu-Atoll (Addhoo-Atoll, s. (s. S. 233)) mit der Touristeninsel Gan.

GAAFU-ALIFU-ATOLL (NORD-HUVADHOO-ATOLL)

Das 330 km von Male entfernte Gaafu-Alifu-Atoll bildet den nördlichen Teil des Huvadhoo-Atolls. Hauptinsel ist **Villingili** mit ca. 3000 Einwohnern. Das Atoll umfasst 82 Inseln, davon 10 bewohnte mit rund 12 000 Maledivern.

Taucher werden schon in dieser ersten Erschließungsphase des Atolls auf ihre Kosten kommen. Alle Plätze sind bisher kaum erkundet worden, Berichte über Wracks in der Region gibt es viele. Darunter ist die *Surat*, ein Segler mit Holzrumpf, der 1802 vor der Einheimischeninsel Kolamaafushi im Nordwesten des Atolls strandete und unterging. Die *Nicolaos Embricos*, ein 8450 BRT großer griechischer Frachter, lief am 15. Mai 1969 am Riff der Insel Maamutaa auf. Zudem gibt es Meldungen über ein Wrack vor Villingili – es soll sich um ein Linienschiff handeln, das am 24. Mai 1902 mit 700 Passagieren auf ein Riff lief. Unklar ist auch die Untergangsstelle der in Newcastle registrierten *Consett*. Vermutlich sank sie am 7. Mai 1880 auf der Fahrt nach Port Said mit 28 Mann an der Nordostspitze des Atolls nahe Villingili. Hinzu kommen das *Raaverrehaa*-Wrack bei Villingili (1883) und ein weiteres Wrack vor der Insel Maamutaa. die *Umaana*.

Touristenresorts befinden sich bereits auf **Funamadhoo**, **Hadahaa** und **Meradhoo**. Für den Tourismus auch freigegeben sind **Mahadhdhoo**, **Kondeymatheelaabadhoo** und **Munandhoo**.

Die Touristeninseln im Gaafu-Alifu-Atoll

Robinson Club (Funamadhoo)

Funamadhoo liegt im Innern des südlichen Atollabschnitts und misst 600 m x 240 m. Der Flug Hulhule–Kadhedhdhoo dauert 55 Min., zur Insel gelangt man in 20 Min. per Speedboot.

Ende 2009 eröffnete der **Robinson Club** (www.robinson.com) das Inselparadies mit 120 Bungalows – im Garten, am Strand und über dem Wassert. Tauchbasis, Wassersportzentrum, Fitnessstudio, Pool, WellFit-Spa, Beachvolleyball und Beachparties sowie Restaurants und Bars sorgen für Unterhaltung und Erholung der Gäste.

Auf Taucher warten nahezu unberührte Plätze bereits am 20 bis 200 m entfernten Hausriff, das auch für Schnorchler geeignet ist.

Park Hyatt Maldives (Hadhahaa)

Weiter östlich liegt auf Hadhahaa seit 2009 das luxuriöse **Park Hyatt Maldives Hadahaa**. Hier werden lokale Traditionen und Ökologie beachtet. Die Bauten sind aus maledivischen Materialien; die Rezeption erinnert an ein umgedrehtes Dhoni. Man wohnt in 26 Beach Villas und 14 Water Villas. Für die Gäste sind Restaurants, Bar, Fitnessraum,Tauchbasis und ein Mandara-Spa vorhanden. Park Hyatt übernahm 2011 das Management von ALiLa (https://maldiveshadahaa.park.hyatt.com).

Jumeirah Dhevanafushi (Meradhoo)

Nur 36 geräumige Luxusbungalows beherbergt das Inselchen Meradhoo im Westteil des Atolls: auf Stelzen im Wasser oder am Strand, mit ungestörtem Meerblick. Wellnessbehandlungen über der Lagune, jeglicher Wassersport und Genüsse in drei Restaurants warten auf zahlungskräftige Gäste (www.jumeirah.com).

GAAFU-DHAALU-ATOLL (SÜD-HUVADHOO-ATOLL)

Das Gaafu-Dhaalu-Atoll, in dem knapp 18 500 Menschen leben, besteht aus 153 Inseln; nur zehn sind bewohnt, wie die Hauptinsel **Thinadhoo** im Westen. Seit 1993 besteht auf **Kaadedhdhoo** ein kleiner **Flughafen**.

Auf Taucher warten fischreiche Plätze, die noch kaum jemand erforscht hat, und einige Wracks, die es aber noch zu finden gilt. Dazu zählt die irgendwo im Atoll am 4. Mai 1873 mit 22 Mann Besatzung gestrandete englische Segler *Agean* von 836 BRT, der schon einen Eisenrumpf besaß.

Zusätzlich zu den drei unten beschriebenen Hotelinseln sollen bald auch auf **Gazeeraa**, **Kaashidhoo** und **Vatavarrehaa** Resorts eröffnen.

Die Touristeninseln im Gaafu-Dhaalu-Atoll

Outrigger Konotta

Auf der Insel **Konottaa** im westlichen Innenatoll eröffnete 2010 das exklusive **Outrigger Konotta**. Man erreicht es nach 50 Min. Flug von Male und weiteren 15 Min. per Speedboot.

Gäste des Outrigger werden in 49 Duplex-Villas (22 Wasservillen, 27 auf der Insel) untergebracht. Höhepunkt in den exklusiven Water Villas ist ein Glasboden, der jederzeit den Blick in die faszinierende Unterwasserwelt erlaubt.

Der amerikanische Inseltourismus-Anbieter Outrigger (www.outrigger.com) übernahm die Anlage mit vielfältigen Sport- und Wellnessangeboten von der Raffles-Gruppe.

Amari Havodda Maldives

Das All-inclusive-Hotel mit je 60 geräumigen Strand- und Wasservillen gehört zur thailändischen Amari-Kette, die ihren verwöhnten asiatischen und europäischen Kunden in jeder Hinsicht gerecht wird: sechs Restaurants und Bars, Tauchzentrum, Spa, Tennisplatz und großer Pool. Die Insel umgibt ein wundervolles Hausriff (http://de.amari.com/havodda-maldives).

Ayada Maldives (Magudhdhuvaa)

Luxus für die ganze Familie in Wasser- und Strandbungalows verspricht das schicke **Ayada Maldive**s Resort seit 2011 auf der Insel **Magudhdhuvaa**. (www.ayadamaldives.com). Ein großes Spa, Kinderbetreuung und natürlich Wassersport und Tauchen sind Attraktionen dieser entlegenen Insel im südlichen Atollinneren.

GNAVIYANI-ATOLL (FUVAHMULAH-ATOLL)

Die Einheimischeninsel **Fuvahmulah** (früher: Fua-Mulaku) liegt etwa 65 km nordöstlich von Gan (s. S. 236). Sie nimmt in vielerlei Hinsicht eine Sonderstellung unter den maledivischen Atollen und Inseln ein, denn das solitäre Eiland gilt als eigenes Atoll: Gnaviyani- oder Fuvahmulah-Atoll. Nördlich davon erstreckt sich der 40 km breite Äquatorial-Kanal, an den das Huvadhoo-Atoll anschließt. Dieser Kanal, über 2000 m tief, war in der Geschichte einer der wichtigsten Schifffahrtswege im maledivischen Archipel.

Fuvahmulah erhebt sich auf einem schmalen Sockel wie ein gewaltiger Fels

Rechts: Aufbruch zum Fischfang.

» Karte S. 224

Foto: Harald Mielke

aus dem Meer, umgeben von einem schmalen Saum aus Korallengestein. Die Insel, auf der ca. 8000 Menschen in acht Dörfern leben, misst etwa 6 km x 2 km. Charakteristisch ist der fast senkrecht abfallende Strand, der mit Ausnahme der Westseite nur aus scharfem Korallenschutt besteht. Um das Eiland herrschen starke Strömungen, die Schwimmen und Tauchen nicht ganz ungefährlich machen.

Es gibt einige Autos auf der großen, fruchtbaren Insel, die auf Pisten zwischen den Dörfern verkehren und die zahlreichen landwirtschaftlichen Produkte transportieren. Außer den Anbauflächen besitzt die Insel aber auch üppigen tropischen Wildwuchs.

Eine geologische Besonderheit sind die Brackwasserseen Bandaara Kuhli und Dhadimage Kuhli, umgeben von Sumpf. Der kleinere ist nur 1 m, der größere bis 10 m tief. In beiden leben Fische und Amphibien. Immer wieder stößt man auf Wasserlöcher und Grundwassertümpel; einige nutzte man einst für rituelle Waschungen vor alten Moscheen, davon gibt es etliche auf der Insel. Glaubt man Legenden, so bestand das Gnaviyani-Atoll einst aus drei Inseln, dazwischen lag eine schiffbare Lagune. Die Kanäle durchs Riff schlossen sich im Laufe der Zeit und übrig blieben die beiden Brackwasserseen.

Die Geschichte Fuvahmulahs reicht weit in die Zeit vor der Islamisierung zurück. Im Westen, nahe dem Dorf **Huadhadhoo**, erhebt sich eine buddhistische Hawitta, ein 20 m hoher Steinhügel mit ca. 75 m Durchmesser, auf dem wohl eine Dagoba stand, ein glockenförmiger Bau aus weißem Gips. Der britische Archäologe H. C. P. Bell erforschte 1922 diese und andere Plätze, konnte aber keine Buddhastatue finden. Auch Thor Heyerdahl kam bei seinem Besuch 1985 nicht weiter.

Dank des kleinen 10-Zimmer-Hotels **Viluxer Veyli** kommt man der Inselbevölkerung nahe (http://viluxerveyli.com).

Pankaj Shah

Drei Freunde auf Gan beobachten den Fotografen

Foto: JBE (PhotoPress)

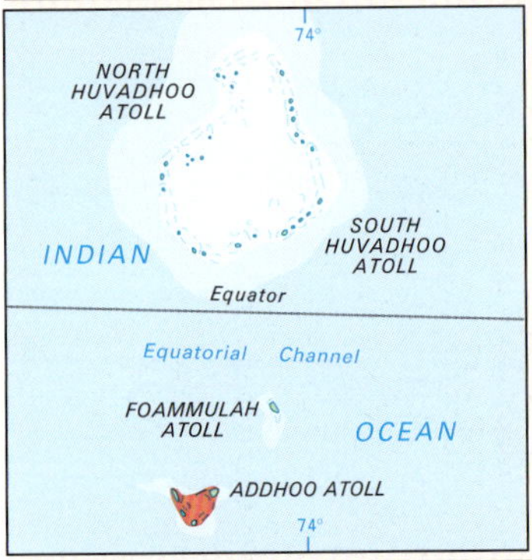

ADDHOO-ATOLL (SEENU-ATOLL)

ADDHOO- (SEENU-) ATOLL

Das Addhoo (Addu)-Atoll (Seenu-Atoll) liegt jenseits des Äquators und ist das südlichste Atoll der Malediven; Gan ist mit einer geografischen Breite von 0° 42′ S die südlichste Insel. Im Atoll gibt es vier bewohnte und etwa 20 unbewohnte Inseln sowie einige Sandbänke. Das Addhoo-Atoll hat eine fast herzförmige Kontur. Es ist 18 km breit und 15 km lang. Die relativ großen Inseln des Atolls ziehen sich wie ein Schutzwall entlang der West- und Ostseiten. Im Westen liegen die bewohnten Inseln Gan, Feydhoo, Maradhoo und Hithadhoo, die durch einen Damm miteinander verbunden sind. Darauf können sogar Fahrzeuge fahren, und für Gäste bietet er die auf den Malediven einzigartige Möglichkeit, mit dem Fahrrad von einer Insel zur anderen zu gelangen. Die mächtige Barriere bietet außerdem effektiven Schutz gegen den Tidenhub. Im Osten begrenzen die Inseln Hulhumeedhoo, Mulikolhu und Villingili das Atoll.

Alle Inseln im Addhoo-Atoll sind auffallend dicht mit Kokospalmen bewachsen, die Ortschaften sind sehr sauber und gepflegt. Üppige Gärten, in denen Bananenstauden und viele andere Pflanzen gedeihen, umgeben die aus Korallengestein erbauten Häuser.

Links: Sonnenuntergang am Palmenstrand.

Britischer Einfluss im Addhoo-Atoll

Die Malediven waren mit Ausnahme der portugiesischen Besetzungszeit immer ein souveräner Staat und besaßen auch keinen Kolonialstatus. Ab 1887 wurde der Archipel britisches Protektorat und behielt nur noch eine beschränkte Eigenständigkeit. Die Oberhoheit der Verteidigung und Außenpolitik lag im englischen Zuständigkeitsbereich. Der britische Einfluss dauerte bis zur vollständigen politischen Unabhängigkeit der Malediven 1965 an.

Im Zweiten Weltkrieg spielte der Archipel eine wichtige strategische Rolle bei den alliierten Verteidigungsanstrengungen im Indischen Ozean gegen die japanischen Streitkräfte.

Als sich die Briten 1941 im Addhoo-Atoll festsetzten, zählte das Atoll etwa 5600 Bewohner (heute etwa 32 000), von denen die meisten eine Arbeitsstelle bei der britischen Armee erhielten. Die Insel Gan, militärisch geheimnisvoll „Port T" genannt, avancierte zum strategisch wichtigsten Standort der Engländer im Indischen Ozean. Sie errichteten auf der Insel ein militärisches Verwaltungszentrum, nun landgestützt, das zuvor von einem leichter anzugreifenden Kriegsschiff aus operiert hatte. Später stationierten die Engländer alle vorgeschobenen Streitkräfte auf Gan.

Sechs Monate nach der Londoner

Foto: Pankaj Shah

Entscheidung, auf den Malediven militärische Präsenz zu zeigen, kamen weitere Regimenter aus Bengalen und Indien hinzu, und man begann mit dem Bau einer Basis, um Wasserflugzeugen Landungen in der Hithadhoo-Lagune zu ermöglichen. Dieser Ausbau erweiterte die logistische Unterstützung von Gan bis nach Singapur und Trincomalee (Sri Lanka). Auf der Insel Maradhoo entstanden durch Bäume getarnte unterirdische Bunker zur Einlagerung von Munitions- und anderem Kriegsmaterial. Der erste Landflugplatz wurde auf Gan gebaut. Die kleine Start- und Landebahn bestand in den Kriegsjahren aus Stahlplatten. Fast alle Dörfer und der Baumbestand des Eilandes wurden dem Erdboden gleichgemacht, um Platz für die Piste zu schaffen, die sich über die ganze Länge der Insel ausbreitete. Die Bewohner wurden zwangsweise auf das benachbarte Feydhoo umgesiedelt, während man auf Gan Kaimauern und Gebäude errichtete. Die Verteidigungsanlagen des Atolls wurden verstärkt, an den Zugängen ins Innere spannte man Anti-U-Boot-Netze und legte Minenfelder. Die Baumaßnahmen zur militärischen Absicherung vernichteten leider die historischen Ruinen, die als letzte Erinnerung an die buddhistische Zeit auf der Insel standen.

1944 erfolgte der Angriff eines japanischen U-Bootes auf den britischen Öltanker *British Loyalty*, der nahe Viligili im Hafen von Addhoo ankerte. Bereits vor dem Angriff befand sich die gesamte Basis in höchster Alarmbereitschaft, nachdem Späher ein sehr hoch fliegendes, unbekanntes Flugzeug geortet hatten. Sofort eingesetzte Jagdflugzeuge konnten die feindliche Maschine aber nicht mehr finden. Eine Woche später, am 9. März 1944, tauchte außerhalb des Atolls das deutsche U-Boot U-183 unter dem Kommando von Kapitänleutnant Fritz Schneewind auf und feuerte im Schutze der Nacht einen Torpedo diagonal durch den Gan Channel und durch die U-Boot-Netze hindurch geradewegs in den Tanker. Als Konsequenz

Oben: Betende Muslime in einer Moschee auf Gan.

» Karte S. 235, Info S. 239

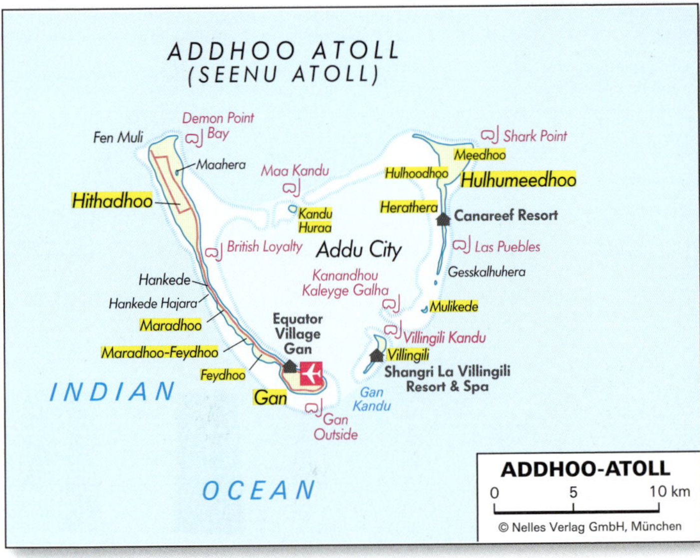

dieses Verlustes verlegten die Briten ihre gesamten Treibstoffversorgungsanlagen nach Diego Garcia ins Chagos-Archipel. Die *British Loyalty* wurde bei dem Angriff zwar stark beschädigt, ging jedoch nicht unter. Erst nach Kriegsende versenkte man das fahruntüchtige Tankschiff innerhalb des Atolls südöstlich von Hithadhoo. Heute ist das Wrack ein stummer Zeuge der Zeitgeschichte. Zur Freude vieler Taucher steht es zwischen 12 und 33 m Tiefe aufrecht auf dem Meeresgrund.

Nach dem Zweiten Weltkrieg zogen sich die britischen Truppen von Gan zurück, doch mit der Unabhängigkeit Indiens und Sri Lankas fürchtete England um seine militärische Stärke in Südostasien. 1952 ließ das britische Luftfahrtministerium weitere Vermessungen auf Gan durchführen, um einen modernen Flugplatz zu errichten. Als Sri Lanka 1956 erklärte, dass es den Briten den Navy-Hafen in Trincomalee und den Air-Force-Stützpunkt in Katunayake nicht mehr zur militärischen Nutzung überlassen würde, blieben die Malediven die einzige annehmbare strategische Alternative, England mit Australien und dem Fernen Osten militärisch abgesichert zu verbinden. Ein Vertrag mit der maledivischen Regierung besiegelte die englischen Rechte, Gan als Flugplatz und Hithadhoo als militärisches Kommunikationszentrum zu nutzen. Daraufhin begann 1957 der weitere Ausbau der militärischen Basis als Substitut für die aufgegebenen Verteidigungsanlagen in Sri Lanka.

Während der Zeit ihrer militärischen Präsenz überwachten die Engländer von Gan aus den größten Luftraum weltweit und konnten modernste Militärmaschinen auf der Insel aufnehmen. Zwischen 1960 und 1961 landeten dort 630 Flugzeuge, 12 500 Passagiere wurden abgefertigt. 1976 fassten die Briten den Plan, sich von den Malediven zurückzuziehen. Die vollständige Aufgabe der Anlagen dauerte bis 1986. Ein Eine-Million-Dollar-Angebot der damaligen Sowjetunion, die Gan für ihre „Fischereiflotte" nutzen wollte (möglicherweise Spionageschiffe), lehnte Präsident

Foto: Uli Erfurth

Nasir ab. Später wurden auf Gan Textilien produziert, heute soll der Tourismus das Atoll wirtschaftlich vorwärtsbringen. Neben den drei bestehenden Touristeninseln darf nun auch auf **Mulikede** ein Resort eröffnet werden.

Ein Besuch von Gan bedeutet mehr Bewegungsfreiheit als auf anderen Hotelinseln; Gäste und Einheimische haben direkten Kontakt; man kann sogar mit dem **Fahrrad** eine **17-km-Route** zu den benachbarten Inseln abradeln.

Verwaltungsmäßig gilt das Atoll seit neuestem als Stadt **Addu City**, neben Male die einzige weitere im Land . Ihre Stadtbezirke sind die bewohnten Hauptinseln im Addu-Atoll: Hithadhoo (Hauptort von Addu City), Maradhoo, Feydhoo, Hulhoodhoo und Meedhoo (s. S. 237). Ihr Stadtplan ist sicher einer der ungewöhnlichsten der Welt.

Oben: Die seltenen Feenseeschwalben brüten nur in den südlichen Atollen. Rechts: Die Arbeit in der Textilfabrik auf Gan sichert der Familie ein zusätzliches Einkommen.

Die Touristeninseln im Addhoo-Atoll

Equator Village Gan (Gan Island)

In 75 Min. erreicht man Gan International Airport auf der 5 km x 3 km große Insel Gan, ca. 450 km südlich Male. Das Resort (1995 als Ocean Reef Club gegründet) heißt nun **Equator Village Gan**. Es befindet sich in der ehemaligen britischen Air-Force-Basis. Die ansprechend renovierten Einrichtungen dienen heute als Touristenunterkünfte, die ehemalige Messe als Restaurant. Den Gästen stehen 78 Zimmer in 17 Gebäuden mit je 4 bis 6 Wohneinheiten zur Verfügung. Neben weiteren Einrichtungen kann man eine frühere anglikanische Kirche, die mittlerweile in eine Moschee umgewandelt ist, und ein Postamt als Zeugen der britischen Protektoratszeit besichtigen. Neu angebaut wurden die großzügige Bar und die Rezeption. Einige der damaligen Offiziersunterkünfte werden heute bei Besuchen von Regierungsvertretern ge-

» Karte S. 235, Info S. 239

Foto: Duncan Willetts (Camerapix)

nutzt. Die **Kanonen** einer ehemaligen Küstenbatterie auf der Ostseite sind als Kriegsdenkmal zu besichtigen.

Auf Gan steht der Tauchsport im Vordergrund aller Freizeitaktivitäten. Insbesondere das 140 m lange **Wrack der British Loyalty** und die zahlreichen Großfische, die am Addhoo-Atoll vorbeiziehen, begeistern viele Taucher. Zum Schwimmen und Surfen eignet sich besonders die Nachbarinsel Viligili mit dem Shangri La Maldives Resort & Spa. Man kann Tennis, Squash, Volleyball oder Tischtennis spielen oder sich im Serena Spa verwöhnen lassen.

Canareef Resort (Herathera)

Im Osten des Addhoo-Atolls ist auf der langen, schmalen Insel Herathera ein tropisches Feriendorf mit 273 luxuriösen Villas entstanden: Das Herathera Island Resort wurde als **Canareef Resort** wiedereröffnet.

Von Gan braucht ein Speedboot 10 Min. zu dem familiengerechten Urlaubsparadies, das auch groß genug für Ruhesuchende ist. Wellness und Wassersport werden groß geschrieben; drei Restaurants (zwei mit Büfetts und ein schickes À-la-carte-Restaurant) und drei Bars verwöhnen die zumeist sportlichen Gäste.

Shangri La Villingili Resort & Spa

Das luxuriöse Fünf-Sterne-Plus-Inselresort der asiatischen Shangri-La-Kette hat auf der Insel Viligili (Villingili) 132 Villen in neun Kategorien, mehrere Restaurants und Bars, ein schickes Spa, Fitnesszentrum, Kids Club, Tennisplätze, Erste-Hilfe-Station und eine Tauch- und Wassersportbasis. Eine Insel für die ganze Familie – allerdings kein ganz billiges Vergnügen.

Die Einheimischeninseln im Addhoo-Atoll

Hithadhoo

Hithadhoo, die Atollhauptinsel, hat ca. 18 000 Einwohner. Auf dem Eiland

» Karte S. 235, Info S. 239

befinden sich einige schöne historische Relikte. Bei Koattey kann man die Reste eines alten Forts besichtigen. 1922 besuchte der Archäologe H. C. P. Bell die Insel und nahm die Ruinen in Augenschein, doch die Ursprünge der Festung sind nicht bekannt. Eine Geschichte berichtet, dass sie der Stützpunkt maledivischer Rebellen unter der Führung von Muhammad Thakurufaan war, der 1557 die Portugiesen aus dem Land vertrieb. Manche vermuten, dass dieses Fort vom Beherrscher der Malediven, Kunhali Marakkar aus Malabar, errichtet wurde, der während der portugiesischen Besatzungszeit im Süden der Malediven Handel trieb. Kunhali besaß 200 Schiffe, mit denen er den Indischen Ozean besegelte und zu Plünderungen auszog. Das Fort mit seinen guten Ankerplätzen bedeutete sichere Zuflucht, wenn er von den Portugiesen verfolgt wurde oder wenn in Kämpfen beschädigte Schiffe zu reparieren waren.

Oben: Traditionelle Muster, gewebt am Strand von Gan.

An der Westseite der Insel bei Fen Muli befinden sich noch Betonüberreste einer britischen Küstenbatterie aus den Anfängen des Zweiten Weltkriegs. Sie diente damals dazu, die Nordwestseite des Atolls zu verteidigen.

Das Wrack der *British Loyalty* liegt an der Südostspitze der Insel.

Etwa vier Kilometer südlich von Fen Muli, auf der Westseite von Hithadhoo, liegen die letzten Ruinen eines weiteren alten Forts. Auf der Insel befindet sich bei Thakurufaanu Miskiy das Grab von Sultan Hassan X., der dort im Jahr 1765 nach 60 Jahren im Exil starb.

Hithadhoo ist heute eine wirtschaftlich aufblühende Insel. Neue Gebäude, Autos, Geschäfte und mehrere kleinere Touristenunterkünfte machen die vergleichsweise große Insel zu einem authentischen Malediven-Ziel.

Maradhoo

Die lang gezogene Insel Maradhoo kann zwei Dörfer vorweisen: zum einen die Ortschaft **Maradhoo** mit rund 5000

» Karte S. 235, Info S. 239

Einwohnern, zum anderen die Siedlung **Maradhoo-Feydhoo** am Südende der Insel, in der über 6000 Menschen leben. Mehrere Gästehäuser und Pensionen haben sich auf dem schmalen, weitläufigen Inselrücken etabliert, z.B. das Tauchzentrum mit Hotel **Aquaventure Manta Lodge** (www.dc-aquaventure.com). Ein Damm verbindet Maradhoo mit dem benachbarten Hankede.

Feydhoo

Feydhoo wurde 1970 durch einen Damm mit Maradhoo und Gan verbunden, so dass man mit Auto oder Fahrrad auf der längsten Straße der Malediven (9 km) von Gan bis Hithadoo fahren kann.

Hulhumeedhoo

Die Insel Hulhumeedhoo im Nordosten des Atolls hat zwei Dörfer, die 1975 geteilt wurden: in **Hulhudhoo** mit ungefähr 4000 und **Meedhoo** mit etwa 2600 Einwohnern. An der Ostseite der Insel stehen Reste einer Geschützstellung aus dem Zweiten Weltkrieg, erbaut von der 8. Indischen Küstenbatterie. Im Süden der Insel liegt die Touristeninsel Herethere.

Früher produzierten die Einwohner Trockenfisch, heute arbeiten viele Männer auf den Hotelinseln oder fahren zur See. Die Muslime von Hulhumeedhoo behaupten, dass bereits 281 Jahre vor der Islamisierung der Malediven ein Seemann namens Yousuff Naib Kalheihaara Thakurufaanu mit seinem Schiff auf der Insel landete und die Bewohner zum muslimischen Glauben bekehrte.

Kandu Huraa

Die winzige Insel Kandu Huraa liegt im mittleren Norden des Addhoo-Atolls (auch Bushy Island genannt). Der Kanal **Maa Kandu** im Osten ist ein wunderschöner Tauchplatz, an dem häufig Mantas zu beobachten sind.

Equator Village Gan

Eröffnet: 1995, Taucherinsel.
BUNGALOWS: 78 Zimmer in Reihenbungalows mit Klimaanlagen, Duschen (warm/kalt), Minibar.
KATEGORIE: 3 Sterne.
EINRICHTUNGEN: zwei Bars (eine Poolbar), Restaurant, Swimmingpool, Kinderpool, Serena Spa, zwei Tennisplätze, Squash-Court, Badminton, Billard, Tischtennis, Fahrradverleih zur Erkundung der Nachbarinseln.
TAUCHBASIS: deutsch, englisch, PADI 5 Star IDC Center, www.diverland.com.
Das Hausriff ist nur 25 Meter vom Strand entfernt, jedoch nur bedingt zum Schnorcheln geeignet.
KREDITKARTEN: Akzeptanz bis US$ 1000, MC/VC.
TRANSFER: 450 km, Flugzeug 90 Min., maximal 15 kg Fluggepäck!
INFO: www.equatorvillage.com.mv.

Canareef Resort

Eröffnet 2010, Taucherinsel, Feriendorf; Managementwechsel 2011, Wiedereröffnung noch nicht angegeben.
UNTERK.: 271 Zimmer.
KATEGORIE: 4 Sterne.
TAUCHEN: PADI, Tauchbasis ist vorhanden.
TRANSFER: Flug Airport Hulhule – Gan 70 Min, dann 10 Min. per Speedboot
INFO: http://canareef.com

Shangri La Villingili Resort & Spa

Eröffnet 2009, Luxusinsel.
UNTERKUNFT: 132 Zimmer.
KATEGORIE: 5 Sterne plus.
TAUCHEN: Eine Tauchbasis ist selbstverständlich vorhanden.
SPORT: U. a. Tennis, Badminton, 9-Loch-Golfplatz.
TRANSFER: Das Wasserflugzeug braucht ca. 70 Min. vom Airport Hulhule nach Gan; dann 8 Min. Speedboot-Überfahrt.
KONTAKT / INFO: www.shangri-la.com, slmd@shangri-la.com

» Karte S. 235

REISEVORBEREITUNGEN

Klima

Die Großwetterlage auf den Malediven wird, wie in ganz Südostasien, von den Monsunwinden bestimmt. Sie wehen mit schwacher bis mittlerer Stärke im Sommer (April bis Oktober) aus südwestlicher und im Winter (Dezember bis März) aus nordöstlicher Richtung. Stürme sind eher selten. Regen fällt vornehmlich nachts, tagsüber seltener, in Form von kräftigen, kurzen Schauern. Längere Regenzeiten bilden die Ausnahme. Die durchschnittliche Anzahl der Tage mit Regen liegt von Mai bis Dezember bei 16 und von Januar bis April bei lediglich 7 Tagen im Monat.

Die Temperaturen betragen das ganze Jahr über sommerliche 30 °C und fallen nachts nur geringfügig bis auf 26 °C ab. Tagsüber scheint die Sonne auf den Malediven 7 bis 9 Std. und strahlt selbst bei bewölktem Himmel wegen ihres durch die Äquatornähe bedingten hohen Standes besonders intensiv (Sonnenbrandgefahr!). Die Wassertemperaturen liegen zwischen 27 °C und 30 °C.

Reisezeit

Aufgrund des gleichmäßig äquatorialen Klimas der Malediven gibt es keine Saison. Man kann den Inselstaat das ganze Jahr über bereisen. Da in den europäischen Wintermonaten eine höhere Nachfrage für Tropenziele besteht als im Sommer, erklärten die Malediver die Zeit von November bis März zur Hauptsaison mit höheren Preisen. Statistisch fällt von Januar bis März am seltensten Regen.

Kleidung, Gepäck und Tauchausrüstung

Für den Aufenthalt auf den Malediven reicht leichte, luftige Sommerbekleidung, die auch im Restaurant und an der Bar angemessen ist. Am Strand bestimmt Bademode das Bild. „Oben ohne" und FKK sind verboten. Gegen die Sonne trägt man am besten eine Kopfbedeckung und eine Sonnenbrille. In der Lagune schützen Badeschuhe vor Schnittverletzungen an Korallen. Barfuß durch den Sand zu laufen macht Spaß, jedoch ist dieser oft so heiß, dass sich Badeschlappen empfehlen.

In **Artificial Beach Areas** in Malé oder in der Nähe einfacher Guesthouses, also außerhalb der Touristenresorts, weisen ernstzunehmende Schilder darauf hin, dass das Tragen knapper (*improper*) Badekleidung wie **Bikini** dort nicht gestattet ist.

Auch Männer sollten es vermeiden, ihren nackten Oberkörper zu zeigen. Beim Besuch von **Einheimischeninseln** sollte man aus Rücksicht auf die Religion der Malediver knie- und schulterbedeckende Kleidung tragen. Für Frauen sind weit ausgeschnittene oder transparente Kleidungsstücke tabu, ebenso sehr enge Kleidung.

Die selbe Kleiderordnung gilt für das städtische Male, besonders für den Besuch des Islamischen Zentrums.

Nehmen Sie Urlaubslektüre mit – auf Ihrer kleinen Urlaubsinsel werden Sie sicher Zeit dafür finden. Ist noch Platz im Koffer, empfiehlt es sich, die eigene Tauch- bzw. Schnorchelausrüstung mitzubringen. Zumindest die ABC-Ausrüstung (Flossen, Schnorchel, Taucherbrille) sollte mitgenommen werden. Man weiß, dass sie passt, und zusätzlich spart man die Ausleihgebühren (für ABC-Ausrüstung ca. US$ 5-10 pro Tag).

Visum, Ein- und Ausreise

Deutsche, Österreicher und Schweizer erhalten bei der **Einreise** ein **kostenfreies Touristenvisum** für 30 Tage; Bedingung ist ein Reisepass, der noch mind. sechs Monate gültig sein sollte.

Kinder benötigen einen eigenen Reisepass mit Bild.

Eine vorherige Hotelbuchung (Bestandteil einer Pauschalreise) oder

Übernachtungsbestätigung einer Hotelinsel wird von den maledivischen Auslandsvertretungen grundsätzlich empfohlen; in der Zeit von November bis März wird von Reisen ohne bestätigte Hotelbuchung abgeraten.

Visastempel des Staates Israel sind unproblematisch, auch israelische Staatsbürger können ungehindert einreisen. Eine **Verlängerung** des Visums auf 90 Tage ist ausschließlich auf den Malediven beim Department of Immigration möglich (www.immigration. gov. mv): Male, Velaanage, Ameer Ahmed Magu. Benötigt werden ca. 40 Euro und zwei Passfotos.

Bisher waren die Malediven ein reines Pauschalreiseziel, die Übernachtung auf einer Einheimischeninsel genehmigungspflichtig und in der Praxis fast unmöglich. 2009 eröffnete auf **Guraidhoo** das erste Gästehaus für Individualreisende; Bodysurfer schätzen das Guesthouse auf **Thulusdhoo** (s. S. 104). Auf größeren **Einheimischeninseln** mit guten Tauchmöglichkeiten und in Male und Umgebung haben Touristen zunehmend die Chance, in kleinen Hotels, Pensionen und B&B-Unterkünften zu übernachten, allerdings sind sie keine Billig-Quartiere; Gäste müssen dort auf Alkohol verzichten und auf die lokalen Sitten Rücksicht nehmen.

Kontrolliert wird bei der Einreise streng auf **Alkohol**, dessen **Einfuhr verboten** ist (mitgebrachte Alkoholika werden eingezogen und erst bei der Ausreise zurückgegeben), Pornografisches und Drogen (siehe auch „Zoll"). Falls Sie für den Eigenbedarf eine größere Menge spezieller **Medikamente** mitführen, müssen Sie ein amtliches Schreiben Ihres Arztes in englischer Sprache bei der Zollbehörde am Flughafen bei der Einreise vorlegen können, das auch die für den Urlaub nötige Menge benennt.

Es ist bei Strafe verboten, Souvenirs auszuführen, die gegen das **Washingtoner Artenschutzabkommen** verstoßen. Dazu zählen alle Produkte aus dem Meer (auch in weiterverarbeiteter Form) wie Korallen, Muscheln, Schnecken oder Schildpatt.

Es empfiehlt sich, 2 bis 3 Std. vor dem Rückflug am Airport zu sein, da häufig viele Gäste am Check-in warten. Pro Gast und Übernachtung ist eine **Umweltsteuer** (Green Tax) von 6 US $ fällig, die über die Hotels abgerechnet wird.

Geld

Die Währung ist die **Maledivische Rupie** (**Rufiyaa**). Ein Rufiyaa (Rf) unterteilt sich in 100 Laaris. Es gibt Münzen zu 1, 5, 10, 25 und 50 Laaris und 1 Rufiyaa. Geldscheine sind zu 5, 10, 20, 50, 100 und 500 Rufiyaa im Umlauf. Für Sammler gibt es Gold- und Silbergedenkmünzen in Rufiyaa oder Laari.

Wechselkurs Anfang 2018: 1 Euro ≈ 18 Rf; 1 US$ ≈ 15 RF; 1 CHF ≈ 16 RF (Tageskurs: siehe www.oanda.com).

Als Zahlungsmittel werden US-Dollar akzeptiert, auf den Hotelinseln auch Euro und Schweizer Franken; im Hotel zahlt man am besten mit **Kreditkarte**. Es ist also kaum nötig, Rufiyaas einzutauschen. Lediglich auf den Einheimischeninseln bräuchte man die lokale Währung, aber auch dort kann man meist mit US-Dollar bezahlen. Das Hotelpersonal freut sich über kleine Dollarscheine (siehe „Trinkgeld").

Die Banken in Male sind sonntags bis donnerstags 9-15 Uhr (Ramadan 9-14.30 Uhr) geöffnet und freitags geschlossen; die großen Banken bieten Geldautomaten für EC-Karten und Kreditkarten. Am **Flughafen** befindet sich ein **Geldwechselschalter** und ein **Geldautomat für EC-Karten**. Auf den Hotelinseln benötigt man kein Bargeld: Es wird alles auf eine Sammelrechnung gesetzt, die am Vorabend der Abreise beglichen wird, z.B. per Kreditkarte, in manchen Hotels auch mit EC-Karte (bei der Buchung klären!).

Rufiyaas dürfen nicht ein- und ausgeführt werden, für Devisen hingegen gibt es keine Beschränkungen.

Gesundheitsvorsorge

Eine Impfung gegen Hepatitis A gilt als sinnvoll; Impfschutz gegen Diphtherie und Tetanus sollte man ohnehin haben. Eine Impfung gegen Gelbfieber ist nur vorgeschrieben, wenn man aus einem Gebiet einreist, in dem diese Krankheit akut ist. Malaria kommt auf den Inseln nicht mehr vor.

Die Gefahr eines Mückenstiches und damit einer möglichen Infektion mit dem Dengue-Virus, v. a. von März bis September, verringern hautbedeckende Kleidung und Mückenschutzmittel.

Verbreitet ist eine Virusinfektion, das „Maledivenfieber", das mit Fieber bis 40 °C und Gliederschmerzen plötzlich auftreten kann, aber durch Einnahme fiebersenkender Mittel nach ein paar Tagen wieder abklingt.

Nehmen Sie Hautdesinfektionsmittel mit, da sich aufgekratzte Mückenstiche schnell entzünden und in den Tropen nur schwer heilen. Das gilt auch für Schnitte und Kratzer, die immer desinfiziert werden sollten.

In Ihrer Reiseapotheke sollten durchfallhemmende Mittel nicht fehlen. Achten Sie darauf, nur geschältes Obst zu essen und meiden Sie zu kalte Getränke, Eiswürfel, Salat und Speiseeis.

Das Wasser auf den Inseln kann jeder normale Magen vertragen, denn alle Inseln müssen heute eine eigene Wasseraufbereitungsanlage betreiben. Riecht das Leitungswasser neutral, kann man es wahrscheinlich unbedenklich trinken; wer dabei ganz sicher gehen will, nimmt Mikropur oder Certisil zur Entkeimung. Zwar propagiert jedes Inselmanagement, Leitungswasser nicht zu trinken – doch das Mineralwasser im Hotel ist meist übermäßig teuer.

Sie müssen sich unbedingt vor der intensiven Sonneneinstrahlung schützen. Gegen Sonnenstich hilft eine Kopfbedeckung. Eine gute Sonnenbrille schützt Ihre Augen. Um Sonnenbrand zu vermeiden, brauchen Sie eine Sonnencreme oder einen Sunblocker mit hohem Lichtschutzfaktor. Besonders schnell holt man sich den Sonnenbrand im Wasser, z. B. beim Schnorcheln, deshalb sollte die Sonnencreme auf jeden Fall wasserfest sein. Ziehen Sie außerdem zum Schnorcheln unbedingt ein T-Shirt an.

Durch das Meerwasser kommt es häufig zu unangenehmen Ohrinfektionen. Meistens haben die Tauchlehrer wirksame Arzneien parat.

Für den Fall, dass Sie Antibiotika nehmen, ist zu beachten, dass tetracyclinhaltige Mittel in der Sonne zu shweren Hautallergien führen können!

Krankenversicherung

Vor Reiseantritt empfiehlt sich der Abschluss einer Auslandskrankenversicherung und einer Rücktransportversicherung. Über die beste Absicherung beraten alle Reiseveranstalter.

Da die meisten Krankenversicherungen keine Tauchunfälle, Druckkammerbehandlungen, Helikoptertransporte oder Rettungsflüge in die Heimat abdecken, lohnt sich für Taucher eine Unfallversicherung bei DAN (*Divers Alert Network*). Das europäische Hauptquartier von DAN hat seinen Sitz in Italien: **DAN Europe Continental Operations Office**, C/da Padune 11, I-64026 Roseto (TE), Tel. (0039) 085-8930333, Fax (085) 8930050, www.daneurope.org. Für Notfälle im Ausland ist die Notfallnummer rund um die Uhr besetzt; international (mehrsprachig, auch deutsch): +39-06-4211-5685, Skype: dan_europe_foundation oder E-Mail: emergency@daneurope.org (Bearbeitung Mo-Fr 8.30-18 Uhr MEZ).

ANREISE

Internationale Flugverbindungen

Alle internationalen Flüge landen auf dem Male International Airport, der 2 km von der Landeshauptstadt entfernt auf der Flughafeninsel Hulhule liegt. Ein Flug von Frankfurt nach Male dauert 9 bis 10 Std.

Zahlreiche Fluggesellschaften fliegen per Charter- oder Linienverbindung von Deutschland, Österreich und der Schweiz auf die Malediven. Viele Flüge gehen direkt nach Male, andere legen einen Zwischenstopp ein, z. B. in Dubai.

REISEN IM LAND

Flugverbindungen zwischen den Atollen

Seit einigen Jahren verfügen die Malediven über hervorragende Flugverbindungen zwischen den einzelnen Atollen und Inseln. Die Airlines **Flyme** und **Trans Maldivian Airways** (TMA) betreiben moderne, ein- und zweimotorige Flugzeuge, die die Transferzeiten gegenüber Dhonis und Speedbooten erheblich verkürzen. Auf der Flughafeninsel richtete man eigens für Wasserflugzeuge einen „Wasser-Airport" ein.

Viele Hotelinseln schufen Landemöglichkeiten in ihren Lagunen. Aufgrund ihrer größeren Beliebtheit fliegen vornehmlich Air Taxis die Transfers. Übergepäck wird auf dem Wasserweg transportiert.

Größere Maschinen steuern innermaledivisch derzeit zehn regionale Flugplätze an. Linienflüge gehen nach Gan (Internationaler Flughafen Addhoo-Atoll), Hanimaadhoo (Internationaler Flughafen Haa Dhaalu) und Maamigili (Internationaler Flughafen Alifu Dhaalu). Die übrigen sieben Landeplätze werden nach Bedarf im Charterverkehr angeflogen: Kadhdhoo (Laamu), Kooddoo (Gaafu Alifu), Dharavandoo (Baa), Kaadedhdhoo (Gaafu Daalu), Ifuru (Raa), Thimarafushi (Thaa) und Fuvahmulah (Gnaviyani).

Schiffs-Safaris

Safaris werden für Tauch-, Segel- und Sightseeing-Touren angeboten. Die Safaris dauern etwa fünf bis zehn Tage und führen bevorzugt ins Nord- und Süd-Male-, Baa-, Ari-, Lhaviyani- und Felidhoo-Atoll. Der Trend geht zu immer größeren Kreuzfahrtschiffen, die gleich einem schwimmenden Hotel („Floatel") durch die Atollwelt gleiten. Durchschnittlich bieten auf den herkömmlichen Safaribooten 8 bis 10 Kajüten 20 Gästen Platz, die neue Generation Kreuzfahrtschiffe bucht bis 156 (*Island Explorer*) Personen ein; bevorzugt werden aber eher kleinere Schiffe. Insgesamt befahren über 80 lizenzierte Safarischiffe die Gewässer der Malediven – Tendenz steigend.

PRAKTISCHE TIPPS

Alkohol

In der muslimischen Republik der Malediven gibt es nirgendwo Alkohol zu kaufen. Ausnahmen bilden die Touristeninseln, wo alle bekannten Getränke bereitstehen, allerdings sind sie sehr teuer. Safariboote mit einer Sonderlizenz dürfen ebenfalls *soft alcohol* (Bier und Wein) anbieten. Touristen dürfen keinen Alkohol einführen!

Angeln

Fast alle Touristeninseln bieten Ausfahrten zum Hochseefischen sowie zu Tag- und Nachtangeltouren an. Fischen mit Ruten und Handleinen vom Dhoni aus ist ebenfalls erlaubt. Vom Inselsteg darf man keine Fische aus dem Wasser ziehen.

Die Einfuhr und der Einsatz von Netzen und Harpunen sind verboten.

Apotheken

Neben dem Angebot aus der eigenen Reiseapotheke halten die Hotels meist die am häufigsten benötigten Medikamente bereit. Für spezielle Medikationen sollte ein ausreichender Vorrat mitgeführt werden; bei größeren Tablettenmengen ist eine Bescheinigung des Arztes (auf Englisch!) nötig.

In Male befindet sich neben dem Indira Gandhi Hospital eine Apotheke mit internationalen Medikamenten.

Ärztliche Versorgung

Im Krankheits- und Notfall findet die ärztliche Erstversorgung (Erste Hilfe) durch die ansässige Tauchschule statt. Nur wenige Inseln leisten sich einen permanent anwesenden Arzt. Akute Fälle werden nach Male gebracht. Hier gibt es ein modernes Krankenhaus, das **Indira Gandhi Hospital** (Tel. 333 5211) sowie zwei Privatkliniken **(ADK**, Tel. 331 3553 und **AMDC**, Tel. 332 5979). Therapien müssen vor Ort bezahlt (und später über die Krankenkasse/ Versicherung im Heimatland abgerechnet) werden. Bei schweren Erkrankungen sollte man sich an den Reiseleiter oder das Konsulat in Male (s. „Adressen") wenden; die beste Behandlung bekommt man in **Singapur** und **Dubai** (Flugzeit ca. 4 Stunden).

Atolle

Meist werden für die maledivischen Atolle die traditionellen, oft sehr langen Namen verwendet. Zunehmend setzen sich jedoch die einfacheren offiziellen Verwaltungsnamen durch. Jedem der 20 Verwaltungsbezirke ist ein Buchstabe aus dem lateinischen Alphabet zugeordnet, der z. B. gut sichtbar an den Dhonis angebracht sein muss, damit erkennbar ist, woher das Boot stammt.

In der folgenden Auflistung der Atolle steht zuerst der geografische Name, dann der Verwaltungsname und die Kurzbezeichnung (in Klammern).

North Thiladunmathee (Haa Alifu, A)
South Thiladunmathee
(Haa Dhaalhu, B)
North Miladhunmadulu (Shaviyani, C)
South Miladhunmadulu (Noonu, D)
North Maalhosmadulu (Raa, E)
South Maalhosmadulu (Baa, F)
Fadahippolu (Lhaviyani, G)
Male (Kaafu, H)
North Ari (Alifu Utturu, I)
South Ari (Alifu Dekuno, I)
Felidhoo (Vaavu, J)
Mulaku (Meemu, K)
North Nilandhoo (Faafu, L)
South Nilandhoo (Dhaalu, M)
Kolhumadulu (Thaa, N)
Haddhunmathee (Laamu, O)
North Huvadhoo (Gaafu Alifu, P)
South Huvadhoo (Gaafu Dhaalu, Q)
Fuvahmulah (Gnaviyani, R)
Addhoo (Seenu, S)

Betteln

In der Vergangenheit auf den Malediven unbekannt, so zeigen sich auf der Hauptinsel Male mittlerweile die ersten bettelnden Kinder, meist von den Eltern vorgeschickt. Zwar werden sie meist sofort von Erwachsenen verscheucht, doch weist dieser Umstand auf eine gewisse soziale Veränderung zur Armut in der maledivischen Gesellschaft hin.

Buchhandlungen

Auf Male gibt es eine Reihe kleiner Buchläden, die eine beschränkte Auswahl an Bildbänden in mehreren Sprachen führen. Am besten sortiert sind der alteingesessene Novelty Bookshop in Male, Fareedhe Magu und Soasun Magu, und der Airport Shop. Auf den Hotelinseln stehen ebenfalls einige Bücher über die Malediven bereit.

Drogen

Auf den Malediven ist jeglicher Drogenbesitz sowie der Besitz von Samen für Rauschgiftpflanzen verboten. Auch Touristen drohen bei Nichtbeachtung drakonische Strafen bis hin zu lebenslänglicher Haft!

Elektrizität

Netzspannung: 220 V/ 50 Hz; britische Steckdosen „**Typ G**" (drei rechtwinklige Kontakte). **Adapter** (und am besten auch einen Mehrfachstecker) mitbringen oder an der Rezeption leihen (manchmal wird dafür eine Gebühr verlangt).

Essen und Trinken

Die Restaurantküchen der Touristeninseln richten sich nach den Vorlieben europäischer Gäste und variieren die Mahlzeiten täglich. Es gibt viele Reisgerichte *(masbaiy)* mit leckeren fangfrischen Fischspezialitäten und eine Auswahl an mild gewürzten Currys. Die maledivische Küche ist ausgezeichnet, man sollte allerdings Fisch und asiatische Gewürze mögen. Pizza, Pasta und Pommes gibt es meist im Coffeeshop, aber nicht zum Schnäppchenpreis. Sonstige europäische Hausmannskost (und neuerdings sogar Schweinefleisch) findet man in den A-la-carte-Restaurants der teureren Touristeninseln.

Getränke, selbst profanes Mineralwasser aus der Plastikflasche, sind auf den Malediven extrem teuer. Gleiches gilt auch für Softdrinks, die pro Dose und je nach Inselstandard zwischen drei und fünf US-Dollar kosten. Im gleichen Preissegment liegt auch Dosenbier und (oft lieblos gezapftes) Fassbier, von anderem Alkohol ganz zu schweigen. Was die Preise treibt, ist die Tatsache, dass fast alles außer Cola, Fisch, Huhn, Ei, Kokosnuss, Papaya und Bananen importiert werden muss. All-inclusive (inklusive Getränke) zu buchen ist für kostenbewusste Schlemmer deshalb keine schlechte Idee.

Feiertage

Der wöchentliche Feiertag ist der Freitag („muslimischer Sonntag"). Dazu gibt es diverse variable religiöse Feiertage. Sie folgen dem islamischen Kalender, der 622 n. Chr. mit der *hedschra*, Mohammeds Auswanderung aus Mekka nach Medina, begann; 1440 = 2018/19 – Berechnungsgrundlage ist das Mondjahr, das etwa elf Tage kürzer ist als das Sonnenjahr. Deshalb wandern religiöse Feiertage und die Ramadan-Zeit rückwärts durch unseren Kalender, d. h. sie beginnen im christlichen Kalenderjahr jedes Jahr elf Tage früher; die wichtigsten Daten: **Islamisches Neujahr**: 21.9.2017, 11.9.2018; **Geburtstag des Propheten**: 30.11./1.12.2017, 19./20.11.2018; **Beginn des Fastenmonats Ramadan**: 27.5.2017, 16.5.2018; **Fest des Fastenbrechens**: 25.-27.6.2017, 15.-17.6.2018; **Opferfest**: 1.-4.9.2017, 21.-24.8.2018.

Daneben gibt es die nach dem christlichen Kalender fest datierten Feiertage: am 1.1. Neujahr, am 26. und 27.7. den Unabhängigkeitstag, am 3.11. den Tag des Sieges und am 11. und 12.11. den Tag der Republik.

Im Fastenmonat Ramadan dürfen Muslime (außer Kindern, Kranken und Schwangeren) von Sonnenaufgang bis Sonnenuntergang weder essen noch trinken noch rauchen. Daran müssen sich Touristen aber nur halten, wenn sie in dieser Zeit Einheimischeninseln besuchen. Auf den Hotelinseln können Touristen auch im Ramadan ganz normal essen und trinken, und die Restaurants sind geöffnet.

FKK

FKK und „oben ohne" ist auf den Malediven streng **verboten**, bei Strafen von US$ 1000 bis hin zur Ausweisung, !

Fotografieren

Beim Fotografieren sollten Sie die scheue, zurückhaltende Mentalität der Malediver berücksichtigen und vorher um Erlaubnis bitten. Einheimische muslimische Frauen sollte man generell nicht ablichten. Von älteren Personen wird häufig verneint, was zu respektieren ist. Jüngere Malediver, vor allem Kinder, fragen den Fotografen oft nach einem „kleinen Geschenk", das mit ein bis zwei Dollar erfüllt ist.

Das Geheimnis eines postkartenblauen Himmels und türkisblauer Lagunen liegt im Einsatz eines Polfilters, der unerwünschte Reflexionen ausschaltet. Nicht direkt fotografieren darf man Regierungsgebäude sowie Einrichtungen des Nationalen Sicherheitsdienstes und dessen Schiffe.

Heiraten und Flitterwochen

Eine offizielle Heirat auf den Malediven ist für Nichtmuslime nicht möglich. Viele Hotelresorts bieten jedoch romantische Zeremonien am Strand oder sogar Unterwasser-Hochzeiten an. Beliebt ist auch eine kleine Feier zur Erneuerung des Eheversprechens. Für diese Zeremonien braucht man keine Dokumente, da sie nicht rechtsgültig sind.

Die Malediven sind eine der beliebtesten Destinationen für frisch verheiratete Paare. Für die „Honeymooner" gibt es auf vielen Inseln attraktive Extras, vom Dinner am Strand bis hin zum Upgrade in die exklusive Honeymoon-Suite. Erkundigen Sie sich vor der Abreise bei Ihrem Veranstalter.

Maße und Gewichte

Auf den Malediven gilt das metrische System. Temperaturen werden gelegentlich noch in Fahrenheit (°F) angegeben; diese Werte können mit Hilfe der Formel (°F-32): 9 x 5 in °C umgerechnet werden. Beispiel: 86 °F entsprechen 30 °C.

Medien

Der maledivische Radiosender *Rajje Radio* strahlt von 5.30-22.45 Uhr sein Programm in Dhivehi aus; englische Nachrichten gibt es täglich um 18.30 Uhr.

Der landeseigene Fernsehsender *MNBC One* sendet häufig Gebete aus dem Koran sowie indische Bollywood-Schnulzenfilme und Nachrichten in der Landessprache, aber auch in Englisch. Die Hotels bieten zum Teil *pay tv* (Bezahlfernsehen).

Die Tageszeitungen *Sun* (Website: https://english.sun.mv), *Miadhu* (engl. Website: www.miadhu.com) und *Aafathis*, die in der Landesschrift Thaana gedruckt werden, enthalten auch 1-2 Seiten aktuelle Informationen auf englisch.

Englische Magazine ohne nackte Haut bekommt man in Male und auf einigen Hotelinseln.

Museum

Das einzige öffentliche Museum auf den Malediven ist das **Nationalmuseum** in Male im ehemaligen Sultanspark. 2010 erhielt es moderne Räumlichkeiten neben dem Restgebäude des Palasts in einem von China gestifteten Neubau mit Exponaten aus der Historie des Landes. Auch werden in einem weiteren Bau, nur getrennt durch den Sultanspark, wertvolle Schriftdokumente aus der Zeit seit 1600 ausgestellt; Öffnungszeiten: Sonntag bis Donnerstag 9 bis 17 Uhr.

Nationalitäten der Gäste

Einige Touristeninseln sind fest in der Hand bestimmter Nationen, da sie schwerpunktmäßig in diesen Ländern vermarktet werden. Als deutschsprachiger Gast sind Sie mancherorts in der Minderheit, und Kontakte mit anderen Gästen scheitern dann vielleicht an der Sprachbarriere; vielleicht hat man auch Probleme mit der Mentalität dieser Gäste und deren Vorstellungen von Urlaub. Erkundigen Sie sich, falls Sie besonders ruhebedürftig sind, besser schon im Vorfeld beim Veranstalter nach der Nationalitätenstruktur Ihrer Trauminsel.

Die klassischen „Italienerinseln" sind für ihre ausgezeichnete und vielseitige Küche und eine große Weinauswahl bekannt. Oft werden sie All-inclusive gebucht. Südländisches Temperament ist jedoch nicht jedermanns Sache; Diskonächte bis in den Morgen, lautstarke

Animation und lärmende Nachbarn, die auch noch um vier Uhr morgens RAI Uno sehen wollen, können ruhigeren Teutonen schnell gewaltig auf die Nerven gehen. Dennoch sind Italiener sehr aufgeschlossene Gäste, mit denen man leicht in Kontakt kommt. Für ein junges Publikum, das auch auf den Malediven Nightlife sucht, sind diese Inseln ideal.

Chinesen und Japaner sind eher zurückhaltend, höflich und leise. Gäste aus Fernost, oft Paare in den Flitterwochen, bleiben bevorzugt unter sich.

Auch Russen haben sich zunehmend auf den Malediven etabliert und sind häufig auf All-Inclusive-Inseln anzutreffen. Unangenehm können ihr lautstarkes Auftreten in Gruppen und ihr bisweilen exzessiver Alkoholkonsum sein. Nur sehr wohlhabende Russen können sich hier einen Urlaub leisten, und ihre Dollarbündel zeigen sie dann auch oft und gern vor – bei dem nicht gerade üppig bezahlten Inselpersonal kommt das nicht besonders gut an.

Notruf

In Notfällen ist die Rezeption der Hotelinsel der erste Anlaufpunkt. Von dort können alle erforderlichen Maßnahmen eingeleitet werden. Wichtige Notrufnummern auf Male: **Krankenwagen** 102, **Feuerwehr** 118, **Polizei** 119. Da die wenigsten Polizisten Englisch sprechen, empfiehlt sich ein Dolmetscher.

Dekompressionskammern für Taucher stehen auf Bandos im Nord-Male-Atoll, Kuramathi (Rasdhoo-Atoll), Kuredu und Shangri-La's Villingili Resort & Spa (Addu-Atoll) zur Verfügung, die rund um die Uhr mit einem Taucherarzt und qualifiziertem Personal besetzt sind. Den Kontakt stellt die Tauchbasis oder Hotelrezeption her.

Öffnungszeiten

Der Freitag ist der muslimische Feiertag, vergleichbar dem europäischen Sonntag. In Male hat an diesem Wochentag alles geschlossen. Lediglich einige Ladengeschäfte, die ansonsten von 8.00-12.00 und 12.30-22.00 Uhr geöffnet haben, verkaufen freitags ab 14 Uhr wieder. Viele Geschäfte schließen zusätzlich während der täglichen Gebetszeiten. Verwaltungsbüros sind täglich außer freitags und samstags von 8 bis 16 Uhr geöffnet. Banken öffnen So-Do 9 bis 15 Uhr. Während des Fastenmonats Ramadan muss man mit unregelmäßigen Geschäftszeiten rechnen.

Post

Das Postamt in Male befindet sich in der Boduthakurufaanu Magu. Postkarten von den Malediven müssen mit Rf 15, Luftpostbriefe mit Rf 25 frankiert werden. Die Post erreicht ihr Ziel nach zehn Tagen bis drei Wochen.

Die eindrucksvollen Briefmarken der Malediven, die Philatelisten begeistern, gibt es auch in den Souvenirshops der Touristeninseln oder an Postkartenständen in Male zu kaufen. Das Postamt in Male ist samstags 10-16, sonntags bis bis donnerstags 10-18 Uhr geöffnet.

Sicherheit

In der Hauptstadt Malé hat die Kriminalität wegen rivalisierender Jugendbanden zugenommen. Dort gibt es auch eine Drogenszene. Bei Besuchen in der Hauptstadt ist besondere Vorsicht angebracht, insbesondere abends und nachts. Auf den Malediven ist Rauschgiftbesitz strengstens verboten. Verstöße können selbst bei geringen Mengen schwere Strafen zur Folge haben: Auch Touristen wurden schon zu lebenslanger Haft verurteilt. Verboten sind auch homosexuelle Aktivitäten. Der Islam ist Staatsreligion, christliche Missionierung ist verboten; eine Bibel darf nur zum Eigengebrauch eingeführt werden. Außerhalb der Touristenresorts, in „Artificial Beach Areas", z. B. in Malé oder in der Nähe einfacher Gästehäuser, weisen Schilder darauf hin, dass das Tragen knapper („improper") Badekleidung (wie z. B. Bikini) dort nicht gestattet ist. (www.auswaertiges-amt.de).

Souvenirs

Bevorzugte Souvenirs von den Malediven sind fein geflochtene Matten mit hübschen Mustern aus Binsen (Cadjan-Matten) oder aus Palmenwedeln (Suvadiva-Matten) und wunderschöne Lackarbeiten auf verzierten Holzdosen und Vasen, die auf Thuladhoo im Baa-Atoll gefertigt werden. Auch handgeschnitzte Modelle traditioneller Dhonis aus Palmenholz, die nicht geklebt, sondern gesteckt werden, erfreuen sich großer Beliebtheit.

Leider bieten zahlreiche Läden immer noch weiterverarbeitete Meeresprodukte, wie Haigebisse, Korallenketten, Schildpatt (wie Döschen aus Muschelschalen) oder präparierte Fische feil, die gegen das Washingtoner Artenschutzabkommen verstoßen. Vom Kauf ist dringend abzuraten! Glücklicherweise kann man in Male herrlich bunte, handgefertigte Korallenfische aus Holz erwerben, die den Zollbehörden weniger Kopfzerbrechen bereiten.

Eine besondere Erinnerung an die Malediven sind *bodu badhis*, doppelstöckig angeordnete Sammelgefäße für den Saft der Palmenblüten, die aus Kokosnussschalen und Kokosfasern zusammengebunden werden.

Tauchausflüge

Wohin mit den trockenen T-Shirts und der empfindlichen Digitalkamera auf dem nassen Tauch-Dhoni? Ganz einfach: die Wertsachen in eine stabile, wasserfeste Plastiktüte oder in einem wasserdichten (für Kameras gut gepolsterten Beutel) verpacken und unter dem Dhonidach (meist gibt es dort ein Staunetz) ablegen. Nehmen Sie bei Ausfahrten nur das Nötigste mit. Der Platz an Bord wird schnell knapp.

Nach dem Tauchgang kann es bei Wind auf den luftigen Dhonis recht kühl werden. Empfindliche nehmen am besten eine leichte Wind-/Regenjacke und Ohrenstöpsel (Watte geht auch) oder ein Neoprenstirnband mit an Bord.

Taxis

Taxis gibt es nur in Male, doch prinzipiell ist man zu Fuß schneller; eine Taxifahrt lohnt nur, wenn man viel Gepäck hat. Alle Fahrzeuge fahren ohne Taxameter, der Preis muss also vorher ausgehandelt werden.

Telefon

Die Vorwahl für die Malediven ist 00960, danach folgt die Vorwahl des Atolls und die Teilnehmernummer. Von den Malediven wählt man sich mit der Landesvorwahl (Deutschland 0049, Österreich 0043, Schweiz 0041) + Ortsvorwahl ohne Null + Rufnummer ins internationale Netz ein. In vielen Hotelzimmern steht den Gästen ein IDD (International Direct Dial)-Telefon zur Verfügung, von dem aus man Gespräche in alle Welt führen kann. Auf den Touristeninseln kosten die ersten drei Minuten eines Telefonats US$ 20 bis 25 und jede weitere Minute US$ 8. Preiswertere Gespräche kann man vom Communication Office Dhiraagu in Male führen. Dort sind Telefonkarten erhältlich, mit denen man von einigen Telefonzellen in Male (und von einigen Einheimischeninseln) nach Übersee telefonieren kann.

Auskunft/Operator: für die Malediven 110, international 190.

Trinkgeld

Trinkgeld wird fast überall erwartet. Auf den Hotelinseln sind mindestens US$ 5 pro Woche für den Zimmerboy und den Tischkellner angebracht. Gepäckträger erhalten US$ 1 pro Gepäckstück. Bei kleinen Gefälligkeiten freuen sich viele auch einfach über eine Zigarette oder eine Cola.

Unterkunft

Der Preis für einen zweiwöchigen Aufenthalt auf den Malediven liegt etwa zwischen 1200 und 3000 Euro inklusive Flug, Transfer und Vollpension, auf den Luxusinseln weit darüber. Um Weihnachten und Ostern sind die Preise am höchsten. Die Preisunterschiede ergeben sich aus den verschiedenen Bungalowkategorien (Größe, Ausstattung) und dem Einrichtungsangebot (Swimmingpool, Tennisplatz usw.) der einzelnen Hotelanlagen. Grundsätzlich bieten alle Unterkünfte der Malediven das typische Tropenflair und den Standard einer 3- bis 5-Sterne-Anlage. Maledivenaufenthalte werden meist pauschal bei einem Reiseveranstalter gebucht.

Authentische Inselerlebnisse zusammen mit den Einheimischen sind neuerdings möglich. Auf größeren **Einheimischeninseln** etablieren sich immer mehr Kleinhotels und Pensionen, auch mit Tauch- und Exkursionsprogrammen; Adressen z. B. auf der Website http://guesthouses-in-maldives.net. Berücksichtigen sollte man, dass man bei Ankunft auf den Malediven für die erste Übernachtung eine Adresse vorweisen können sollte. Während des gesamten Aufenthalts unter Maledivern auf den Einheimischeninseln sollte man unbedingt die strengen lokalen (muslimischen) Verhaltensregeln beachten; Bikinis z. B. sind dort tabu.

Bei einem Urlaub auf einer Touristeninsel legen Sie am besten schon bei der Buchung fest, in welchem Bungalow Sie wohnen wollen: Lassen Sie sich im Reisebüro einen Inselplan zeigen! Tipp: In der Nähe der Tauchschule sollten sich Vieltaucher niederlassen, nahe dem Pool Familien mit Kindern. Viele Inseln bieten eine Übersicht der Bungalow-Aufteilung im Internet.

Einige Hotels bieten All-Inklusive-Programme an. Normalerweise fallen jedoch für Getränke und Sportkurse erhebliche Zusatzkosten an. Für einen PADI Open-Water-Kurs inklusive Prüfung und Brevet zahlt man z. B. ca. US$ 550-600, ein Einzeltauchgang schlägt mit US$ 40-50 zu Buche. Eine Flasche Mineralwasser (1,5 l) kostet US$ 3-5. Trotzdem sollte man nicht am Wasser sparen, denn gerade bei heißem Klima und salziger Luft ist es extrem wichtig, ausreichend zu trinken!

In Male gibt es einige Hotels und etwa 30 Gästehäuser. Der Preis für ein akzeptables Einzel-/Doppelzimmer liegt ab US$ 40/US$ 70. Für die Übernachtung auf der Hauptinsel ist keine Sondergenehmigung erforderlich; im Falle von Übernachtungen auf Einheimischeninseln erkundigen Sie sich vorab bei ihren Gastgebern.

Wertsachen

Alle Hotelinseln bieten in der Rezeption einen Safe zur Aufbewahrung der Wertsachen an, obwohl Diebstahlsdelikte auf den Malediven selten sind. Einige Hotels statten sogar alle Bungalows mit einem Minisafe aus, Teuren Schmuck sollte man grundsätzlich nicht mit in den Urlaub nehmen.

Zeitunterschied

Die Zeitverschiebung zwischen Zentraleuropa (MEZ) und den Malediven beträgt während der Winterzeit vier, während der Sommerzeit drei Stunden. Auf einigen Inseln gibt es eine so genannte „Inselzeit“, die eine weitere Stunde Zeitunterschied ausmacht.

Zoll

Nicht in die islamischen Malediven eingeführt werden dürfen Schweinefleisch, **Alkohol**, pornografische Medien (wozu nur der *Playboy*, sondern alle Zeitschriften/ Medien zählen, die leichtbekleidete Frauen zeigen; DVD werden manchmal stichprobenartig in Male geprüft), Waffen, Sprengstoff, **Drogen**, Harpunen. Gegenstände mit einem Wert von über Rf 150 000 (rund

US$ 10 000) müssen bei Einreise deklariert werden.

Für die Einfuhr verschreibungspflichtiger **Medikamente** ist eine ärztliche Bescheinigung auf Englisch nötig.

Ein striktes Ausfuhrverbot besteht für alle Produkte, die unter das Washingtoner Artenschutzabkommen fallen, obwohl sie vielfach auf den Malediven zum Kauf angeboten werden.

SPRACHFÜHRER

Die Landessprache **Dhivehi** gehört zur indo-arischen Sprachfamilie, ist verwandt mit dem indischen Marathi und dem Singhalesischen und hat viele Worte aus dem Arabischen übernommen. Das geschriebene Dhivehi heißt *Thaana* und wird von rechts nach links geschrieben. In Male und im Seenu-Atoll sprechen viele auch Englisch.

Guten Tag! . . . . *Salaam aleku*
Wie geht's? . . . . *Haalu kihineh?*
Gut . . . . *Rangalu*
Danke . . . . *Shukriyya*
Ja . . . . *Aanh*
Nein . . . . *Noon*
Was ist das? . . . . *E korche?*
Wieviel kostet das? . . . . . *Mi kihavaraka?*
teuer . . . . *Agu bodu*
billig . . . . *Agu heo*
Was gibt es zu essen? . . *Kong kaa-etche huri?*
links . . . . *kanai*
rechts . . . . *wai*

ADRESSEN

Informationen

Es gibt kein maledivisches Touristenbüro in Deutschland; Informationen im Internet von Maldives Marketing & Public Relations Corporation, 4th Floor, Velaanaage, Ameer Ahmed Magu, Male, Republic of Maldives, info@visitmaldives.com, **www.visitmaldives.com**
www.malediven.net
www.maldives.at
www.themaldives.net

Konsulate / Botschaften auf den Malediven

Deutschland: Honorary Consul of the Federal Republic of Germany, 39, Orchid Magu, P.O. Box, 20213 Malé 20-02, Tel. (00960) 332 30 80. Zuständige Deutsche Botschaft: Embassy of the Federal Republic of Germany, P.O. Box 658, Colombo, Sri Lanka, Tel. (0094 11) 258 04 31, Fax (0094 1) 250 41 04, www.colombo.diplo.de, info@colo.diplo.de.

Österreich: Honorary Consul of Austria, 39, Orchid Magu, Malé, Tel. (00960) 333 22 54.

Schweiz: Zuständig: Schweizer Botschaft, 63, Gregory's Road, Colombo 7, Sri Lanka, Tel. 0094 11 269 51 17, Fax 0094 11 269 51 76.

Konsulate der Malediven

Deutschland: Honorar-Generalkonsulat, Immanuel-Kant-Str. 16, 61350 Bad Homburg, Tel. 06172-862 93, Fax 06172-867 833. Botschaft der Republik Malediven, Pariser Platz 4a, 10117 Berlin, Tel.: 030-300 145 523, info@maledives-embassy.de.

Österreich: Honorarkonsulat der Republik Malediven, Weimarer Straße 104, 1190 Wien, Tel. (01) 369 66 44-0.

AUTOREN

Christian Mietz veröffentlichte mehrere Bücher zum Thema Tauchen. Seine Unterwasserfotos wurden mehrfach ausgezeichnet.

Claus-Peter Stoll ist Tauchsport- und Reisejournalist.

A

B

C

D

E

N

O

P

R

LIEFERBARE TITEL

- EUROPE -
Madeira *1:60,000*

- ASIA -
Afghanistan *1:1,500,000*
Burma ⇨ **Myanmar**
Bangkok and Greater Bangkok *1:15,000 / 1:75,000*
Bangladesh — India North-East — Bhutan *1:1,500,000*
Cambodia – Angkor *1:1,500,000*
Central Asia *1:1,750,000*
China:
Central *1:1,750,000*
South *1:1,750,000*
Hong Kong *1:22,500*
Himalaya *1:1,500,000*
India:
India (Subcontinent) *1:4,500,000*
Ladakh – Zanskar *1:350,000*
North *1:1,500,000*
North-East ⇨ **Bangladesh**
East *1:1,500,000*
West *1:1,500,000*
South *1:1,500,000*
Indonesia:
Indonesia *1:4,500,000*
Bali – Lombok *1:180,000*
Java – Jakarta *1:750,000 / 1:22,500*
Kalimantan ⇨ **Malaysia-East**
Papua – Maluku *1:1,500,000*
Sulawesi – Nusa Tenggara — East Timor *1:1,500,000*
Iran *1:1,750,000*
Japan *1:1,500,000*
Korea *1:1,500,000*
Malaysia-East — Brunei — Indonesia–Kalimantan *1:1,500,000*
Malaysia-West — Singapore *1:1,500,000 / 1:15,000*
Myanmar (Burma) *1:1,500,000*
Nepal *1:480,000 / 1:1,500,000*
Pakistan *1:1,500,000*
Philippines – Manila *1:1,500,000 / 1:17,500*
Southeast Asia *1:4,500,000*
Sri Lanka *1:500,000*
Taiwan *1:400,000*
Thailand *1:1,500,000*
Vietnam — Laos — Cambodia *1:1,500,000*

- AFRICA -
Egypt *1:2,500,000 / 1:750,000*
Kenya *1:1,100,000*
Namibia *1:1,500,000*
South Africa — Namibia — Botswana — Zimbabwe *1:2,500,000*
Tanzania — Rwanda — Burundi *1:1,500,000*
Tunisia *1:750,000*
Uganda *1:700,000*

- AMERICAS -
Argentina:
North — Uruguay *1:2,500,000*
South — Patagonia — Uruguay *1:2,500,000*
Bolivia — Paraguay *1:2,500,000*
Brazil:
Amazon *1:2,500,000*
Central and South *1:2,500,000*
Caribbean:
Lesser Antilles *1:2,500,000*
Central America *1:1,750,000* (Costa Rica *1:900,000*)
Chile — Patagonia *1:2,500,000*
Colombia — Ecuador *1:2,500,000*
Cuba *1:775,000*
Mexico *1:2,500,000*
Peru — Ecuador *1:2,500,000*
South America – The Andes *1:4,500,000*
Venezuela — Guyana — Suriname — French Guiana *1:2,500,000*

- AUSTRALIA / PACIFIC -
Australia *1:4,500,000*
Hawaiian Islands:
Hawaiian Islands *1:330,000 / 1:125,000*
Hawaii – The Big Island *1:330,000 / 1:125,000*
Honolulu – Oahu *1:35,000 / 1:150,000*
Kauai *1:150,000 / 1:35,000*
Maui – Molokai – Lanai *1:150,000 / 1:35,000*
New Zealand *1:1,250,000*
South Pacific Islands *1:13,000,000*

Nelles Maps in europäischer Spitzenqualität!
Reliefdarstellung, Kilometrierung, Sehenswürdigkeiten.
Immer aktuell!